영향력은 어떻게 만들어지는가

《影响力心里学》：谷元音
Chinese Edition Copyright©2014 人民邮电出版社
All Rights Reserved.
Korean Translation Copyright©2016 by EyeofRa Publishing co.,ltd.
Korean edition is published by arrangement with 人民邮电出版社 through EntersKorea Co.,Ltd. Seoul.

이 책의 한국어판 저작권은 EntersKorea에이전시를 통해 저작권자와 독점 계약한 라의눈에 있습니다.
신저작권법에 의해 한국 내에서 보호를 받는 저작물이므로 무단 전재와 무단 복제를 금합니다.

영향력은 어떻게 만들어지는가

Secret of
Human Relationship

구위안인 지음 | 송은진 옮김

머리말

당신은 영향력을 가졌는가?

토크쇼의 여왕 오프라 윈프리는 흑인으로 태어났고, 극심한 빈민가에서 자라며 사촌오빠에게 강간을 당한 트라우마도 있다. 그녀의 잘못된 선택은 14세라는 나이에 미혼모라는 딱지를 붙여주었으며 설상가상으로 아이는 태어난 지 2주 만에 사망하고 말았다. 이런 상황에서 기어이 마약에까지 손을 댄 전과자로 살아야 했고 한때는 100kg이 넘는 거구이기도 했다.

하지만 지금 오프라 윈프리만큼 세계적으로 유명한 여성은 없다. 그녀는 매주 수백만 명의 시청자를 TV 앞으로 끌어들이고, 매년 가장 많은 수익을 거둬들인 유명인사에 선정되며, 세계 곳곳에 자신의 이름을 딴 학교와 기업을 세웠다. 뿐만 아니라 미국 최초의 흑인 대통령인 버락 오바마가 탄생하는 데도 그녀가 큰 역할을 했다. 단 한 번도 정치적 문제에 개입한 적 없던 오프라 윈프리가 처음이자 마지막으로 오바마를 대통령으로 만들기 위해 적극적으로 도울 것을 선언하자 언론과 대중의 분위기가 크게 바뀐 것이다. 버락 오바마와 오프라 윈프리라는 단어를 합쳐 '오프라바마'라는 신조어가 생겨났고, 폭발적인 관심은 지지율 상승에 견인차 역할을 했다. 모두 그녀의 영향력이 가져온 결과였다.

최악의 상황에서 최저의 생활을 반복해 오던 전과자 출신의 흑인 소녀는 어떻게 세계에서 가장 영향력 있는 사람이 되었을까? 무엇이 그녀에게 영향력을 가져다주었을까?

영향력의 사전적 의미는 '강제력을 수반하지 않고서도 자발적으로 권위를 받아들이는 힘'이다. 즉 다른 사람의 마음에 나를 심음으로써 내가 원하는 것을 이뤄낼 수 있다는 뜻이다. 서로 다른 생각을 가지고 살아가는 속에서 상대를 얼마나 빠르게 파악하고 설득하느냐에 따라 내가 가진 영향력의 크기가 바뀌기 때문이다. 결국 영향력을 갖기 위해서는 상대와의 소통을 통해 믿음을 주고, 동질감을 느끼도록 하고, 적절한 친밀도를 형성하며, 나의 매력을 충분히 어필할 수 있어야 한다. 이때 가장 필요한 것이 사람의 마음을 보는 눈인 '심리학'이다.

이 책은 심리학을 통해 영향력이 어떻게 만들어지는가를 찾는다. 현대 심리학은 1879년 심리학자 빌헬름 분트Wilhelm Wundt가 독일 라이프치히 대학에 세계 최초의 심리학 실험실을 만들면서 시작되었다. 그는 이곳에서 '과학적 실험'을 통해 '인간의 감정'을 탐구하고자 했다. 이후 심리학은 100여 년에 걸쳐서 꾸준히 실험을 계속했고 수많은 성과를 거두었다. 과거에 심리학은 신비하고 현학적인 학문이라 여겨졌지만 지금은 자기 자신과 상대를 이해하고 발전시키는 데 큰 역할을 하는 처방전이라 평가받는다.

앞서 이야기한 오프라 윈프리가 사람들의 마음을 사로잡고 자신의 영향력을 키운 것은 누구보다 적극적으로 슬픔과 아픔에 공감한 덕분이다. 그녀의 토크쇼에 나오는 출연자들은 꽁꽁 숨겨뒀던 슬픔과 수치심을 풀어놓는 용기 있는 도전을 하는 사람들이 대부분이다. 출연자들이 눈물을 흘리며 그동안 밝히지 못했던 이야기를 털어놓을 때 오프라 윈프리는 그들의 손을 지긋이 잡고 이런 말을 한다.

"I know your pain."

'당신의 아픔을 안다'는 그녀의 말 한마디에 출연자가 눈물 흘리고 시청자가 함께 가슴 아파한다. 누구보다 깊이 상대의 마음을 이해하고 진심으로 공감하는 그녀의 행동에 누구라도 설득당하지 않을 수 없는 것이다. 오프라 윈프리를 오랜 시간 연구해 온 한 심리학자는 그녀를 누구보다 상대의 감정을 잘 이해하고 긍정적인 방향으로 유도할 줄 아는 진짜 심리학자라고 평가하기도 했다. 결국 그녀의 영향력은 상대의 심리를 파악하는 데서 출발한 셈이다.

《영향력은 어떻게 만들어지는가》에는 오랜 시간 사람의 생각과 행동을 연구해 온 심리학자들의 다양한 실험이 등장한다. 그들의 노력은 인간의 생각과 의식을 파악함으로써 닫힌 마음의 문을 여는 방법을 밝혀냈다. 누군가의 마음의 문을 연다는 것은 그에게 당신이 발휘하는 영향력이 커졌다는 것과 같다. 최고의 심리학자들이 들려주는 생생한 이야기는 당신을 누구와도 잘 지내며 자연스럽게 주변에 녹아드는 느낌 좋은 사람으로 만들어줄 것이다. 그러다 보면 어느새 당신의 영향력이 자연스레 커진 것을 알게 될 것이다.

차례

머리글 • 당신은 영향력을 가졌는가? —— 4

Chapter 01
영향력을 키우고 싶은 당신에게 • 어떻게 사람을 끌어당겨야 하는가?

1. 기분 좋은 얼굴은 무언의 추천장이다 • 애쉬의 첫인상 실험 —— 14
2. 눈도장은 화수분처럼 • 자이언스의 단순 노출 실험 —— 21
3. 기대와 관심으로 다시 태어나는 관계 • 로젠탈의 성취도 실험 —— 28
4. 당신의 귀가 두 개인 이유 • 메이요의 호손 실험 —— 34
5. 마음의 주름 펴내기 • 아론 부부의 자기 노출 실험 —— 41
6. 사람과 산은 멀리서 보는 게 낫다 • 쇼펜하우어의 고슴도치 딜레마 —— 49
7. 따뜻한 말 한마디 • 캐너먼의 말의 영향력 실험 —— 57

Chapter 02
영향력의 시작 • 상대의 약점에 나의 강점이 숨어 있다

1. 인간은 빚지고는 살 수 없다 • 리건의 호혜성 실험 —— 64
2. 때로는 냉철함도 필요하다 • 밀그램의 복종 실험 —— 73
3. 타인의 영향력 이용하기 • 애쉬의 동조 실험 —— 85
4. 내가 가진 힘에 대하여 • 비크만의 권위 실험 —— 96
5. 역할이 사람을 만든다 • 스탠퍼드 감옥 실험 —— 104

Chapter 03

언어를 지배하는 비언어의 힘 · 작은 움직임의 큰 영향력

1. 당신의 눈동자에 건배 • 클라인크의 눈빛 실험 —— 112
2. 끄덕임과 흔들림 사이 • 페티의 끄덕임 실험 —— 121
3. 웃음은 강력한 방탄조끼다 • 뒤센의 웃음 실험 —— 128
4. 외모도 경쟁력이다 • 애런슨의 미녀 실험 —— 137
5. 감정도 물들고 퍼진다 • 크리스태키스의 감정 전염 실험 —— 143
6. 스스로 상처받지 않을 권리 • 블룸의 자신감 실험 —— 152

Chapter 04

혼자보다 여럿, 집단의 힘 · 인간의 사회적 욕구를 이용하는 법

1. 존재만으로도 힘이 된다 • 코트렐의 사회촉진 실험 —— 162
2. 팔은 안으로 굽는다 • 타즈펠의 편애 실험 —— 167
3. 친구의 친구는 나의 친구다 • 밀그램의 6단계 분리 이론 —— 175
4. 관계는 메아리다 • 갤럽의 거울 실험 —— 182
5. 사람은 비슷해야 친해진다 • 뉴컴의 매력 가설 실험 —— 188
6. 뭉치면 살고 흩어지면 죽는다 • 셰리프의 규범 형성 실험 —— 197

Chapter 05
타인과 나, 서로 주고받는 영향력 · 상대의 생각과 행동을 바꿀 수 있는 힘

1. 먼저 손 내미는 용기 · 허록의 피드백 실험 —— 208
2. 칭찬에 인색한 사람이 되지 마라 · 뮐러와 드웩의 칭찬 실험 —— 215
3. 긍정은 배신하지 않는다 · 그린로스의 매력 실험 —— 222
4. 진심은 넘어지지 않는다 · 앤더슨의 진심의 원칙 실험 —— 230
5. 열정은 콜레라보다 전염력이 강하다 · 애쉬의 열정과 냉정 실험 —— 236
6. 영향력의 기초, 신뢰 사용설명서 · 자크의 신뢰 실험 —— 244

Chapter 06
영향력의 완성 · 큰 성공을 만드는 작은 행동의 힘

1. 당신의 말과 행동 사이 · 번의 약속 실험 —— 254
2. 무엇을 말하는가보다 무엇을 하는가가 중요하다 · 반두라의 볼링 실험 —— 260
3. 모방은 설득의 어머니다 · 매덕스의 모방 실험 —— 266
4. 방관자는 절대 알 수 없다 · 레빈의 내장요리 실험 —— 273
5. 순간의 선택이 영향력을 좌우한다 · 녹스와 잉스터의 자기 선택 효과 —— 279

Chapter 07
당신이 버려야 할 것들 • 인간관계의 리모델링을 위하여

1. 예스맨 버리기 • 프리드먼의 문간에 발 들여놓기 실험 —— 286
2. 뿌리 깊은 나무는 바람에 흔들리지 않는다 • 브래머의 크리스마스 실험 —— 295
3. 습관을 믿지 마라 • 웨이크의 꿀벌과 파리 실험 —— 302
4. 감정의 노예가 되지 마라 • 아비센나의 감정의 영향 실험 —— 308
5. 실수하는 완벽주의자 • 애런슨의 실수 효과 —— 315
6. 다수가 항상 옳은 것은 아니다 • 마이어스와 람의 집단 극화 실험 —— 323
7. 소수가 세상을 바꾼다 • 애쉬의 소수의견 실험 —— 331
8. 게으름과 결별하라 • 페라리와 셰리프의 미루기에 관한 조사 —— 336

Chapter 01

영향력을 키우고 싶은 당신에게

어떻게 사람을 끌어당겨야 하는가?

> 관계를 형성한다는 것은 내가 상대에게
> 영향력을 행사할 수 있는 존재가 되었다는 뜻이다

1

기분 좋은 얼굴은 무언의 추천장이다
• 애쉬의 첫인상 실험 •

　미국의 제16대 대통령이었던 에이브러햄 링컨Abraham Lincoln이 내각 구성을 위해 비서관에게 각료들 추천받을 때의 일이다. 어느 날 링컨의 친구가 유능한 인재라며 한 사람을 데리고 왔다. 하지만 링컨은 그를 만나서 이야기만 나누었을 뿐 등용하지는 않았다. 친구가 대체 그의 어느 부분이 부족했는지 묻자 링컨이 웃으면서 대답했다.
　"확실히 능력 있고 뛰어난 사람이더군. 하지만 난 그의 얼굴이 마음에 들지 않았어!"

대답을 들은 친구는 깜짝 놀라 말했다.

"그런 이유라면 정말 너무한 것 아닌가? 자신의 얼굴을 선택해서 태어나는 사람이 어디 있겠는가? 얼굴은 부모로부터 받은 것인데 자네는 외모로 사람을 판단한다는 것인가!"

그러자 링컨이 대답했다.

"그렇지 않네. 태어날 때는 부모로부터 얼굴을 물려받지만 그 다음부터는 자신이 만들어가는 것이지. 그러니 사람은 마흔 살이 넘으면 반드시 자신의 얼굴에 책임을 져야 하네. 이것이 내가 그 사람을 받아들이지 않은 이유라네."

7초의 법칙

미국의 색채 전문 기업이자 세계적인 색채 컨설턴트를 담당하는 팬톤의 색채연구소는 소비자의 결정에 영향을 주는 요소에 대해 연구했다. 그 결과 소비자들은 눈앞에 놓인 수많은 상품을 보고 단 7초 만에 마음에 드는 상품을 결정한다는 사실이 밝혀졌다. 그들은 이것을 '7초의 법칙'이라고 불렀다.

미국의 여러 기업 역시 다양한 사례를 근거로 '7초의 법칙'을 인정하고 있다. 그들은 고객이 구매 의사를 결정하는 7초 사이에 고객의 마음을 사로잡기 위해 상품의 첫인상을 좋게 하는 데 많은 비용과 노력을 쏟는다.

재미있는 사실은 '7초의 법칙'이 일상생활에서도 적용된다는 것이다. 사람들이 상대의 이미지를 결정할 때 7초 만에 호감인지 비호감인지를 결정한다는 것이다. 이때 상대에게 비호감 이미지로 비칠 경우, 이를 다시 호감으로 변화시키기 위해서는 48시간이 필요하다고 한다. 유명한 사람이든 평범한 사람이든 첫인상의 영향을 피하기 어렵다는 뜻이다.

고대 인류의 조상들은 사람을 마주할 때마다 그가 적인지 친구인지 보는 즉시 판단해야 했다. 첫인상만으로 그가 어떤 사람인지 결정한 것이다. 이것은 그들의 생존과 관련된 문제였기 때문에 매우 중요한 일이었다.

첫인상은 현대의 우리에게도 매우 중요하다. 첫 만남에서의 이미지가 이후의 행위와 소통에까지 영향을 미치기 때문이다. 그러므로 상대에게 '좋은 첫인상'을 남겨야 한다. 심리학에서는 첫인상의 영향력을 '초두 효과'라고 부른다. 초두 효과란 먼저 입력된 정보가 나중에 들어오는 정보보다 더 큰 영향력을 미치는 것을 뜻한다. 이 이론이 가장 널리 쓰이는 것이 사람의 첫인상을 결정할 때이므로 '첫인상 효과'라고도 불린다. 상대에게 가장 먼저 입력된 모습이 당신의 이미지 형성에 가장 큰 영향을 미치므로 원활한 인간관계를 위해서는 무엇보다 첫인상에 신경 써야 한다. 그렇다면 첫인상의 영향력은 얼마나 될까?

애쉬의 첫인상 실험

첫인상의 영향에 관해 다양한 실험이 있지만 그중에서 미국의 사회심리학자 솔로몬 애쉬Solomon Asch가 1946년에 한 실험이 가장 유명하다. 그는 실험에 참가할 대학생들을 모집한 뒤 '한 인물'의 인상을 평가하는 실험을 했다.

애쉬는 참가자를 두 그룹으로 나눈 후 각각의 그룹에 한 인물의 성격에 대해 설명했다. 성격의 내용은 같았으나 설명하는 순서가 달랐다. 첫 번째 그룹에는 긍정적인 내용부터 부정적인 내용의 순서로, 두 번째 그룹에는 부정적인 내용에서 긍정적인 내용으로 설명했다. 다시 말해 첫 그룹에는 "그는 똑똑하며, 노력을 많이 하고, 충동적이고, 비판적이며, 고집이 세고, 질투가 많다"고 말했고, 다음 그룹에는 "그는 질투가 많고, 고집이 세며, 비판적이고, 충동적이며, 노력을 많이 하고, 똑똑하다"고 말했다.

나열한 순서만 다를 뿐인 같은 사람을 소개했지만, 두 그룹의 평가는 완전히 달랐다. 긍정적인 정보를 먼저 들은 첫 번째 그룹은 부정적인 정보를 먼저 들은 두 번째 그룹보다 훨씬 좋은 평가를 내렸다.

참가자들이 한 사람에 대한 인상 판단이 입력된 정보의 순서와 큰 관계가 있다는 의미다. 처음에 얻은 정보가 빠른 시간 안에 매우 안정적으로 자리 잡았으며 이후 유입되는 정보들에도 영향을 주기 때문에 이러한 결과가 나온 것이다.

심리학자 에이브러햄 루친스Abraham Luchins 역시 1957년에 첫인상과 관련된 실험을 했다. 그는 실험 참가자들에게 '짐Jim'이라는 학생에 대한 정보를 전달하고 그에 대한 인상을 평가해 달라고 했다. 애쉬의 실험과 다른 점이 있다면 정보를 '말한 것'이 아니라 '글'로 전달했다는 점이다.

다음은 첫 번째 글의 일부다.

'짐은 친구 두 명과 함께 밝은 햇살을 받으며 문구점까지 걸어갔다. 그는 문구점에 들어서면서 점원에게 인사를 건넸다. 그곳에는 손님이 무척 많았다. 짐은 그중 아는 사람을 발견하고 그에게 다가가 이야기를 나누었다. ······'

다음은 두 번째 글의 일부다.

'짐은 학교가 끝난 후 혼자 집으로 돌아갔다. 햇볕이 따뜻한 날이었지만 그늘을 찾아 걸었다. ······'

첫 번째 글만 본 참가자들은 대부분 짐이 친절하고 외향적인 사람이라고 생각했다. 반면 두 번째 글만 본 참가자들은 대부분 짐이 과

묵하고 내성적이라고 보았다. 두 개의 글을 모두 본 참가자들은 어떤 글을 먼저 보았느냐에 따라 확연히 다른 평가를 내렸다. 그들은 언제나 먼저 본 글에 근거해서 짐을 평가했으며 나중에 본 글의 영향력은 매우 적었다.

첫인상과 관련한 여러 실험을 통해 심리학자들은 다음과 같은 결론을 내렸다.

첫째, 첫인상은 다음 행위에 매우 큰 영향을 미친다.

둘째, 사람들은 최초에 접한 표면적인 정보를 근거로 타인에 대한 주관적인 인상을 형성한다. 이렇게 형성된 첫인상은 매우 견고해서 나중에 다른 정보를 접해도 쉽게 변하지 않는다.

최대한 좋은 첫인상을 남겨라

우리의 눈, 코, 귀는 처음 본 사람의 정보를 수집해 뇌로 보내고 이를 조합해 상대를 평가한다. 그것이 바로 첫인상이다. 이 첫 정보, 즉 첫인상은 다음 정보의 처리 지침이 되고 그 사람을 평가하는 결정적인 기준이 된다. 만일 첫인상이 좋은 사람이 실수를 하면 '혹시 무슨 안 좋은 일이라도 있는 걸까?' 혹은 '에이, 한 번 실수하는 것쯤이야' 하고 넘어가는 반면, 첫인상이 나쁜 사람이 실수를 하면 '내가 저럴 줄 알았어, 역시 내 생각이 맞았다니까' 하고 생각할 것이다.

따라서 첫인상이 좋은 사람은 상대와의 관계에서 영향력을 키우는 데 가산점을 얻은 것과 마찬가지다. 그러므로 자신의 이미지를 관리해서 다른 사람에게 최대한 좋은 첫인상을 주도록 해야 한다.

이와 관련해서 사회심리학자 제럴드 이건(Gerald Egan)은 'SOLER 기법'을 제안했다. 'SOLER'란 각 기법의 첫 글자를 따서 만든 용어로 다른 사람에게 좋은 첫인상을 주는 데 큰 도움이 될 것이다.

S(Sit) 바른 자세로 앉거나 서서 상대를 똑바로 바라봄으로써 그를 존중한다는 뜻을 드러낸다.

O(Open) 자연스러운 자세로 개방적인 태도를 보인다.

L(Lean) 몸을 살짝 앞으로 기울여서 상대에 대한 관심을 표시한다.

E(Eye) 눈빛을 교환해 상대에게 주목하고 있다는 것을 나타낸다.

R(Relax) 편안하고 자유로운 몸짓으로 어색하지 않고 편안한 분위기를 만든다.

'SOLER 기법'으로 당신만의 매력을 드러내 보자. 이것은 당신의 잘못된 습관을 고치는 데 유용할 뿐만 아니라 첫인상을 좋게 만들어 상대가 호감을 느끼고 개방적인 태도로 다가올 수 있게 한다.

2

눈도장은 화수분처럼

● 자이언스의 단순 노출 실험 ●

프랑스인들뿐 아니라 세계의 많은 사람들이 사랑하는 에펠탑은 프랑스 대혁명과 1889년 파리 만국박람회를 기념하기 위해 만들어진 건축물이다. 지금은 파리라고 하면 에펠탑을 가장 먼저 떠올리지만, 공사 당시만 해도 파리의 고풍스러운 분위기에 300m가 넘는 철탑은 어울리지 않는다며 흉물이라 불렸다. 이에 많은 시민들과 예술가들이 에펠탑 건립을 반대하기도 했다. 실제로 소설가 모파상은 에펠탑에 있는 레스토랑에서의 식사를 즐겼는데, 그 이유는 그곳이 파리에서 유일하게 에펠탑이 보이지 않는 곳이기 때문이었다. 이러한 반응에 프랑스 정부는 20년 후 철거를 약속했다.

하지만 에펠탑이 건립된 후 변화가 생기기 시작했다. 어쩔 수 없이 매일 에펠탑을 보게 된 시민들은 서서히 애정을 갖게 되었고, 그러다 보니 점점 정이 들었다. 어느새 일부러 에펠탑을 찾는 시민들도 늘어났다. 결국 에페탑은 철거되지 않았고 지금은 파리의 대표적인 건축물로 자리 잡았다.

익숙함은 곧 호감이다

에펠탑처럼 처음에는 거부감이 드는 것도 계속해서 보게 되면 호감이 증가하는 것을 에펠탑 효과Eiffel Tower Effect라고 한다. 단순히 어떤 자극을 반복적으로 노출하는 것만으로도 그 자극에 대한 호감이 증가하는 것이다. 이는 처음 보는 것과 달리 여러 번 볼수록 그 대상에 대해 친근함이 생기고, 친근함은 곧 호감으로 이어지기 때문이다. 심리학자들은 자주 노출될수록 호감이 생기는 이 현상을 '단순 노출 효과Mere Exposure Effect'라고 부른다.

단순 노출 효과는 많은 기업에서 사용하는 마케팅 방식 중 하나다. 지속적으로 단순 노출함으로써 소비자들에게 인지도를 상승시키면 그것이 호감으로 변해 구매로까지 이어지기 때문이다. 실제로 많은 사람들이 물건을 구매할 때 자신에게 익숙한 제품을 선택한다. 사람들이 쉽게 따라 부를 수 있는 광고음악이나 카피 등도 단순 노출 효과를 노린 것이다. 잠깐의 노출로 효과를 보려는 것이 아니라 반복적인 노출로 사람들에게 익숙함을 심어주기 위한 것이다.

'단순 노출 효과'는 무의식적으로 익숙한 물건을 더 좋아하는 현상을 일컫는 말이지만 일상생활에서도 흔히 찾아볼 수 있다. 인간관계에서도 중요한 역할을 하기 때문이다. 앞서 이야기했듯 첫인상은 매우 중요하며 이후의 관계에도 영향을 미친다. 그렇다면 상대에게 좋지 않은 첫인상을 남겼을 때 해결할 수 있는 방법은 무엇일까? 심리학 연구 결과에 따르면 자주 얼굴을 보고 만나서 노출 빈도를 높이면 나쁜 첫인상을 바꿀 수 있을 뿐만 아니라 영향력까지 미칠 수 있다고 한다.

대만의 어느 남자가 좋아하는 여자의 마음을 사로잡기 위해 러브레터를 썼다. 비록 자주 만날 수는 없지만 꾸준히 자신의 마음을 전한 것이다. 2년이라는 시간 동안 400통이 넘는 러브레터를 썼고, 편지를 받은 여자는 결혼을 결심했다. 그런데 재미있게도 여자가 결혼을 승낙한 남자는 편지를 쓴 남자가 아닌 편지를 배달한 우체부였다고 한다. 여자는 400통이 넘는 편지를 전해주는 우체부와 만나게 됐고, 점차 얼굴을 보는 횟수가 늘어날수록 친근함이 생겼다. 그 친근함이 호감을 넘어 사랑으로 발전한 것이다.

상대에게 호감을 심어주기 위해서는 친밀함이 필요하다. 이러한 감정을 만드는 가장 쉽고 효과적인 방식이 단순 노출이다. 자주 볼수록 친밀감이 생기고 이 감정이 상대에 대한 호감으로 발전한다는 것이다. 특히 인간관계가 좋은 사람들은 이를 무척 잘 활용해서 사람들과 접촉하는 기회를 많이 만들고 친밀감을 높인다. 그러면 그에 대한 첫인상이 좋지 않았던 사람도 여러 번 만나고 이야기를 나누는 과정에서 첫인상을 잊고 완전히 새롭게 그의 매력에 빠진다.

자이언스의 단순 노출 실험

미국의 사회심리학자인 로버트 자이언스 Robert Zajonc 박사는 피츠버그 대학에서 다음과 같은 실험을 했다. 그는 강의에 들어온 학생들에게 12장의 얼굴 사진을 보여주었다. 이때 사진마다 각기 다른 빈도로 반복해 보여주었는데 어떤 사진은 아예 보여주지 않았고, 한 번만 보여주거나, 5회, 10회, 15회, 20회, 25회까지 보여주었다. 그리고 나서 학생들에게 각각의 사진 중 호감이 가는 인물을 선택해 보도록 했다.

실험 결과 학생들은 사진을 보여주는 횟수가 증가함에 따라 사진 속 인물에 대한 호감도도 증가함을 보여주었다. 노출 빈도가 증가할수록 사진 속 인물을 좋아하는 강도도 높아진 것이다. 이 결과는 모르는 사람의 얼굴도 계속해서 반복해 보면 친근감이 생기고 호감을 느낄 수 있음을 증명한다.

이외에도 여러 실험을 통해 단순 노출 효과가 증명되었다. 한 사회 심리학자는 여대생 기숙사에서 무작위로 몇 개의 방을 골라 각각 다른 맛의 음료수를 제공했다. 그리고 서로 자유롭게 방문해서 다른 맛의 음료수도 맛보도록 했는데, 이때 학생들 사이의 어떠한 언어적 교류도 금지했다.

얼마 후 심리학자는 실험에 참가한 학생들에게 서로에 대한 친근감을 평가해 달라고 요청했다. 실험 결과 음료수를 맛보기 위해 오가며 자주 만난 사이일수록 더욱 친근감을 느끼는 것으로 나타났다. 접촉 횟수가 적거나 아예 한 번도 만난 적이 없다면 친근감이 현저히 낮거나 아예 느끼지 못했다.

이 실험을 통해 심리학자들은 다음과 같은 결론을 내렸다.

첫째, 만나는 횟수가 증가할수록 서로에게 익숙해지며, 이는 호감으로 발전한다.

둘째, 잦은 접촉은 인간관계에 긍정적인 효과를 불러일으킨다.

자주 만날수록 관계는 단단해진다

인간관계에서 상대에게 좋지 못한 첫인상을 남겼다고 해도 자주 접촉이 이루어지면 상대가 가지고 있는 부정적인 인상이 점차 완화되는 현상을 확인할 수 있다. 이것이 바로 단순 노출 효과다. 따라서 상대와의 심리적 거리를 줄이고 그가 당신을 좋아하게 만들고 싶다면 만날 기회를 최대한 많이 만드는 것이 좋다. 마치 화수분처럼 끊임없이 상대에게 눈도장을 찍는 것이다. 그 구체적인 방법으로는 다음과 같은 것이 있다.

첫째, 공통점을 찾아라.

상대와 당신이 모두 아는 친구나 동료, 사는 지역, 학교 등 공통점을 찾아 화제로 삼아보자. 서로에게 모두 익숙한 사람이나 사물은 '친근해지는 효과'를 일으킬 수 있으며, 친근감은 호감 형성의 중요한 요인이다.

둘째, 주변 환경을 살펴라.

아무리 찾아봐도 공통점이 없다면 주변 환경이나 보이는 사람, 사물 등에서부터 이야기를 시작하는 것이 좋다. 예를 들어 아무렇지도 않은 듯이 자연스럽게 "이 카페 음악이 참 좋네요", "저기 저 사람 참 멋진 것 같아요" 등의 말을 건네는 것이다. 이렇게 이야기를 시작해서 이어가다 보면 두 사람의 공통점을 발견할 수 있을지도 모른다. 이때 대화의 분위기를 망치는 부정적인 의견이나 논쟁거리는 피해야 한다.

셋째, 상대의 의견을 물어라.

만약 당신 혼자 쉬지 않고 떠들어 댄다면 상대는 자연히 대화에 흥미를 잃을 것이다. 그보다는 먼저 상대에게 "어떻게 생각하세요?", "들어 보셨나요?", "한 번 보세요"와 같은 말을 건네자. 그의 주의를 끌 수 있을 뿐 아니라 그를 자연스럽게 대화 속으로 들어오도록 할 수 있다. 이를 통해 두 사람은 서로를 더 잘 이해하게 될 것이다.

스탠퍼드 대학 경영대학원의 제프리 페퍼Jeffrey Pfeffer 교수는 "간단히 말해서 '기억된다'는 말과 '선택된다'는 말은 동의어다"라고 말했다. 상대에게 선택받기 위해서는 자주 얼굴을 마주할 기회를 만들어야 한다는 뜻이다. 영향력 있는 사람이 되고 싶다면 사람들을 더 많이 만나서 당신의 얼굴을 자주 보여줘라. 눈도장을 자주 찍을수록 당신의 영향력 역시 커진다는 사실을 잊지 말자.

3

기대와 관심으로 다시 태어나는 관계

● 로젠탈의 성취도 실험 ●

'피그말리온 효과Pygmalion Effect'라는 명칭은 고대 그리스 신화에서 나온 말이다. 키프로스Cyprus의 왕 피그말리온은 아무도 사랑하지 않고 독신으로 지낼 결심을 했다. 키프로스의 여인들은 아프로디테의 저주를 받아 나그네에게 몸을 파는 일을 하며 살 수밖에 없었기 때문이다. 자연스럽게 여인들은 방탕한 생활을 했고, 키프로스의 주변에는 사랑하고 싶은 여자가 없었다.

하지만 남자로서 여인에 대한 갈망을 이겨내기가 어려웠다. 조각하는 것을 좋아한 피그말리온은 커다란 상아를 정성 들여 조각해 아름다운 여인상으로 만들었다. 그것에 자신이 가장 아름답다고 생각한 요정인 갈라테이아Galatea와 같은 이름을 붙여주었다. 그녀는 정말 아름답고 완벽했다. 진심으로 그녀를 사랑하게 된 피그말리온은 매일 그녀의 아름다움을 찬미하고 자신의 사랑을 고백했다. 그리고 그녀가 진짜 인간이 되어서 자신의 아내가 되어 주기를 간절히 바랐다.

키프로스에서 여신 아프로디테를 숭배하는 축제가 열리던 날, 피그말리온은 신에게 재물을 바치며 소원을 빌었다. 갈라테이아가 진짜 사람으로 변하게 해달라는 내용이었다. 피그말리온의 가슴 아픈 사랑과 간절한 바람은 마침내 아프로디테까지 감동시켰다. 아프로디테는 갈라테이아를 인간으로 바꾸어주었고 피그말리온은 그녀에게 입을 맞추었다. 그날 이후 피그말리온과 갈라테이아는 아프로디테의 축복 아래 결혼해 아이를 낳고 행복하게 살았다.

먼저 원하는 것을 드러내라

만약 당신이 원하는 대로 상대가 행동하기를 바란다면 먼저 원하는 것을 드러내고 그에게 어떠한 기대를 하고 있는지 전달해야 한다. 이것이 바로 심리학에서 말하는 '피그말리온 효과'다.

심리학자들은 피그말리온처럼 간절한 바람이 기적과 같은 일을 이루는 것을 '피그말리온 효과' 또는 '기대 효과'라고 부른다. 이 효과는 또 다음과 같은 말로 설명할 수 있다.

"당신이 할 수 있다고 말하면, 할 수 없어도 할 수 있다. 그러나 당신이 할 수 없다고 말하면, 할 수 있어도 할 수 없다."

오늘날 피그말리온 효과는 곳곳에서 응용된다. 어떤 사람들은 지식이나 능력이 충분함에도 단지 자신감이 부족해서 성과를 내지 못한다. 자신감이 부족하면 지나치게 걱정하느라 효율이 떨어지기 때문이다. 반면 간절히 바라는 것은 일을 추진할 수 있는 동력이 되어 자신도 몰랐던 잠재된 에너지까지 끌어낼 수 있다. 동시에 상대에게 긍정적인 기대를 보여주면 상대 역시 기대에 부응하기 위해 노력해 기대에 충족하는 결과를 얻을 수 있다.

로젠탈의 성취도 실험

하버드 대학의 심리학 박사 로버트 로젠탈Robert Rosenthal은 피그말리온 효과를 증명했다.

신학기가 시작되었을 때 로젠탈과 그의 동료들은 한 학교의 초등학생들을 대상으로 IQ 테스트를 했다. 테스트가 끝난 후, 로젠탈은 교사 3명에게 이렇게 말했다.

"테스트 결과 이 학생들의 지능이 다른 학생들보다 높은 것으로 나타났습니다. 이 아이들은 대기만성형이어서 눈에 잘 띄지 않을 수도 있습니다. 다만 좋은 교육을 받는다면 성적이 크게 좋아질 것이 분명합니다. 세 분 선생님이 이 아이들을 잘 지도하셔서 좋은 결과가 있기 바랍니다."

말을 마친 로젠탈은 이 아이들의 명단을 건네주었고 아이들이나 그 학부모들이 절대 이 사실을 알게 해서는 안 되며 평소와 똑같이 대해 달라고 당부했다.

사실 이 '대기만성형'의 아이들은 로젠탈이 각 반에서 무작위로 뽑은, 다른 아이들과 특별히 다른 것이 없는 평범한 학생들이었다. 학기 말이 되고 로젠탈과 그의 동료들은 다시 학교를 방문해 이 '대기만성형' 학생들을 대상으로 IQ 테스트를 진행했다. 그 결과 이 아이들의 지능은 다른 아이들을 크게 웃돌았으며 실제 학교 성적도 예전보다 많이 향상된 것으로 밝혀졌다.

이외에도 심리학자들은 소년범죄자들을 대상으로 한 연구에서 이들이 오랫동안 주변의 부정적인 기대를 받아왔다는 사실을 밝혀냈다. 그들은 어렸을 때 우연히 저지른 잘못 탓에 '불량소년'이라는 낙인이 찍혔다. 그러자 주변 사람들이 부정적인 시선으로 그들을 바라보았고 결국 그들 자신도 스스로 불량하다고 생각하게 되었으며 잘못된 길에 들어서 범죄자가 되었다.

이 실험을 통해 심리학자들은 다음과 같은 결론을 내렸다.

한 사람에 대한 기대는 그에게 매우 큰 영향을 미친다. 긍정적인 기대는 그를 좋은 방향으로 발전시키며, 부정적인 기대는 그를 점차 소극적으로 만들 것이다.

기대는 합리적이고 효율적으로

영향력 있는 사람이 되고 싶다면 그에게 상응하는 기대를 전달해야 한다. 물론 기대를 전달했다고 해서 반드시 바랐던 효과가 발생하는 것은 아니다. 여기에는 그의 성격, 개성, 경험, 지식, 지적 능력 등이 모두 영향을 미친다. 그러므로 당신의 기대가 가장 이상적인 효과로 이어지기를 바란다면 상대의 다양한 특징에 근거해서 합리적이고 효율적인 기대 목표를 설정해야 한다.

목표를 설정하는 방식은 다음과 같다.

첫째, 기대는 반드시 합리적이어야 하며 발전하고자 하는 상대의 욕구에 부합해야 한다.

둘째, 기대 목표는 반드시 실현 가능성이 있어야 한다.

셋째, 기대 목표는 반드시 현재의 수준을 넘어서야 하며 도전적이어야 한다. 다시 말해 '열심히 해야만 가능한 목표'가 더욱 큰 효과를 가져올 수 있으며, '언제든지 마음만 먹으면 되는 목표'는 아무런 효과도 발생시키지 못한다.

넷째, 기대는 진심을 담아야 한다. 특히 말로 설명하거나 크게 소리 질러 전달하는 것은 진심을 느끼기 어려우므로 상대가 받아들이지 않을 것이다.

그리고 기대는 지속적이어야 한다. 기대는 잠재적인 영향력이므로 꾸준함과 인내심이 필요하다. 그러므로 단시간에 명확한 효과가 나타나지 않는다고 해서 상대에 대한 기대를 쉽게 포기해서는 안 된다.

마지막으로 평정심을 유지해야 한다. 효과를 기다리는 동안 절대 조급해하는 모습을 드러내서는 안 된다. 기대가 부담으로 바뀌어 역효과가 발생할 수 있기 때문이다.

한 사람에 대한 기대는 우리가 상상한 것보다 훨씬 커다란 영향력을 발휘한다. 특히 긍정적인 '자기 기대감Self-expectancy'이 큰 사람은 자신도 몰랐던 힘을 발휘해서 일과 학업에서 큰 성과를 이룰 수 있다. 그러므로 자신과 타인에게 모두 긍정적인 기대를 되도록 많이 하는 것이 좋다.

4

당신의 귀가 두 개인 이유

• 메이요의 호손 실험 •

한 작은 나라의 사신이 중국에 와서 황제에게 똑같은 모양의 황금 인형 세 개를 바쳤다. 그는 기뻐하는 황제에게 문제를 내고 정답을 말해야만 인형 세 개를 모두 가질 수 있다고 말했다. 그가 낸 문제는 세 인형 중 가장 가치가 큰 것을 찾는 것이었다.

황제는 온갖 방법을 동원해서 인형들의 차이점을 찾으려고 했다. 금세공 장인을 불러서 살펴보게 했으며, 매우 정밀한 저울로 무게를 재어보기도 했다. 하지만 아무리 열심히 살펴봐도 인형은 완벽하게 똑같았다. 황제는 속으로 '중국 같은 대국이 이렇게 간단한 문제도 해결하지 못하다니. 작은 나라의 사신 앞에서 체면이 상할 수는 없는 노릇이지!'라고 생각했다. 그리고 인형들의 가치를 구분할 수 있는 현명한 사람을 찾는다고 선포했다. 이때 한 늙은 대신이 나서더니 자신이 이 문제를 풀어보겠다고 했다.

대신은 황제와 사신이 모두 지켜보는 가운데 미리 준비한 볏짚 세 개를 꺼내어 각각 황금 인형의 귓속으로 집어넣었다. 첫 번째 볏짚은 황금 인형의 귓속으로 들어가서 반대쪽 귀로 나왔고, 두 번째 볏짚은 입으로 나왔다. 그런데 세 번째 볏짚은 막혔는지 더 이상 들어가지 않더니 그대로 인형의 뱃속으로 떨어졌다. 그러자 대신은 황제에게 세 번째 인형의 가치가 가장 크다고 말했다. 아무 말 없이 묵묵히 바라보던 사신 역시 정답이라고 말했다.

마음을 얻는 가장 지혜로운 방법

앞의 이야기는 경청의 가치가 얼마나 큰지 알려주는 일화다. 조물주가 사람을 만들 때 귀는 두 개, 입은 한 개로 한 것은 많이 듣고 적게 말하라는 뜻이지 않았을까? 성인이나 현자의 초상화를 보면 귀를 크게 표현한 것을 확인할 수 있는데, 이 역시 인간의 올바른 덕목 중 하나가 경청임을 뜻한다. 경청은 성공하고자 하는 사람이 반드시 갖추어야 하는 기본 덕목이다.

경청을 한자로 표현하면 '傾聽'과 같다. 傾은 '기울어질 경'으로 상대의 말을 듣기 위해서는 상대쪽으로 몸을 기울여야 한다는 의미다. 상대의 말이 가치 없는 것이라고 해도, 상대의 이야기를 들어줄 시간이 없다고 해도 몸과 마음을 상대에게 기울여야 한다. 聽은 '들을 청'으로 이 글자는 耳, 王, 十, 目, 一, 心이 조합되어 만들어졌다. 즉 백성들의 이야기에 두루 귀를 기울이는 왕처럼 듣고, 열 개의 눈을 가지고 상대를 주목하며, 상대와 하나의 마음을 가지고 들어야 한다는 뜻이다. 이러한 자세로 경청한다면 상대의 마음이 무엇인지 정확하게 파악할 수 있다.

다른 사람과 교류할 때는 말하는 것도 중요하지만 듣는 것 역시 진심을 담아 노력해야 한다. 미국의 자동차 판매왕 조 지라드Joe Girard는 이렇게 말했다.

"당신의 능력을 알리기 위해 고객에게 많은 말을 할 필요는 없다. 성공적인 영업의 비결은 귀는 80%, 입은 20% 사용하는 것이다."

지라드의 말은 '듣는 것이 말하는 것보다 훨씬 영향력 있다'는 의미다. 경청할 줄 아는 사람은 언제나 상대의 이야기나 질문에 관심을 보이고 기꺼이 돕겠다는 태도를 보인다. 그러면 말하는 사람은 자신이 존중받고 있다고 생각하며 더욱 편안하게 말할 수 있다. 심리학자들 역시 경청이 사람들의 행위에 변화를 일으키고 일의 효율을 높인다는 것을 증명한 바 있다.

메이요의 호손 실험

하버드 대학의 엘튼 메이요Elton Mayto 교수팀은 1924년부터 1932년까지 미국 시카고 외곽 지역에 위치한 호손 공장에서 한 가지 실험을 했다.

이 실험의 목적은 '노동자들의 사기'에 관한 것으로 연구자들은 이 공장의 노동자 2,100명을 대상으로 인터뷰를 진행했다. 실험 초기 연구자들은 사전에 계획된 방식대로 질문하고 그에 관한 의견을 들었다. 주로 작업, 임금, 감독 등에 관한 의견을 물었는데 실상 얻어낸 것은 많지 않았다.

얼마 후 연구자들은 노동자들이 인터뷰에서 언급되는 문제들에 그다지 관심이 없다는 사실을 깨달았다. 그래서 노동자들이 정말 관심 있는 문제를 찾기 위해 인터뷰 방식을 완전히 바꾸기로 결정했다. 주어진 질문에 대답하는 방식에서 벗어나 자유롭게 자신의 의견을 이야기하는 방식으로 전환했고, 인터뷰 시간도 원래의 30분에서 1시간 30분으로 늘렸다. 그러자 노동자들은 공장의 계획이나 정책, 전반적인 작업 환경과 태도, 급여 조건 등에 대해 자유롭게 평가하고 의견을 제시했다. 연구자들은 되도록 말을 줄이고 듣기만 하면서 그들의 불만이나 의견을 기록했다.

자유롭게 의견을 발표한 것은 생각하지도 못한 새로운 효과를 가져왔다. 바로 노동자들의 사기가 올라 생산량이 대폭으로 상승한 것이다. 심리학자들은 이러한 결과가 자유 발표라는 행위를 통해 노동자들의 존중받고자 하는 욕구가 충족되었으며, 불만을 말하고 합리적인 건의를 할 수 있는 기회가 제공되었기 때문이라고 해석했다. 노동자들은 평소 마음에 담아 두었던 불만, 불평, 푸념, 넋두리들을 모두 쏟아낸 후 마음이 편안하고 홀가분해졌다. 덕분에 사기가 올라 더욱 적극적으로 일했으며 그 결과 공장 전체의 생산량 상승으로 이어졌다.

호손 실험은 노동자는 단지 '말할 수 있는 기계'가 아니며 노동은 단순히 임금을 지급한 결과가 아니라는 점을 증명했다. 이 실험을 통해 관리자는 노동자들이 생리적인 욕구 외에도 다양한 심리적 욕구, 예를 들어 부정적인 감정을 배출하고자 하는 욕구 등이 있다는 것을 깨달았다. 또 이러한 심리적 욕구가 대부분 억압되어 겉으로 드러나지 않은 탓에 생산력에 부정적인 영향을 미쳤음이 밝혀졌다.

이 실험을 통해 심리학자들은 다음과 같은 결론을 내렸다.

첫째, 안 좋은 감정이 배출되지 않고 계속 쌓이면 부정적인 효과가 발생한다.

둘째, 효과적인 소통 방식 중 가장 좋은 것은 바로 '듣는 것'이다.

셋째, 잘 듣는 것만으로 상대의 호감과 신뢰를 얻을 수 있다.

효과적으로 경청하라

호손 실험에서 연구자들은 인터뷰 방식을 바꾸어 노동자들이 마음속에 억눌렸던 불만을 자유롭게 털어놓도록 했다. 연구자들이 경청하는 자세를 취하자 노동자들은 이를 통해 존중받고자 하는 욕구를 만족했으며 그 결과 생산력이 증대되었다.

실제로 상대에게 마음을 주고 상대로부터 호감을 얻고 싶다면 입보다 귀를 사용하는 것이 훨씬 효과적이다. 인간관계에서 경청은 사람과 사람 사이를 긴밀하게 만드는 전제가 되며 설령 긴밀한 관계가 될 수 없다고 하더라도 상대는 당신을 더욱 존중할 것이다.

경청의 중요성을 아는 사람은 많지만 효과적으로 경청하는 사람은 많지 않으며 실제로도 어려운 일이다. 경청은 일종의 능동적인 예술로 기교, 집중, 노력이 필요하며 방식에 따라 서로 다른 효과를 만들어낸다. 효과적으로 경청하고 싶다면 다음의 6가지 원칙을 기억해야 한다.

첫째, 상대의 말을 의심하지 마라. 들은 말은 모두 진실로 받아들여라.

둘째, 듣는 즉시 피드백을 제공하라.

셋째, 허구의 반응을 만들어내지 마라.

넷째, 상대의 말에 긍정적인 가치를 부여하라.

다섯째, 상대의 말을 끊지 마라.

여섯째, 상대의 의도와 주제를 명확하게 파악하라.

당신이 효과적으로 경청하는 사람이라면 다른 사람 역시 좋은 마음으로 당신의 말을 들어 줄 것이다. 이것은 분명히 말보다 더 큰 영향력이다. 위에서 제시한 경청의 원칙 6가지를 시도해 보자. 당신이 눈치채지 못하는 사이, 당신의 영향력은 훨씬 커져 있을 것이다.

5

마음의 주름 펴내기
● 아론 부부의 자기 노출 실험 ●

오프라 윈프리Oprah Winfrey는 세계에서 가장 영향력 있는 여성 중 한 명이다. 매주 평균 3,300만 명의 시청자가 그녀의 TV 토크쇼인 〈오프라 윈프리 쇼〉를 시청하고 있으며 이 프로그램은 16년 연속 미국 토크쇼 시청률 1위를 차지하고 있다. 남아프리카공화국에 자신의 이름을 딴 학교를 세웠으며, 가장 많은 수익을 올린 연예인에도 그녀의 이름은 꼭대기를 차지하고 있다.

빈민가 출신의 흑인 여성인 오프라 윈프리가 세계 최고의 진행자가 되고 방송계에 전무후무한 신화를 창조한 것은 그녀의 강한 의지와 자신감에서 비롯된 것이었다. 그러나 더 중요한 원인은 그녀가 스스로 마음의 장막을 걷고 사람들에게 자신의 약점을 진솔하게 드러냈기 때문이었다.

오프라 윈프리는 시청자에게 솔직한 태도로 그동안 감춰왔던 진실을 이야기했다. 그녀는 카메라 앞에서 자신이 한때는 100kg이 넘는 거구였으며, 극심한 빈민가에서 자라며 사촌 오빠에게 강간을 당한 적이 있다고 말했다. 또한 잘못된 선택으로 14세라는 나이에 미혼모가 되지만 아이는 2주 뒤에 사망했다는 고백도 털어놓았다. 나중에는 기어이 코카인이라는 마약에까지 손을 대 전과자로 살아야 했다고 이야기했다.

대부분의 사람들은 이런 일을 '치욕'이라고 생각해 되도록 감추려고 한다. 하지만 오프라 윈프리는 오히려 자신을 지켜보는 수천만 명의 대중 앞에서 당당하게 밝혔다. 그 결과 그녀는 자신이 직접 말한 치욕들로 인한 조롱이나 비난을 받지 않았으며 친화력과 영향력을 더욱 키울 수 있었다.

이제 미국에서 '오프라'라는 단어는 '보이지 않도록 내면 깊숙이 감춰두었던 속마음을 사람들 앞에서 드러내 보이는 방식', '고백을 이끌어내기 위해 친근한 어조로 끝까지 질문하는 것'과 같은 뜻으로 통용

되고 있다.

내가 털어놓아야 상대도 털어놓는다

오프라 윈프리의 이야기는 여러 사람 앞에서 자신의 솔직한 이야기를 드러내는 것이 영향력을 키우는 데 큰 도움이 된다는 것을 잘 보여 준다.

이처럼 자신의 진실한 감정, 생각, 경험, 상황 등을 타인과 나누는 것을 '자기 노출Self-disclosure', 또는 '자기 폭로'라고 한다. 이때 드러난 내용은 대부분 스스로 말하지 않으면 다른 사람이 결코 알 수 없는 것이다. 오프라 윈프리처럼 극적인 인생을 살지 않았다고 하더라도 일상생활에서 적당한 자기 노출은 때때로 생각지도 못한 긍정적인 효과를 발생시키기도 한다. 미국의 전기 작가 조지 메이어George Mair는 저서인 《오프라 윈프리: 진실한 이야기Oprah Winfrey: The Real Story》에서 다음과 같이 말했다.

'시청자들이 그녀를 신뢰하는 이유는 그녀가 바로 자신과 같다고 생각하기 때문이다. 또 그녀가 언급하기 어려운 문제를 과감하게 말하고 자신의 은밀한 사생활을 드러내기 때문이다. …… 시청자들이 오프라 윈프리에게 보인 반응은 정말 놀라운 것이었다.'

중국 속담에 "사귀는 것은 반드시 마음이 통해야 한다"라는 말이 있다. 상대와 함께 있는 것을 즐거워하며 진심으로 대해서 마음이 통한다면 당신의 인간관계는 별다른 어려움이 없을 것이다. 마음을 가리고 있는 장막을 거두면 당신의 친화력은 더욱 높아질 수 있다. 소통의 첫 번째 단추는 바로 나를 열어 나를 인정하고 나를 표현하는 것이다.

그렇다면 자기 노출이 큰 영향력을 발휘하는 이유는 무엇일까? 심리학자들은 이와 관련해 심도 있는 연구를 진행했다.

아론 부부의 자기 노출 실험

심리학자 아서 아론Arthur Aron과 일레인 아론Elaine Aron 부부는 동료들과 함께 자기 노출에 관한 실험을 했다. 이 실험의 목적은 자기 노출과 친밀감의 관계를 밝히는 것이었다.

그들은 단 한 번도 만난 적이 없는 실험 참가자 두 명을 한 그룹으로 묶고 45분 동안 서로 알아가는 시간을 가지도록 했다. 그중 몇 그룹에는 대화의 내용과 분량을 지정해 주었다.

처음 15분은 "최근에 노래한 적 있나요?"처럼 감정이나 친밀감과 큰 관계가 없는 화제를, 두 번째 15분은 비교적 친밀하고 사적인 화제, 예를 들어 "가장 소중한 기억이 무엇인가요?" 등을 말하게 했다. 마지막으로 세 번째 15분은 최대한 자신을 드러낼 수 있는 이야기를 하도록 했다. "나는 사람들과 함께 어떠한 일을 하고 싶다", "나는 예전에 다른 사람 앞에서 운 적이 있다"와 같은 내용이었다.

반면 대화 내용을 지정받지 않은 그룹은 자유롭게 대화할 수 있었다. 그들은 주로 "당신이 다녔던 고등학교는 어떻게 생겼나요?", "어떤 프로그램을 좋아하나요?"처럼 지극히 일반적인 대화를 했다.

실험 결과 대화의 내용을 지정받지 않은 그룹에 비해 지시에 따라 점진적으로 자기 노출을 한 그룹의 실험자들이 짝꿍에게 더 친밀함을 느끼는 것으로 나타났다. 심지어 가장 친한 친구보다 이 실험의 대화 짝꿍에게 더 친밀감을 느낀다고 대답한 사람도 30%나 되었다.

이 실험을 통해 심리학자들은 다음과 같은 결론을 내렸다.

첫째, 적당한 자기 노출은 호감의 전제조건이다.

둘째, 자기 노출은 서로에 대한 이해도를 높여주고 관계를 더욱 깊게 만든다.

아론 부부는 친밀한 관계란 상대의 개념 속에 나라는 범주를 포함시키는 것이라고 말했다. 즉 상대에게 나 자신을 인식시켜야 한다는 것이다. 상대의 인식 속에 자신이 포함되었을 때 진정으로 친밀한 관계라고 할 수 있다. 이를 위해서는 자기 노출로 상대에게 자신감 있게 다가가는 용기가 필요하다.

적당히 자신을 노출하는 방법

　심리학 연구에 따르면 사람들은 자기 노출을 하는 사람을 더 좋아한다. 실제로 자신을 깊이 꼭꼭 숨기는 사람은 다른 사람과 긴밀한 관계를 만들기 어렵다. 자신이 원하는 것을 제대로 표현하지 않고 남들이 알아서 나를 이해해 주길 바란다는 것은 상대와 소통할 생각이 없다는 뜻과 같다. 그러므로 다른 사람과 상호작용하고 좋은 관계를 쌓고 싶다면 적당한 자기 노출이 필요하다.

　여기서 말하는 자기 노출은 대상, 상황, 이유를 가리지 않고 하는 '막무가내식 노출'이 아니며 반드시 정도를 지켜야 한다. 이때 약간의 심리학적 기교가 필요하다.

　우선 노출 대상을 명확하게 선정하는 것이다.

　가장 먼저 왜 이 사람에게, 이 이야기를 하는지 명확하게 해야 한다. 두 사람의 관계가 어떤 상태인지 명확하게 인지하지 않고 자기 노출을 진행했다가는 양측 모두 상처 입을 수 있다.

　대상을 정했다면 적절한 노출 내용을 정한다.

　자기 노출에 적합한 내용을 주의 깊게 선택해야 한다. 심리학 연구에 따르면 사람들은 자신의 태도, 의견, 관심 같은 정보를 노출하는 것은 크게 거부감이 없지만 개인의 재산, 인격, 건강 등의 정보를 노출하는 것은 꺼린다.

그 다음에는 노출 방식이다.

너무 돌발적인 자기 노출은 오히려 좋지 않은 결과를 가져올 수 있다. 그러므로 반드시 순차적이고 점진적으로 노출해서 상대를 당황스럽게 만들지 않아야 한다. 일반적으로 관계의 초기에는 당신과 상대가 모두 아는 정보, 예를 들어 이름, 거주지 등을 이야기한다. 그러다가 조금 더 친해지면 좋아하는 사물이나 희망 등에 대해서 이야기하면 된다. 이후 관계가 친밀해지면서 대화의 소재가 다양해지면 더 깊은 사생활, 타인에 대한 인상 등을 말하는 것이 좋다.

하지만 아무리 친밀해졌다고 하더라도 노출하고 싶지 않은 부분이 있기 마련이다. 이 때문에 무척 친한 사이이거나 연인, 부부, 부모형제 사이라도 상대에게 마음의 장막을 거두라고 요구할 권리는 없다. 또 상대가 노출을 원하지 않는 영역의 정보를 자기 마음대로 깊이 알려고 해서도 안 된다.

노출의 정도도 잊어서는 안 된다.

개인의 은밀한 사생활까지 깊이 노출하는 것은 역효과가 날 수 있다. 이 경우 상대는 당신이 신중하지 않고 신뢰할 수 없다고 생각해서 오히려 거리를 두려고 할 것이다.

자기 노출의 정도는 진정성, 감정, 상대의 개인적 특성, 그리고 비밀 보장 여부에 따라 결정해야 한다. 두 사람의 관계 역시 자기 노출 정도를 결정하는 중요한 요소인데 일반적으로 상대의 자기 노출 정도에 맞추어 자신의 노출 정도를 결정하는 것이 좋다. 이밖에 성별에 따라서도 자기 노출의 정도가 달라질 수 있다. 일반적으로 여성은 자기 노출에 관대한 편이지만 남성이 능동적으로 자기 노출을 하는 일은 드물다.

마지막으로 자기를 노출하기 적당한 상황인지 살펴본다.

상황은 자기 노출의 내용, 정도, 과정에 모두 영향을 미칠 수 있으므로 반드시 고려해야 할 요소다. 여러 상황 중에서도 가장 주의해야 할 것은 '시기'로 적당한 때를 선택해 자기 노출 하는 것이 중요하다.

결국 상대와의 소통을 위해서는 먼저 스스로에게 솔직해져야 한다. 적당한 자기표현으로 상대의 마음을 연다면 영향력은 자연히 커질 것이다. 지금까지 이야기한 내용에서 깨달았겠지만 영향력이 커진다는 것은 매우 느리고 점진적인 과정이다. 그러므로 자기 노출 역시 점진적인 발걸음으로 천천히 원칙에 맞게 진행해야 한다.

6

사람과 산은 멀리서 보는 게 낫다

● 쇼펜하우어의 고슴도치 딜레마 ●

프랑스의 제18대 대통령이었던 샤를르 드골Charles De Gaulle은 "일정한 거리를 유지하라!"라는 명언을 남겼다. 이 말처럼 그는 언제나 참모, 고문, 비서진들과 거리를 두며 관계를 유지했다.

드골 대통령은 심지어 새로운 비서가 출근한 첫날부터 이렇게 잘라 말했다.

"당신은 정확히 2년 동안만 일할 것입니다. 그러니 이것이 당신이 진짜 직업이라고 생각해서는 안 됩니다. 일반사람들이 자신을 대통령 비서라고 생각하지 않듯이 당신도 그렇게 생각하세요."

실제로 10여 년 동안 계속된 임기 내내 2년 이상 일한 직원은 없었다. 이것은 드골의 철칙이었다.

이러한 철칙이 생긴 데는 두 가지 원인이 있다. 하나는 그가 군인 출신 정치가였기 때문이다. 군대에 있을 때 그는 항상 부임지를 옮겨 다니며 근무했기 때문에 한 곳에 오랫동안 머물러 있는 것이 오히려 이상하다고 생각했다. 다른 원인은 누군가가 자신과 '떼려야 뗄 수 없는 관계'가 되는 것을 바라지 않았기 때문이다. 이 때문에 그는 직원들을 계속 교체해서 어느 정도의 일정한 거리를 유지했다.

드골은 자신의 철칙을 매우 효과적으로 사용해 한쪽에 치우치지 않은 다양한 의견을 받아들였으며 이렇게 형성된 정치적 관점과 결단은 항상 참신했다. 또한 대통령의 측근들이 저지를 수 있는 각종 비리를 근절할 수 있었다.

보이지 않는 유리막의 필요성

존경하거나 좋아했던 사람인데 너무 자주 만나고 깊이 교류한 탓에 그의 결점을 발견하고 실망해 본 경험이 있지 않은가? 안타깝게도 이런 상황은 부부, 연인, 친구, 동료 관계에서도 발생할 수 있다.

드골의 이야기는 인간관계에서 적당한 거리를 유지하는 것이 얼마

나 중요한지 잘 설명한다. 미국의 인류학자인 에드워드 홀Edward Hall
은 '개인적 공간personal space'이라는 개념을 제시했다. 그는 1959년에
출판한 저서《침묵의 언어The silent language》에서 인류의 공간 관계, 공
간에 대한 욕구 및 지배 행위를 상세하게 소개했다.

홀은 '사람의 신체 주변을 둘러싼 보이지 않는 테두리가 존재하는
데 이 테두리 안에 있는 신체와 그 주변 공간이 바로 개인적 공간이
다'라고 설명했다. 그가 말한 '개인적 공간'은 감정과 신체에 대한 잠
재적인 위험을 피하기 위해 만들어진 일종의 '완충 지역'이다. 사람들
은 누구나 자기 주변의 일정한 공간을 자신만의 것이라고 생각하는
무의식적인 경계선을 지니고 있다는 것이다. 따라서 타인이 일정한
공간을 침범해 접근할 경우 거부감을 느낀다고 한다.

심리학자들은 이를 남에게 침범받고 싶지 않은 물리적 공간이라는
뜻으로 받아들인다. 사람들은 '보이지 않는 유리막' 속에서 자신의 신
체를 보호하고 비언어적인 사교 활동을 벌인다. 이 유리막은 보이지
도 않고 만질 수도 없지만 실제로 존재하며, 만약 누군가 이것을 넘
어오려고 하면 침범당한 사람은 긴장과 불안을 느낀다. 예를 들어 전
철이나 버스에 탔을 때 사람이 많지 않은 경우에는 대부분의 사람들
은 일정한 거리를 두고 선다. 이는 개인적 공간을 지키려는 심리가
작용한 것이다.

쇼펜하우어의 고슴도치 딜레마

심리학에서는 이처럼 사람과 사람 사이에 일정한 거리가 유지되는 현상을 '고슴도치 딜레마Porcupine's Dilemma'라고 부른다. 독일 철학자인 쇼펜하우어Schopenhauer가 1851년에 6년의 작업 끝에 에세이와 주석들을 모아 출간한 《소품과 단편집Parerga und Paralipomena》에 등장한 내용이다. 추운 날씨에 고슴도치들이 온기를 나누려 모여들었지만 서로의 날카로운 가시에 찔려 상처를 입지 않으려 일정한 거리를 두어야 한다는 딜레마를 말한다.

이것은 인간관계의 심리적인 장력張力을 강조하는 것으로 적당한 거리를 유지해야만 평화로운 관계를 유지하고 서로에게 긍정적인 영향을 미칠 수 있음을 의미한다. 동시에 상대의 일정한 공간을 존중하는 배려이기도 하다.

실제로 생물학자들은 고슴도치 딜레마를 확인하기 위해 실험을 진행했다. 그들은 고슴도치 십여 마리를 차가운 바람이 몰아치는 텅 빈 공간에 풀어 놓았다. 고슴도치들은 추워서 온몸을 벌벌 떨다가 본능적으로 온기를 느끼기 위해 가깝게 모였다. 하지만 서로에게 기대자마자 몸 위에 가득히 난 가시들이 서로를 찔러서 금세 다시 멀어질 수밖에 없었다. 그래도 날씨가 너무 춥고 다른 방법이 없자 그들은 다시 모였다. 그러나 이번에도 역시 서로의 가시로 찌르는 고통을 참을 수 없어서 금세 다시 떨어져야 했다.

가까이 가자니 가시에 찔려 아프고, 떨어져 있자니 추웠기 때문에 고슴도치들은 모였다 헤어지기를 수없이 반복했다. 그리고 마침내 온기를 느낄 수도 있고, 서로의 가시에 찔려 상처가 나지도 않는 적당한 거리를 찾았다.

심리학자들은 이 실험을 바탕으로 고슴도치뿐 아니라 인간관계에도 '고슴도치 효과'가 발생한다고 설명했다. 인간관계에서 '서로 사이가 좋아서 격의가 없는 관계'를 유지하려면 '멀지도 가깝지도 않은 거리'를 유지해야 한다는 의미다.

이것은 고슴도치가 아니라 사람을 대상으로 한 심리실험에서도 역시 증명되었다. 이 실험은 한 대학의 도서관에서 진행되었으며 과정은 다음과 같았다. 어느 날 아침 도서관의 문을 열면 첫 번째 이용객이 들어온다. 그는 좋아하는 책을 고른 후 잠시 텅 빈 도서관을 둘러보다가 가장 좋아하는 자리에 앉아 책을 읽는다. 이때 연구자 한 명이 도서관으로 들어간다. 그는 도서관을 둘러보지도 않고 곧바로 첫 번째 이용객의 가까이에 가서 앉았다. 연구자들은 이 실험을 80번이나 반복했다.

실험 결과 모든 이용객 중 단 한 명도 예외 없이 누군가 자신의 가까이에 와서 앉는 것을 참지 못했다. 그들은 모두 조용히 몸을 일으켜 다른 곳으로 가서 앉았다. 심지어 어떤 사람은 "왜 그러세요?"라며 노골적으로 항의하기도 했다.

이 실험들은 사람과 사람 사이에 공간적 거리가 필요하다는 것을 잘 보여준다. 다른 사람이 자신의 공간으로 넘어들어오는 것을 용인하는 사람은 많지 않으며, 설령 아주 가까운 관계라고 할지라도 반드시 일정한 공간을 남겨 두어야 한다.

심리학자들은 다음과 같은 결론을 내렸다.

첫째, 모든 사람은 개인적 공간의 필요성을 느낀다.

둘째, 사람과 사람 사이에 일정한 공간적 거리를 유지해야 한다.

똑똑한 거리 두기

'고슴도치 딜레마'에서 알 수 있듯이 상대와 적극적으로 교류하고 소통하는 것도 중요하지만 동시에 그에게 일정한 공간을 남겨주는 것도 잊어서는 안 된다.

'고슴도치 딜레마'에서 말하는 '거리'란 심리적, 공간적, 시간적 거리를 모두 가리키며 인간관계에서도 반드시 이 세 종류의 거리를 모두 확보해야만 한다.

(1) 일정한 심리적 거리

타인과 일정한 심리적 거리를 유지하면 관계를 더 돈독히 할 수 있다. 특히 상하관계에서 부하 직원의 부담스러운 아부와 찬양을 피하고, 너무 가까워져서 공사를 구분할 수 없는 상황을 방지할 수 있다. 뿐만 아니라 자신에게 더 많은 개인적 공간을 남겨둘 수도 있다. 먼 것을 가까이하고, 가까운 것을 멀리하자. 원칙을 잃지 않고 타인의 존경을 받을 수 있다.

(2) 일정한 공간적 거리

다른 사람과의 공간적 거리를 잘 유지하는 것만으로도 인간관계에 큰 도움이 된다. 일반적으로 낯선 사람과는 1m 이상의 공간적 거리를 유지해야 편안한 마음으로 대화할 수 있다.

물론 개인적 공간은 상대적인 것이어서 두 사람의 친밀도나 상황에 따라 크기가 달라질 수 있다. 친밀한 사람에게는 더 가까이 다가갈 수 있고 어느 정도의 신체 접촉도 과하지 않지만 아직 친해지지 않은 사람이라면 상대적으로 큰 공간적 거리를 유지해야 한다. 그래야만 상대의 마음을 편하게 만들어서 좋은 관계로 발전할 수 있기 때문이다.

(3) 적당한 시간적 거리

누구나 할 일이 있다. 그러므로 무단으로 타인의 시간을 점유하고 그의 정상적인 생활을 방해해서는 안 된다. 이는 그를 존중하지 않는다는 의미이므로 감정을 상할 수 있기 때문이다. 예를 들어 평범한 친구 사이인 두 사람 중 한 명이 항상 상대의 상황이나 기분을 고려하지 않고 방해하는 일이 잦다면 방해받는 쪽은 점차 나쁜 감정이 들어 두 사람의 관계는 크게 나빠질 수밖에 없다.

중국에는 "사람과 산은 멀리서 보는 게 낫다"라는 속담이 있다. 이는 거리가 가까워질수록 갈등이 쉽게 발생할 수 있음을 경계한 말이다. 심리적, 공간적, 시간적 거리를 유지했을 때 비로소 당신의 영향력을 키우고 건강한 인간관계를 만들 수 있다.

7

따뜻한 말 한마디

● 카너먼의 말의 영향력 실험 ●

세계적 가수인 마돈나Madonna는 14살 때 무용 선생 크리스토퍼 플린을 만났다. 당시 그녀는 매우 평범한 소녀였다. 하지만 가수가 되고 싶다는 열정만큼은 누구에게도 뒤지지 않았다. 플린은 그녀의 열정은 눈치챘다. 어느 날 플린이 그녀에게 말했다.

"너는 정말 아름답구나! 마치 고대 로마의 신상같이 신비한 분위기를 풍기는 너처럼 아름다운 사람은 본 적이 없어. 내 생각에 아마도 너는 엄청난 여인이 될 것 같구나."

그의 말에 마돈나는 자신감을 얻었고 가수의 꿈을 향해 더욱 열심히 노력했다. 훗날 마돈나는 자신의 회고록에서 인생이 바뀐 첫 번째 순간이 바로 그때였음을 고백했다. 플린 선생님의 한마디는 자칫 사그라질 수도 있었을 소녀의 열의에 불을 붙였다. 결국 지금의 마돈나를 만들어준 것은 진심에서 우러나온 격려의 말 한마디였던 셈이다.

그리고 그 한마디는 나중에 고스란히 돌아왔다. 세계적인 팝스타로 성공한 마돈나는 플린 선생님이 병에 걸리자 병원비를 모두 부담했다. 자신에게 건넨 용기에 대한 보답이었다. 또한 플린의 장례식에 참석해 직접 추도문을 읽으며 그에 대한 변함없는 감사와 사랑을 전했다. 이처럼 진심 어린 한마디는 누군가의 삶을 완전히 바꿔놓기도 한다.

어떻게 사람을 끌어당겨야 하는가?

"좋은 말 한마디는 한겨울을 따뜻하게 하고, 악한 말 한마디는 한여름을 춥게 만든다."

말은 이 속담처럼 커다란 힘을 지녔다. 그래서 칭찬 한마디로 누군가를 구름 위에 앉은 듯 들뜨고 기쁘게 만들 수 있지만, 반대로 비난 한마디로 화를 주체할 수 없는 지경에까지 몰고 갈 수도 있다.

영화 〈이보다 더 좋을 순 없다〉에서 여자 주인공이 "나를 칭찬하는 말을 해달라"고 부탁하자 남자 주인공은 이렇게 답한다.

"당신은 내가 더 좋은 남자가 되고 싶게끔 만들어요."

이 말을 들은 여자 주인공은 "내 생애 최고의 칭찬"이라고 하면서 눈물을 흘린다. 그만큼 칭찬 한마디는 세상에서 가장 강한 무기임이 틀림없다.

특별한 뜻이 없는 농담이었더라도 당신의 말은 입에서 나오는 순간 영향력을 발휘할 것이다. 심리학자들 역시 말이 다양한 방식으로 우리의 생활에 영향을 미친다는 사실을 증명했다.

카너먼의 말의 영향력 실험

노벨상 수상자인 프린스턴 대학의 대니얼 카너먼Daniel Kahneman과 그의 오랜 동료 아모스 트버스키Amos Tversky는 '어휘 사용이 사람들의 선택에 미치는 영향'에 관한 실험을 했다.

카너먼과 트버스키는 우선 실험 참가자들에게 '미국 정부가 치사율이 높은 질병의 대처 방안을 고심 중'이라는 가정을 제시했다. 그리고 이 질병이 약 600명가량의 사망자를 발생시킬 것으로 예상하는데 이를 해결하기 위해 두 가지 계획이 준비되었다고 덧붙였다. A 계획은 600명 중 200명을 구할 수 있다. B 계획은 600명을 모두 살릴 수 있지만 성공할 확률이 3분의 1에 불과했다. 당신이라면 어떤 계획을 선택하겠는가?

　실험 결과, 참가자의 72%가 A 계획을 선택했다. 한 명도 못 구하느니 차라리 200명이라도 구하는 것이 낫다고 생각한 것이다.

　연구자들은 계획의 내용을 조금 바꾸어 실험을 계속했다. C 계획은 600명 중 400명을 살릴 수 없다. D 계획에서 사망자가 한 명도 없는 확률은 3분의 1이고, 600명 모두 사망할 확률은 3분의 2라고 설명했다. 이 실험에서 참가자의 78%가 D 계획을 선택했다.

　이미 눈치챘겠지만 사실 A 계획과 C 계획, B 계획과 D 계획은 모두 같은 결과를 가져온다. 다만 설명하는 방식이 다를 뿐이다. 600명 중에서 200명을 구한다는 것은 곧 400명이 사망한다는 말이며, 600명을 모두 구할 확률이 3분의 1이라는 말은 600명 전체가 사망할 확률은 3분의 2이라는 의미다. 사용한 어휘만 달랐을 뿐 의미는 같았다. 그런데 왜 참가자의 대부분은 A 계획과 B 계획 중에서는 A 계획을 선택하고, C 계획과 D 계획 중에서는 D 계획을 선택한 것일까?

　카너먼과 트버스키는 이와 관련해서 "실험 참가자들은 이득(생존)에 대한 선택과 손실(사망)에 대한 선택을 요구받았을 때 서로 다른 반응을 보였다"라고 말했다. 다시 말해 이득에 관해서는 200명을 구할 수 있다는 확신을 제시한 방법을 선택하는 경향을 보였다. 반면에 손실에 관해서는 차라리 위험을 무릅쓰는 것이 낫다는 경향을 보였다.

이 실험에서 한 가지 확실한 것은 이득과 손실에 관한 어휘 사용이 참가자들의 선택에 영향을 미쳤다는 것이다.

이후 많은 연구자들 역시 언어는 다양한 방식으로 사람들의 선택에 영향을 미치며, 종종 언어의 영향 탓에 중요한 사항이나 직감 등이 무시된다는 사실을 증명했다. 이 외에도 언어를 사용한 상황도 선택에 큰 영향을 미치는 것으로 밝혀졌다. 예를 들어 어떤 선택사항이 별로 중요하지 않은 다른 선택사항들 가운데 놓여 있으면 채택될 확률이 높다. 반면에 중요하거나 인기 있는 선택사항들 사이에 놓여 있으면 채택될 확률이 떨어진다.

이 실험을 통해 심리학자들은 다음과 같은 결론을 내렸다.

첫째, 같은 의미라도 사용하는 어휘에 따라 사람들의 선택이 달라질 수 있다. 또 각각의 선택 사항에 대한 호감도에도 영향을 미친다.

둘째, 언어는 다양한 방식으로 사람들의 선택에 영향을 준다.

셋째, 언어 환경 역시 사람들의 생각과 행위에 영향을 준다.

긍정적인 발언으로 흥미로운 정보를 제공하라

이상의 실험은 언어가 사람 사이의 호감도 형성에 영향을 미친다는 사실을 증명한다. 같은 의사결정 문제임에도 이를 설명하는 생존자와 사망자라는 어휘 선택에 따라 그 결과가 달라졌기 때문이다. 그러므로 같은 의미라도 긍정적이고 온화한 어휘를 선택해서 말한다면 상대가 당신에게 호감을 갖고 유익한 선택을 하도록 영향력을 미칠 수 있다.

호감은 곧 영향력이다. 영향력을 키우고 싶다면 우선 그들이 당신의 말을 듣도록 만들어야 한다. 이때 여러 사람 앞에서 하는 발언은 매우 효과적이다. 성공한 사람들은 모두 자신을 드러내는 것이 중요하다고 입을 모은다. 그러므로 학교에서는 더 적극적으로 재능을 드러내서 선생님의 눈에 띄고, 직장에서는 능력을 드러내어 상사의 눈에 들어야 한다. 또 일상생활 속에서는 자신의 생각을 입 밖으로 꺼내어 다른 사람들이 당신을 이해하도록 만들어야 한다.

사람들은 대부분 상대가 제공한 정보를 근거로 그를 이해한다. 그러므로 그들이 당신을 알아봐 주기 바란다면 자신에 대한 긍정적인 정보를 흘려라. 당신이 능력 있고, 성실하며, 책임감이 강하다는 것 등을 드러내야 한다. 또한 같은 말을 하더라도 언어 환경에 유의해서 말한다면 더 큰 영향력을 발휘할 수 있을 것이다.

Chapter 02

영향력의 시작

상대의 약점에 나의 강점이 숨어 있다

관계는 결국 나 자신과 타인을
이해할 때 만들어진다

1

인간은 빚지고는 살 수 없다
● 리건의 호혜성 실험 ●

　한 고승이 어두운 밤에 등불 없이 길을 나섰다. 사방이 칠흑같이 어두운 탓에 담벼락이나 기둥에 부딪치기 일쑤였다. 그는 손을 뻗어 더듬거리면서 조심스럽게 한 발씩 내디뎠다. 그러다가 작은 골목에 들어섰을 때, 저 멀리 작은 불빛이 이리저리 흔들리는 것을 발견했다. 반가운 마음에 가만히 지켜보니 불빛은 점점 가까워져 어느새 그의 바로 앞까지 왔다. 알고 보니 길을 지나는 행인이 들고 있는 등불이었다. 그런데 뜻밖에도 행인은 앞이 보이지 않는 듯 보였다.

고승은 아무리 생각해 보아도 이해가 되지 않아 행인에게 물었다.

"혹시 앞이 보이지 않으십니까?"

그러자 행인이 대답했다.

"네, 그렇습니다. 저는 태어날 때부터 앞이 보이지 않아 빛 한 줄기도 본 적이 없지요. 낮이나 밤이나 다를 것이 없습니다. 사실 빛이 어떻게 생겼는지도 모른답니다."

대답을 들은 고승은 더욱 어리둥절해 다시 물어보았다.

"그런데 왜 등불을 들고 다니십니까?"

맹인이 웃으면서 대답했다.

"앞이 보이는 사람들은 저녁이 되면 빛이 없어서 저처럼 아무것도 보이지 않는다고 하더군요. 그래서 저녁에 등불을 들고나오는 것이지요."

이제야 이해가 됐다는 표정의 고승이 감탄하며 말했다.

"다른 사람들을 위해서 등불을 들고 나오는 것이군요!"

그러자 맹인은 이내 "아닙니다. 저 자신을 위해 하는 일이지요"라고 대답했다.

도무지 무슨 말인지 몰라 고승은 다시 한 번 물었다.

"그것은 무슨 의미입니까?"

맹인의 대답은 이러했다.

"저는 아무것도 보지 못하는 맹인입니다. 하지만 이제껏 단 한 번도 다른 사람과 부딪치지 않았지요. 제가 들고 있는 등불이 다른 사람에게 밝은 빛을 주기도 하지만 동시에 제 자신을 환히 비추어서 그들이 저를 볼 수 있도록 했기 때문입니다."

가는 것이 있으면 반드시 오는 것이 있다

맹인이 등불을 들고 다니는 것은 호혜성의 원리Reciprocity Principle에 해당한다. 자신은 불빛을 볼 수 없지만 다른 사람들이 자신에게 부딪히는 일을 피하고자 등불을 들었기 때문이다. 호혜성互惠性이란 서로가 혜택을 주고받는 것을 뜻한다. 이를 바탕으로 문제를 해결하는 것이 호혜성의 원리이다. 맹인은 '호혜'라는 지혜를 응용해 자신과 상대 모두에게 도움이 되는 방법을 찾아 행동으로 옮겼다.

심리학 연구에 따르면 일반적으로 사람들은 다른 사람으로부터 '은혜'를 입으면, 설령 그것이 아주 사소한 일일지라도 일종의 '책임감'을 느낀다고 한다. 그리고 이런 종류의 책임감은 심리적인 스트레스를 유발한다. 이 스트레스를 없애는 방법은 단 하나, '보답하는 것'이다. 인간관계에도 호혜성의 원리가 적용되는 것이다.

'가는 것이 있으면 오는 것이 있다'라는 동양의 속담과 'Give and Take'라는 서양의 방식은 모두 호혜성의 원리에서 비롯된 것이다. 조금 다르게 생각해 보면 우리가 다른 이에게 호의를 베풀면 그에 상응하는 보답을 받을 수 있다는 의미이기도 하다. 세계적 비즈니스 컨설턴트이자 협상 전문가인 로저 도슨Roger Dawson은 "상대가 원하는 것을 줄 때 상대는 당신이 원하는 것을 준다"라는 말로 호혜성의 원리를 설명했다.

이처럼 상대에게 도움을 주는 행위는 인간관계에서 당신의 영향력을 키우는 방법이 된다. 누군가의 도움을 받은 사람은 그와 같거나 비슷한 방식으로 보답하고자 하기 때문이다. 심리학자들은 다양한 실험으로 인간의 이러한 속성을 증명했다.

리건의 호혜성 실험

코넬 대학의 데니스 리건Dennis Regan 교수는 '호혜성의 원리'에 관해 다음과 같은 실험을 했다.

리건 교수는 실험 참가자들에게 "그림을 감상한 뒤 자신의 조수와 함께 평점을 내려달라"고 요청했다. 그리고 실험 참가자를 두 그룹으로 나눈 다음 첫 번째 그룹의 참가자에게는 작은 '은혜'를 베풀었다. 쉬는 시간에 잠시 밖에 나갔다 돌아온 조수가 콜라 두 병을 가져와 한 병은 자신이 마시고 나머지 한 병은 참가자에게 건넨 것이다. 두 번째 그룹도 같은 방식으로 실험했지만 콜라에 관한 부분은 빠졌다.

모든 그림에 평점을 내린 뒤, 조수는 실험 참가자들에게 한 장에 25센트인 경품권을 판매하고 있는데 사줄 수 있느냐고 물었다. 만일 자신이 판매량 1위에 오르면 상금으로 50달러를 받을 수 있으며 많이 사줄수록 좋다는 말까지 덧붙였다. 그 결과 콜라를 받은 그룹이 콜라를 받지 않은 그룹보다 두 배나 많은 경품권을 구매했다.

조수는 첫 번째 그룹의 참가자에게 콜라를 주는 동시에 경품권을 사달라고 하지 않았다. 또한 경품권을 사달라고 하면서 자신이 건넸던 콜라 이야기를 꺼내지도 않았다. 그러나 실험 참가자들은 조수가 베풀었던 호의를 기억하고 그것을 기꺼이 되갚으려고 했다.

리건 교수는 실험을 통해 다음과 같은 결론을 내렸다.

첫째, 호의를 받은 사람은 반드시 보답하고자 한다.

둘째, 우리가 상대를 대하는 방식에 따라 그들도 우리를 그렇게 대할 것이다.

결국 다른 이의 도움을 받은 사람은 즉각적인 반응이 아닐지라도 즐거운 마음으로 상대를 도우려고 한다는 사실이 증명된 것이다. 리건 교수는 실험을 통해 "호의는 상대의 마음으로 들어가는 문이다"라고 설명했다. 따라서 누군가에게 호의를 베푼 사람과 그렇지 않은 사람은 상대로부터 전혀 다른 결과를 가져온다. 만일 까다로운 상대를 설득해야 하거나, 쉽지 않은 협상을 앞두고 있다면 먼저 호의를 베풀어보자. '빚을 졌다'라는 의무감이 당신에게 기회로 돌아올 것이다. '누가 나를 도와줄 것인가?'보다 '내가 누구를 도울 수 있을 것인가?'를 생각하고 호혜를 베푸는 것은 인간관계에 더 큰 영향력을 차지하는 가장 쉬운 방법이다.

호의는 결코 당신을 배신하지 않는다

호의를 베풀면 더 많은 보답이 돌아온다는 호혜성의 원리를 깨달았다면 이를 이용해 보자. 방법은 간단하다. 우선 상대에게 필요한 가치를 파악한다. 그리고 그것을 제안한다.

사회학자 앨빈 굴드너 Alvin Gouldner 는 "호혜성의 원리를 인정하지 않는 조직은 없으며, 이는 사회에서 매우 보편적으로 적용되고 있다"고 단언했다.

실제로 인간관계에서 영향력을 키우는 가장 간단한 방법은 상대의 보답을 응용하는 것이다. 상대에게 먼저 편의나 도움을 제공해 나에게 '빚을 진 것 같은 느낌'을 갖도록 하는 것이다. 이는 일상생활의 다양한 상황에서 적용할 수 있다. 구체적인 방법을 알아보자.

첫째, 우호적인 자세를 취한다.

상대가 누구든 그에게 영향력을 발휘하고 싶다면 우선 그를 우호적으로 대해 적이 아닌 내 편이라고 생각하도록 만들어야 한다. 그래야 당신이 보내는 호의라는 신호를 감지하고 심리적으로 고마움과 미안함을 느끼게 된다. 이로써 관계의 주도권은 당신에게 넘어갔다.

둘째, 칭찬한다.

상대의 좋은 점을 발견하면 즉시 그것을 인정하고 적당한 감탄을 섞어서 칭찬하는 것이 좋다. 적극적인 칭찬은 상대의 호감을 얻는 쉬운 방법이다. 칭찬을 받은 사람은 요청하지 않아도 자발적으로 당신을 도우려고 할 것이다. 한 가지 힌트를 준다면 칭찬은 많은 사람 앞에서 할수록 효과가 좋다. 당신뿐 아니라 더 많은 사람들에게 자신이 인정받았다고 생각하기 때문이다.

셋째, 체면을 살려준다.

중국 속담 중 '나무에 껍질이 필요하듯, 사람에겐 체면이 있어야 한다'라는 말이 있다. 체면은 곧 상대의 자존감과 같다. 많은 사람들은 자신이 옳다는 생각에 사로잡혀 상대의 감정이나 자존감에 상처를 준다. 그러나 상대가 누구일지라도 그를 과소평가하거나 자존심에 상처를 줄 권리는 없다. 이러한 방식으로 상대와의 관계에서 주도권을 잡는다고 해도 이는 표면적 승리에 불과할 뿐이다. 인간관계에서 완벽한 주도권을 갖기 위해서는 상대에게 체면을 세울 기회를 주어야 한다. 상대 역시 자신을 진실로 이해하려는 당신의 체면을 지켜주기 위해 도움의 손길을 내밀 것이다. 상대의 체면을 존중하고 살려줄수록 당신의 영향력은 커진다. 따라서 상대의 의견과 다른 생각을 가지고 있더라도 무작정 반박하기보다 그의 의견을 존중한다는 뜻을 먼저 비친다. 그 다음 당신의 의견을 전달하는 것이 좋다.

공인회계사인 마셜 그레인저Marshall Granger는 임시 채용한 직원에게 해고를 통고할 때 그의 업무실적을 칭찬하는 말로 대화를 시작한다고 한다. 이는 상대의 체면을 살려주기 위한 배려이자 이차적으로 발생할 수 있는 또 다른 문제를 방지하는 방법이라는 것이다. 실제로 그에게서 능력을 인정받았다는 생각에 상대는 밝은 마음으로 회사를 떠났으며, 나중에 그들이 필요하게 되었을 때 기꺼이 와주었다고 한다. 상대를 칭찬하는 말로 체면을 세워줌으로써 관계에서 더 큰 영향력을 행사한 것이다.

넷째, 도움 주는 것을 주저하지 않는다.

살다 보면 다른 사람의 도움이 필요한 때가 반드시 있다. 부자든 가난한 사람이든, 성공한 사람이든 실패한 사람이든 누구에게나 예외가 없다. 도움을 받은 사람은 그것을 보답하려는 경향이 있으므로 도움을 받고 싶다면 당신이 먼저 다른 사람을 도와야 한다. 상대에게 먼저 도움의 손길을 내민다는 것은 그를 이해한다는 신호를 보내는 동시에 당신의 능력과 가치를 증명할 좋은 기회이기도 하다.

영향력 있는 사람이 되고 싶다면 먼저 호의를 베풀어보자. 주위를 둘러보고 가장 가까운 사람부터 시작하자. 당신이 베푼 작은 호의는 그 사람과의 관계에서 힘을 실어준다. 그리고 도움을 손길을 내밀었을 때 반드시 의미 있는 보답으로 되돌아올 것이다.

2

때로는 냉철함도 필요하다

● 밀그램의 복종 실험 ●

영화〈더 리더-책 읽어주는 남자〉는 10대 중반의 소년과 30대 중년 여성의 사랑이라는 파격적인 이야기로 눈길을 끌었다. 그런데 이 영화에는 심리학자들의 관심을 불러일으키는 장면이 있다. 여주인공 한나의 행동이 그것이다.

한나는 천성이 착한 보통 여성이다. 버스 검표원인 그녀는 버스에서 쓰러진 낯선 소년을 아무런 대가도 바라지 않고 도와준다. 조금의 경계심도 없이 소년을 자신의 아파트에 들여보내는가 하면, 그와 사랑에 빠지기까지 한다. 하지만 글을 읽을 줄 모른다는 사실을 들키지 않기 위해 다니던 회사를 그만두고 떠난다. 그리고 몇 년 뒤, 두 사람은 법정에서 재회한다. 법학을 전공하는 대학생이 된 소년은 재판의 방청객으로, 한나는 나치 전범이라는 엄청난 죄명을 지닌 죄수로 말이다. 알고 보니 한나는 소년을 만나기 전 'SS'라는 독일 회사의 경비원으로 활동했었다. 그런데 SS는 바로 'Schutzstaffel', 즉 나치친위대였던 것이다.

이곳에서 한나는 유대인 수용소의 감시원으로 일했다. 그녀는 상관이 내린 명령을 충실히 따랐다. 수용소의 인원이 넘치면 총살, 교살, 독가스 살포 등 잔혹한 수단으로 많은 사람을 무참히 죽였다. 한나는 아무런 죄도 없는 유대인들이 고통에 몸부림치며 자비를 구하는 손을 뻗을 때도 무표정한 얼굴로 그들을 바라만 볼 뿐, 인정을 베풀지 않았다.

누구보다 착하고 따뜻한 여성이었던 한나는 대체 왜 그리도 많은 사람들을 무참히 죽였을까? 상사의 명령이라고 해도 옳고 그름을 판단하지 못할 정도로 무조건 복종해야 했을까?

결국 유대인 학살범으로 재판에 선 한나는 자신의 죄를 인정하는 동시에 글씨를 못 쓴다는 사실을 들키기 싫어 다른 동료들의 죄까지 뒤집어쓰며 무기징역을 받는다.

인간의 뇌는 명령에 무조건 복종하는 군인과 같다

심리학자들은 착하고 순수한 한나가 죄책감 없이 유대인을 학살하는 장면을 보면서 자연스레 인간의 복종 심리를 떠올린다. 인간의 복종하려는 심리는 크게 두 가지로 나뉜다. '권위에 대한 복종'과 '기계적인 복종'이다.

한나가 보여준 행동은 권위에 대한 복종이다. 자신의 양심에 어긋나는 명령에 그녀가 맹목적으로 복종한 것은 자신의 행동이 그저 명령을 내린 권위자의 판단일 뿐이라고 여겼기 때문이다. 한마디로 아무리 선량한 성품을 가진 사람이라도 힘 있는 누군가의 명령에 따르면서 '내 책임은 아니다'라고 생각하는 것이다. 그로 인해 비윤리적인 행위도 서슴지 않는다.

실제로 잔인하게 유대인을 학살했던 나치 군인들이 알고 보면 주변에서 흔히 볼 수 있는 사람이었던 것도 이를 증명한다. 교육 수준이 낮거나 심리적 문제를 지닌 사람들이 아닌 평범한 구두수선공, 학교 선생님, 과일가게 아저씨와 같은 주변의 이웃들이 나치의 군인들이었다. 결국 권위에 약한 인간의 습성은 힘에 기댄 선택을 맹목적으로 받아들여, 명령에 자연스레 복종하고 마는 것이다.

영화 〈캐치 미 이프 유 캔〉에도 권위에 대한 복종을 보여주는 장면이 등장한다. 주인공 프랭크는 전학을 간 첫날 학생들이 자신을 무시하자 선생님인 척 연기하기 시작한다. 프랭크가 새로 온 선생님이라며 칠판에 이름을 쓰기 시작하자 그에게는 권위가 생기고 학생들은 그의 말에 복종한다. 시키는 대로 책을 읽고 질문에 대답하는 것이다. 이후 프랭크는 흰 가운을 입고 의사라는 권위를 가지고 명령하고, 변호사 배지를 달고 명령하기도 한다. 그러면 재미있게도 사람들은 프랭크의 권위에 자연스레 복종하며 그의 명령을 따른다. 인간의 '권위에 대한 복종'은 이후 스탠리 밀그램Stanley Milgram의 실험을 통해 좀 더 자세히 살펴보자.

'기계적인 복종'은 우리의 잠재의식 속에 존재하는 복종 심리다. 이는 복종을 해야겠다고 마음먹고 행동하는 것이 아니라, 무의식의 작용에 따라 복종하는 것을 뜻한다. 인간의 잠재의식에는 판단능력이 없다. 따라서 자신에게 명령이 내려졌을 때 그 명령이 과연 이치에 맞는 것인지, 옳고 그른 것인지 또는 상황에 적절한 것인지를 판단하지 못해 이유 불문하고 복종하고 만다.

예를 들어 회사나 학교 등에서 볼 수 있는 '예스맨'은 기계적 복종의 전형적인 사례다. 또한 동료들과 함께 점심을 먹을 때 누군가가 "난 짜장면"이라고 말하면 뒤이어 바로 "나도 짜장면"이라고 말하는 행동 역시 기계적 복종 심리가 발동한 것이다.

이처럼 인간의 뇌는 권위 관계에 따라서 또는 자신도 인식하지 못하는 사이에 기계적으로 복종 심리를 드러낸다. 그렇다면 이런 의문이 들지 않을 수 없다.

'복종은 인간의 천성인가?'

미국 예일 대학의 교수이자 심리학자인 스탠리 밀그램은 인격이 인간의 행동에 영향력을 발휘하지만 외부 환경의 영향력을 뛰어넘지는 못한다고 생각했다. 다시 말해 아무리 이성적인 사람이라 할지라도 어떠한 상황에 부닥쳤을 때 도덕적인 신념을 버리고 명령에 따라 잔혹하게 폭력을 행사할 수도 있다는 뜻이다. 즉 사람들이 복종에 굴복하는 이유가 성격보다 상황에 있다는 것이다.

그는 다소 무정해 보이는 이 가설이 잔인한 행동을 서슴지 않았던 나치뿐 아니라 선량한 보통 사람에게도 해당한다는 것을 증명하기 위해 복종에 관한 실험을 계획했다.

밀그램의 복종 실험

밀그램의 실험은 사회심리학에서 가장 큰 의미 있는 실험 중 하나다. 이 실험은 2005년 영국의 월간지 〈포커스FOCUS〉가 선정한 '세계를 놀라게 한 10대 실험' 중 하나로 선정되었다.

1961년 7월, 밀그램은 시급 4달러 50센트의 실험 참가자를 모집하는 광고를 냈다. 얼마 후 25세에서 50세 사이의 남성 중 교사, 엔지니어, 회사원, 노동자, 상인 등 다양한 직업을 가진 실험 참가자 40명이 선정되었다. 밀그램은 사전에 그들에게 이것이 학습과 기억에 관한 실험이며 체벌의 효과를 연구하는 것이 목적이라고 설명했다. 하지만 이는 트릭이었다.

실험은 두 사람이 한 조를 이루어 진행되었다. 각 조의 두 사람은 제비뽑기로 선생과 학생 역할을 결정했다. 선생을 맡은 참가자가 몇 가지 단어를 읽어주면 학생을 맡은 참가자는 이 단어들을 기억해야 했다. 이후 배운 것과 배우지 않은 단어가 섞인 단어 카드 4장을 보여주면서 배운 단어 두 개를 찾아내는 테스트를 진행했다. 이때 학생이 잘못된 것을 고르면 선생이 스위치를 눌러 학생에게 전기 충격을 가해 체벌하는 방식이다.

밀그램은 교묘한 속임수를 통해 제비뽑기를 할 때마다 실험 참가자들이 모두 선생님의 역할을 맡도록 했다. 학생 역할을 뽑은 사람은 밀그램의 조수로, 가짜 참가자였다. 각자 역할이 결정되면 두 사람은 서로 다른 방에 배정되었다. 학생은 의자에 묶여 있으며 팔 위에는 잘못 대답했을 때 체벌을 가할 수 있는 전극이 연결되었다. 선생님과 학생은 인터폰으로만 이야기를 나눌 수 있었다.

선생님 앞에는 '전기 충격기'가 놓여 있었는데, 그 위에는 전압이 15V에서 450V까지 15V 간격으로 커지는 스위치들이 나란히 배열되어 있었다. 또 각각의 스위치 옆에는 전압의 정도를 설명하는 글이 붙어 있었다. 예를 들어 '가벼운 전기 충격', '강한 전기 충격', '위험, 고도의 전기 충격' 같은 식이었다. 밀그램은 참가자들에게 학생들이 잘못된 대답을 할 때마다 전압의 강도를 하나씩 높이라고 말했다. 또 스위치를 누를 때마다 전구에 불이 들어오는데 이는 학생들에게 전기 충격이 전해진다는 의미라고 덧붙였다. 물론 이는 모두 사실이 아니었다. 밀그램은 전압의 강도를 직접 느껴보라며 참가자들에게 45V의 전기 충격을 주기도 했다. 이로써 참가자들은 이 실험이 진짜라고 확신했다.

밀그램은 학생 역할을 맡은 가짜 실험 참가자인 조수들의 반응을 미리 설정해 놓았다. 만약 참가자들이 밀그램이 시키는 대로 한다면 전압은 75V, 90V, 105V로 계속 증가할 것이다. 그러면 학생은 작은 비명을 지르다가 120V가 되면 큰 소리로 "전압이 너무 세요!"라고 소리 지르기로 했다. 또 계속 전압이 올라가서 150V가 되면 제발 전압을 내려 달라고 애원하며, 270V가 되면 날카로운 비명을 지르면서 제발 실험을 멈추어 달라고 소리치기로 했다. 그리고 300V, 315V까지 올라가면 이제 더는 단어를 고르지도 못하는 상태가 되고, 330V가 되면 기절해서 아무 소리도 나지 않을 것이었다. 전체 실험 과정에서 학생들이 대답하지 않으면 틀린 것으로 보기로 했다.

이외에도 밀그램은 실험 참가자들이 전압을 올리는 것을 주저하면 다음의 4가지 말을 이용해서 실험을 멈추지 않도록 독려했다.

"계속하세요."

"이 실험을 계속해야 합니다."

"당신은 반드시 이 실험을 해야 합니다."

"당신에게는 다른 선택사항이 없어요. 실험을 계속해야 합니다."

실험 결과, 전압이 300V가 되었을 때 5명이 실험을 중단했다. 315V가 되었을 때는 4명이, 330V가 되었을 때는 2명이 중단했다. 그리고 전압이 345V와 375V까지 올라갔을 때 각각 1명씩이 명령에 불응했다.

정리하자면 실험 참가자 40명의 약 35%가 실험 도중에 명령 집행을 거부했고, 나머지 65%는 전압이 가장 높은 450V에 오를 때까지 실험을 계속한 것이다. 65%의 실험 참가자들은 도중에 긴장하거나 초조한 모습을 보이기도 했지만 어찌 되었든 끝까지 밀그램의 명령을 따랐다. 흥미로운 사실은 실험 참가자들이 실험을 하기 전 "누군가에게 고통을 주어야 한다면 자신은 실험을 중단하겠다"라고 밝혔다는 것이다.

밀그램은 실험 결과의 정확성을 검증하기 위해서 다른 실험 참가자들을 대상으로 다른 환경에서, 여러 번 반복해서 실험했다. 그때마다 결과는 크게 다르지 않았다. 대부분의 실험 참가자는 밀그램의 명령을 따랐다. 그들은 명령이 잘못된 일이라고 생각했지만 마음속의 도덕적 신념을 버린 것이다.

심리학자 찰스 셰리든Charles Sheridan과 리처드 킹Richard King 역시 이와 비슷한 실험을 했다. 그들은 실험 참가자들에게 강아지들이 잘못된 행동을 하면 전기 충격을 가하라고 요구했다. 그들의 실험과 밀그램의 실험이 다른 점은 이 전기 충격이 진짜라는 점이었다. 실험 결과 실험 참가자 26명 중 20명이 최고 전압에 오를 때까지 실험을 계속했다.

밀그램은 자신의 실험을 통해 다음과 같은 결론을 내렸다.

첫째, 다른 사람의 명령을 받으면 '복종하려는 심리'가 발생한다.

둘째, '복종하려는 심리'가 생기면 평소라면 절대 하지 않을 일들을 과감히 한다.

스스로 자신이 얼마나 선량하다고 생각하는지와 관계없이 사람들은 다른 사람의 명령이 자신에게 큰 영향을 미치지 않을 것이라고 생각한다. 하지만 실험 결과에서 알 수 있듯이 사람들은 명령을 받았을 때 자신이 생각했던 것보다 훨씬 더 적극적으로 명령에 복종하는 모습을 보인다.

단호하게, 그러나 부드럽게

밀그램의 실험은 '명령의 신비로운 힘'을 증명했다. 이것을 현명하게 응용하면 상대가 당신의 요구를 거절하지 않고, 당신이 원하는 일들을 하도록 만들 수 있다. 그 방법을 살펴보자.

첫째, 중요한 사실은 공허한 구호나 권력을 이용해서 사람들을 압박하는 것보다는 완곡하고 부드러운 말투로 부탁한다. 이편이 목적에 도달하는 데 훨씬 효과적이다. 물론 일상생활을 하면서 다른 사람에게 무언가를 부탁하느니 차라리 직접 하는 것이 더 나을 것이라 생각하는 사람들도 많을 것이다. 어렵게 부탁했는데 상대가 거절할 수도 있고, 부탁을 들어준다고 하더라도 당신이 원하는 만큼의 성과를 거둘지 확신할 수 없기 때문이다.

두 번째 방법이 바로 해답을 제시할 것이다. 이런 경우에는 방식을 바꾸어서 소통해 보자. 예를 들어 일을 완성할 시점을 명확히 제시하는 것이다. 이렇게 하면 원하는 때에 일을 완성할 수 있고, 일의 진행 과정을 확인해서 실현 가능성을 가늠할 수도 있으며, 불가능하다면 대체 방안을 찾을 수도 있다.

실제로 적당한 방법을 통해 합리적인 요구를 제안한다면 상대의 마음속에는 '복종하려는 심리'가 작용한다. 그러면 그는 가능한 모든 수단을 이용해서 당신의 요구 사항을 만족시키고자 할 것이다.

밀그램은 이 같은 현상에 대해 "실험복을 차려입은 연구자들의 권위와 명령에 참가자들이 맹목적으로 따랐기 때문"이라고 분석했다. 그만큼 사람의 내면에 권위에 대한 복종 심리가 깊숙이 자리 잡고 있다는 뜻이다.

셋째, 권위에 복종하게 하라. 이는 기업이 마케팅에 자주 활용하는 방식이다. 종종 국내 제조업체들은 외국의 권위 있는 소비자단체로부터 높은 평점을 받았다는 사실을 자랑스럽게 공개한다. 노벨상 수상자를 내세워 제품을 홍보하는 식품업체들도 있다. 이들 기업의 속마음은 한결같다.

'외국의 권위자들이 우리 제품을 훌륭하다고 했어요. 그러니 한국 소비자들이여. 그 같은 권위에 복종해서 우리 제품이 훌륭하다고 믿어주세요.'

이들 방법을 종합하여 당신에게 한 가지 문제를 내보겠다. 정답이 무엇인지 생각해 보자.

회사의 부하 직원이 1주일에 서너 차례나 지각을 반복한다. 이로 인해 업무에 지장을 주는 것은 물론이거니와 당신이 받는 스트레스도 엄청나다. 이럴 경우 당신이 부하에게 어떻게 말하는 것이 가장 효과적일까?

1번 | "출근 시간을 지키는 게 좋아요."

2번 | "출근 시간을 지키도록 해보세요."

3번 | "출근 시간을 지켜보는 게 어떨까요?"

4번 | "출근 시간을 지킵시다."

5번 | "출근 시간을 지키세요!"

위의 문장 중 가장 영향력이 큰 것은 5번이다. 당신이 상사라는 권위에 대한 복종 심리를 유발하기도 하지만, 명령은 따라야 한다는 잠재의식도 함께 발동하기 때문이다. 특히 부하의 잘못된 행동을 바로잡는 경우에는 명확한 명령이 필요하다. 평소에는 완곡하고 부드러운 말투로 명확한 방안을 제시하는 명령을 사용하되, 때로는 단호하고 확실한 명령으로 상대의 복종 심리를 자극할 필요도 있다.

3

타인의 영향력 이용하기

• 애쉬의 동조 실험 •

1985년 코카콜라는 99년간 지켜왔던 코카콜라의 전통적인 맛을 버리고 새로운 콜라의 맛을 선보인다는 뉴스를 발표했다. '뉴 코크New Coke'라는 새로운 제품은 기존의 콜라에 단맛을 더하고 톡 쏘는 맛은 줄인 것이었다.

코카콜라가 맛의 변화를 추구한 것은 다름 아닌 경쟁사 펩시의 놀라운 성장 때문이었다. 그리고 점점 더 많은 사람들이 펩시를 선택하는 이유가 바로 '맛' 때문임을 깨달은 것이다. 실제로 펩시가 소비자를 대상으로 눈을 가리고 코카콜라와 펩시를 맛본 뒤 어느 것이 더 맛있는지를 선택하는 블라인드 테스트를 진행한 결과, 놀랍게도 많은 사람들이 펩시의 손을 들어주었다. 펩시는 이 테스트 결과를 광고에 활용하며 공격적인 마케팅을 펼쳤다.

다급해진 코카콜라는 사람들이 원하는 펩시의 맛을 그대로 반영한 뉴 코크를 선보였다. 소비자가 선택한 맛을 제공하겠다는 의도였다. 약 20만 명의 소비자를 대상으로 모니터링한 결과 기존의 콜라보다 뉴 코크가 더 마음에 든다는 반응이 60%, 펩시보다 뉴 코크가 더 맛있다는 반응이 52%로 나타났기 때문이다.

하지만 뉴 코크는 출시되자마자 그동안 코카콜라를 마셔왔던 소비자들로부터 거센 항의와 질책을 받았다. 3개월이 채 되지 않는 기간 동안 무려 40만 통이 넘는 항의 전화와 편지에 시달렸을 정도다. 당연히 판매는 저조했다.

사람들이 뉴 코크를 반대한 이유는 무엇보다 기존의 코카콜라에 대한 애착이 컸기 때문이다. 수많은 미국 시민들은 자라면서 코카콜라를 마셔왔다. 집에서 피자를 시켜먹으면서, 야구장에서 경기를 관람하면서, 영화를 볼 때 팝콘과 함께, 햄버거와 핫도그를 먹으면서 늘 코카콜라와 함께해 온 것이다. 그러는 사이 으레 즐겨 마시는 음료는 코카콜라라는 애착이 형성됐다.

이는 심리적으로 상황에 지배되는 동조 이론과도 연결된다. 즉 그동안 코카콜라를 마셔온 사람들은 맛이 아닌 코카콜라 그 자체라는 이유만으로 선택한 것이다. 이는 자신도 모르는 사이에 어느새 코카콜라라는 브랜드에 동조되어 구매한 것을 뜻한다. 비록 펩시라는 신흥 강자의 손을 들어준 사람들도 있지만 여전히 많은 소비자들은 코카콜라라는 브랜드를 따랐다. 그렇게 코카콜라의 브랜드 파워에 동조하며 구매해 온 소비자들에게 뉴 코크는 그들의 추억과 향수, 그리고 콜라에 관한 동조 의식을 깨부순 것과 같았다.

결국 두 달 후 코카콜라는 이전의 맛을 가진 '코카콜라 클래식'이라는 제품을 다시 출시함으로써 위기를 넘길 수 있었다. 값비싼 대가를 치르고서야 '제품은 소비자들에게 물리적 특성 이상의 무언가를 제공한다'는 사실을 깨달았다. '무언가'란 향수, 추억, 유행과 소비에 대한 동조 심리 등 다양한 것들이 어우러진 것이다.

나는 튀고 싶지 않다

동조 심리란 과연 무엇일까? 쉽게 말하면 타인의 생각에 자기 생각을 맞춤으로써 불안감을 해소하고자 하는 심리를 뜻한다. 일상생활에서 흔히 볼 수 있는 동조 심리에 관해 이야기해 보자.

당신은 평소 교통법규를 잘 지킨다. 그래서 길을 건너려고 건널목 앞에 서 있을 때, 지나가는 자동차가 없어도 파란불이 켜질 때까지 기다린다. 그런데 건널목 앞에 선 다른 사람들이 자동차가 오지 않는 것을 보고 하나둘씩 건너기 시작한다. 이때 당신은 평소처럼 행동할 수 있을까? 이어서 세 사람, 네 사람……, 점점 더 많은 사람이 당신 옆을 지나서 건널목을 건넌다면 어떻게 하겠는가? 이때도 당신은 자신만의 원칙을 끝까지 지킬 수 있을까?

만일 당신이 끝까지 원칙을 지켰다면, 아마 약간의 불안감을 느꼈을 것이다. 그것은 당신을 이상하게 바라보는 것 같은 눈초리일 수도 있고, 사람들이 당신을 바보 같다고 생각하지는 않을까 하는 걱정일 수도 있다. 심리학에서는 집단 속에서 느끼는 이런 종류의 압박감, 다시 말해 자신이 속한 집단의 구성원들과 일치하고 싶은 심리를 '동조 효과'라고 한다. 이른바 '동조 효과'는 개인이 집단의 영향을 받아서 지각, 판단, 인식 등을 무의식적으로 대중과 여론 또는 대다수의 행위 방식과 일치시키려는 현상을 가리킨다.

이것은 어떤 사람이 최초로 무슨 일을 했을 때, 설령 정확하거나 옳지 않은 것을 알면서도 많은 사람이 그것을 모방하는 현상을 일컫기도 한다. 실제로 위와 같은 상황에 직면했을 때 파란불이 켜질 때까지 기다리는 사람보다 다른 사람들과 함께 무단횡단을 하는 사람들이 더 많은 것도 동조 현상의 특성 때문이다.

중국에는 '한 사람일 때는 쥐처럼 담이 작고, 두 사람일 때는 소처럼 기질이 장대하고, 세 사람이 모이면 하늘을 껴안을 만큼 대담해진다'라는 속담이 있다. 이 역시 동조 효과와 일맥상통한다. 실제로 그저 '많은 사람이 그렇게 한다'라는 이유로 별다른 의심 없이 불합리한 행동을 따르는 경우가 빈번하다. 하지만 일상생활에 존재하는 수많은 불합리한 일은 단지 대중이 그렇게 하기 때문이라는 확인되지 않은 '합리적'이라는 옷을 입고 있을 뿐이다.

미국 작가 제임스 서버James Thurber는 《월터 미터의 은밀한 생활》이라는 책에서 〈댐이 무너지다〉라는 단편소설을 통해 다음과 같은 글로 동조 효과를 묘사했다.

갑자기 한 사람이 뛰기 시작했다. 어쩌면 그는 까맣게 잊고 있었던 연인과의 데이트를 떠올렸을지도 모른다. 진짜 이유는 알 수 없지만 여하튼 그는 동쪽으로 뛰기 시작했다. 그 거리에는 뛰는 사람이 한 명 더 있었다. 신문팔이 소년이었는데, 아마도 기분 좋은 일이 있어서 무척 신이 난 모양이었다. 잠시 후 뚱뚱한 신사 한 명도 급한 일이 생각난 듯 뛰기 시작했다. …… 이렇게 해서 10분 안에 이 거리의 모든 사람이 뛰기 시작했다. 시끌벅적한 와중에 어디선가 "둑이 터졌다!"라는 소리가 들렸다. 공포 섞인 목소리로 이 소리를 지른 사람은 전차를 타고 가던 노부인일 수도 있고, 거리 위의 교통경찰일 수도 있다. 어쩌면 지나가던 남자아이가 지른 것일지도 모른다. 소리를 지른 사람이 정확히 누구인지 아는 사람은 아무도 없었고, 또 정확히 무슨 일이 벌어졌는지 아는 사람도 없었다. 하지만 그 거리에 있던 2,000명에 달하는 사람들은 그냥 달리기 시작했다. "동쪽으로!" 사람들이 다시 소리쳤다. 동쪽이 강의 반대편이니 안전할 것이라는 생각에서였다. "동쪽으로 가요! 동쪽으로!……"

서버는 이 글에서 동조 효과의 기이한 힘을 묘사했다. 여기에 등장하는 거리의 사람들처럼 집단 속에서 개인은 다른 사람과 차별화되거나 다르다는 이유로 고립되기를 원하지 않는다. 타인의 영향력을 받으며 살아가는 것이다. 그래서 자신의 행위, 태도, 의견 등을 집단의 대부분 사람과 일치시킴으로써 안정감을 느끼려고 한다. 이처럼 동조 효과는 집단이 보이지 않게 개인을 압박함으로써 그가 자기 뜻과 상반되는 일을 하도록 만들 수도 있다.

애쉬의 동조 실험

사회심리학자 솔로몬 애쉬Solomon Asch는 동조 효과를 증명하는 실험을 했다. 그의 실험 결과는 다소 서글펐다.

1951년 애쉬는 한 대학에서 '시각적 감지 능력'에 관한 실험에 참여할 지원자를 모집했다. 그는 실험이 진행될 방 안에 의자 6개를 놓고 미리 조수 5명을 앉혀 놓았다. 그러니까 나중에 들어와서 마지막 6번째 의자에 앉는 사람이 '진짜 실험 참가자'인 것이다. 이들은 앉은 순서대로 질문에 대답했기 때문에 '진짜 실험 참가자'는 '가짜 실험 참가자' 5명의 대답을 모두 듣고 대답해야 했다.

　질문은 간단했다. 애쉬는 그림과 같은 종이 두 장을 실험 참가자들에게 보여주었다. 첫 번째 종이에는 선이 하나, 두 번째 종이에는 서로 다른 길이의 선이 세 개 그려져 있었다. 애쉬는 세 개의 선 중에서 첫 번째 종이의 선과 길이가 똑같은 것을 하나 고르라고 말했다. 사실 두 번째 종이의 선들은 길이가 서로 확연히 달랐기 때문에 정상적인 상황이라면 절대 잘못된 대답을 할 수 없었다.

　그림에서 알 수 있듯이 누구나 쉽게 대답할 수 있는 질문이었다. 처음에는 모두 실제 정답을 이야기했다. 그러나 몇 차례의 실험이 진행된 뒤 가짜 실험 참가자인 조수들은 의도적으로 틀린 답을 말했다. 이때 마지막에 자신의 의견을 이야기해야 하는 진짜 실험 참가자는 어떤 대답을 했을까?

　만약 실험 참가자가 단독으로 이 질문을 받았다면 금세 정답을 선택했을 것이다. 그러나 먼저 질문을 받은 5명의 답을 들은 뒤 그에게 같은 질문을 하자 의외의 결과가 나왔다. 놀랍게도 실험 참가자의 25%만이 끝까지 자신의 관점, 즉 정답을 고수했다. 대부분 실험 참가자는 처음에 정답을 선택했으나 결국 다른 사람들에 동조해 자신의 선택을 바꾸었다. 심지어 5%는 처음부터 앞서 대답한 다섯 명의 선택을 그대로 따랐다. 아무런 간섭이 없는 경우, 다시 말해 실험 참가자가 단독으로 대답했을 때 정답률은 99%였다.

당신이 이 실험의 참가자라고 생각해 보자. 앞의 5명이 모두 정답을 선택했을 때 당신 역시 별다른 고민 없이 정답을 말할 것이다. 그런데 이렇게 쉬운 문제임에도 첫 번째 사람이 잘못된 선택을 했고, 자리에서 일어나서 종이를 한참 동안 뚫어지게 쳐다본 두 번째 사람 역시 잘못된 선택을 했다면 어떨까? 그것도 모자라 나머지 사람들까지 앞사람들과 같은 선택을 한다면? 이때 당신은 어떤 선택을 하겠는가? 여전히 자신의 답을 밀어붙일 수 있을까?

애쉬는 집단의 규모와 동조 효과의 관계를 더욱 명확하게 검증하기 위해 새로운 실험을 계획했다. 이번에도 '진짜 실험 참가자' 한 명과 조수를 한 조로 묶었지만 조수의 수가 각기 달랐다. 실험 결과 실험 참가자 한 명과 조수 한 명으로 구성된 조에서 실험 참가자들은 조수의 선택과 관계없이 자신의 선택을 고수했다. 그러나 실험 참가자 한 명과 조수 두 명으로 구성된 조에서 잘못된 선택을 한 실험 참가자는 13.6%로 증가했다. 여기에 조수 한 명을 더하자 31.8%의 실험 참가자가 앞사람을 따라 잘못된 선택을 했다.

이 실험을 통해 심리학자들은 다음과 같은 결론을 내렸다.

첫째, 사람들은 실재하거나 혹은 실재하지 않는 집단의 압박을 느낄 때 일반적으로 대다수의 행위준칙을 기준으로 삼는다. 이른바 타인의 영향력이라 할 수 있는 '추세'에 맞춰 행동하는 것이다.

둘째, 많은 사람이 하는 대로 선택하는 것은 인간 본성의 약점이다. 그러나 이 선택이 반드시 옳다고 할 수는 없다.

사람들은 자신의 의견이 다수의 의견과 다르다는 것을 발견하면 먼저 자기 생각을 의심한다. 만일 애쉬의 실험에서 제시된 질문이 쉬운 것이 아니었다면 실험 참가자들은 자신의 선택을 더욱 의심했을 것이며, 잘못된 선택을 하는 확률 역시 크게 증가했을 것이다. 여러 사람이 모여서 이야기를 나눌 때 상대의 농담을 이해하지 못해도 다른 사람들이 웃으면 따라 웃는 것 역시 이와 같은 동조 효과가 발동한 것이다.

사람들은 다수의 의견이 옳다고 생각한다

애쉬의 실험에서 개인이 타인으로 이루어진 집단의 영향력을 받으면, 자신의 관점, 판단, 행위까지 주저 없이 바꾼다는 사실을 알 수 있었다. 그리고 이들이 집단 내부의 대부분 사람과 일치되기 위해 노력한다는 사실도 확인했다.

영향력 있는 사람은 비교적 쉽게 다른 사람의 인정을 받으며, 그들의 모범이 되어서 동조 효과를 일으킨다. 그러므로 영향력 있는 사람이 되기 위해서는 타인이 추구하는 이상적인 대상이 되어야 한다. 이렇게 해서 자신의 언행이나 행동이 인정받았을 때 타인의 '동조'를 유도해 자신과 유사한 언행과 행동을 하도록 만들 수 있다.

이를 효과적으로 이용한 사람이 바로 미국의 대통령인 버락 오바마Barack Obama다. 그는 대통령 선거에서 자신이 얼마나 뛰어난 능력을 갖춘 엘리트인가를 강조하지 않았다. 오히려 다른 미국인들처럼 지극히 평범한 사람이라는 것을 드러냈다. 아메리칸 드림을 꿈꾸며 가족이 행복하길 바라는 사람이라는 점을 꾸준히 피력한 것이다. 그의 이야기는 국민과의 동질감을 끌어냈고, 미국 최초의 흑인 대통령이 되었다.

이외에도 다른 사람에게 영향력을 미치고 싶다면 어떤 분야의 권위자나 영향력이 큰 사람의 의견을 공유하는 것도 좋다. 상대를 설득할 때 무조건 자신이 원하는 방향으로만 주장하거나 강조하기보다, 그 주제와 관련해 영향력이 있는 사람의 의견이나 언행을 빌려 동질감을 불러일으키는 것도 중요하다. "그 사람도 저와 같은 생각입니다", "그가 이런 이야기를 하더군요"와 같은 이야기를 꺼내면서 넌지시 당신의 의견이 그들과 같음을 전달하는 것이다. 만약 권위자의 의견이 상대에게 성공적으로 영향력을 미칠 수 있다면, 당신의 의견도 상대에게 영향력을 발휘할 것이다.

4

내가 가진 힘에 대하여

● 비크만의 권위 실험 ●

한 고등학교의 특별활동 시간, 덥수룩한 수염이 얼굴을 덮은 외국인이 교실로 들어왔다. 선생님은 그를 독일에서 온 유명한 화학자라고 소개했다. 이 '독일 화학자'는 고개를 숙여 인사한 뒤 허스키한 목소리의 독일어로 이렇게 말했다.

"저는 최근에 강한 휘발성 액체를 만들어 냈습니다. 지금 여러분에게 그것을 선보이려고 합니다. 이 액체는 휘발성이 무척 강하므로 제가 뚜껑을 여는 즉시 실험대에서 교실 전체로 퍼져나갈 것입니다. 냄새를 맡은 학생은 바로 손을 들어주세요. 그러면 저는 시간을 재도록 하겠습니다."

설명을 마친 그는 액체가 담긴 병의 뚜껑을 열었다. 잠시 후 실험대에서 가장 가까운 곳에 앉아 있던 학생부터 중간 줄의 학생, 그리고 가장 뒤의 학생까지 손을 들었다. 2분도 되지 않아서 교실 안의 모든 학생이 손을 들었다.

이는 놀라운 결과였다. 왜냐하면 병에 담긴 '휘발성 액체'는 사실 무색무취의 일반 증류수였기 때문이다. 게다가 '독일 화학자'는 가짜 수염으로 얼굴을 가린 이 학교의 독일어 선생님이었다. 그렇다면 학생들은 왜 냄새를 맡았다고 손을 들었을까? 그것은 바로 학생들이 '독일 화학자'의 권위, 그리고 다른 학생들의 행동에 영향을 받았기 때문이다. 학생들은 실제로 냄새를 맡았다고 생각하고 손을 들었으며 이러한 행위는 모두 권위의 영향력이 만들어낸 것이다.

권위에 복종하는 것은 인간의 본성이다

〈뉴욕타임스〉 과학판에 재미있는 글이 실렸다. 동물 사회에서 무리의 우두머리는 매우 강한 권위를 지니고 있는데, 모두 다른 동물들의 맹목적인 순종에서 비롯된 것이라는 내용이었다. 이는 인간 사회의 규칙과 매우 비슷한 것으로 동물도 권위와 권력을 좇는 경향이 있음을 의미한다.

일반적으로 사람들은 개인이나 사회의 권위에 복종하는 경향이 있다. 자신도 모르는 사이 권위에 좌우되는 본성을 지녔기 때문이다. 권위는 하나의 관점이나 법률일 수도 있고 직책이기도 하며, 어떠한 규칙일 수도 있다. 문제는 권위의 영향을 받는 사람들이 종종 감정마저 구속당한 나머지 자신을 잃고 판단력이 흐려진다는 것이다. 이 경우 사람들은 권위에 반항하려는 생각조차 하지 못한다. 오히려 권위를 따르고자 한다.

샌프란시스코에서 재미있는 실험을 진행했다. 신호가 파란불로 바뀌었는데도 앞차가 출발하지 않을 경우 차종에 따라 뒤차의 반응이 어떻게 다른지 살펴본 것이다. 관찰 결과 앞차가 소형차일 경우 신호가 바뀌자마자 뒤차는 마구 경적을 울렸고, 심지어 위협을 가하기도 했다. 그런데 고급 차가 앞에 서 있을 때는 뒤차의 절반이 앞차가 움직일 때까지 경적을 울리지도 않고 기다렸다.

하지만 실험을 시작하기 전 대학생들에게 이러한 상황에서 어떻게 행동하겠느냐고 물었을 때 "만일 나라면 오히려 고급 차에게 더 빨리 경적을 울릴 것이다"라는 대답이 월등히 많았다. 결국 설문조사와 정반대의 결과가 나온 것이다.

이는 우리가 평소 권위의 영향력을 과소평가하고 있으며, 그 힘을 제대로 인식하지 못한다는 것을 뜻한다. 동시에 실제로 권위와 맞닥뜨리게 되면 막강한 힘에 자신도 모르게 좌우돼 의견을 제대로 펼치지 못한다는 것을 의미한다. 심지어 실제를 확인하지도 않은 채 단지 권위를 암시하는 것, 예를 들어 직함이나 복장 등 외부로 드러나는 요소만 보고도 이내 그 권위에 복종하기도 한다.

비크만의 권위 실험

사회심리학자 레오나르드 비크만Leonard Beckman은 실험을 통해 사람들이 권위적인 요구를 거절하는 것을 얼마나 어려워하는지 증명했다.

실험은 현장 관찰 형식으로 진행되었다. 실험에 참가한 실험 참가자는 사전 계획 없이 현장에서 무작위로 선택되었으며, 그들은 자신이 실험에 참가한다는 사실을 전혀 몰랐다. 실험에 투입된 벡맨의 조수들은 평범한 옷을 입거나 우유배달원 복장을 했고, 경찰 제복을 입고 길거리에서 행인을 불렀다. 그러고는 "저기 버려진 쓰레기 봉지를 주워 주십시오", "버스 정류장 간판 뒤에 서세요"와 같은 다소 황당한 요구를 했다. 그 결과 행인들은 요구의 내용과 관계없이 제복을 입은 '경찰로 보이는 사람'의 요구를 더 잘 따랐다. 실험에서 경찰 제복은 권위의 상징이 되었으며 실험 참가자들은 그것으로부터 큰 영향을 받은 것이다.

이어진 실험에서도 조수들은 역시 평범한 옷이나 경찰 제복을 입고 행인을 불러 세웠다. 그리고 50m 정도 떨어진 주차기계 옆에 서 있는 사람을 가리키며 이렇게 말했다.

"저 주차기계 옆에 서 있는 사람 보이시죠? 아마도 주차 시간이 넘었는데 동전이 없어서 곤란한 것 같습니다. 저분에게 동전을 가져다 주세요."

그러고는 아무 일도 없었다는 듯이 뒤돌아 걸어갔다. 실험 참가자가 주차기계 옆에 서 있는 사람에게 다가갔을 때 조수는 이미 사라진 상태였다. 거의 모든 행인이 경찰 제복을 입은 사람이 요구한 대로 행동했다. 심지어 그들이 사라진 후에도 말이다. 즉 경찰 제복은 눈앞에서 사라졌지만 그 영향력은 여전히 남아 있던 것이다. 반면에 평범한 옷을 입거나 우유배달원 복장을 한 사람이 요구한 대로 행동한 실험 참가자는 절반도 되지 않았다.

실험을 시작하기 전 벡맨은 대학생들에게 자신이 계획한 실험을 설명하고 행인들이 얼마나 요구에 응할지 예측해 보도록 했다. 대학생들은 평범한 복장을 한 사람의 요구에는 50%의 사람이, 경찰 제복을 입은 사람의 요구에는 63%의 사람이 응할 것이라 예측했다. 실제로 평범한 복장을 한 경우 42%의 사람이 요구에 응해 근접한 수치로 예상했다. 그러나 경찰 제복을 한 경우에는 무려 92%의 사람이 요구에 응해 예상과 확연히 다른 결과를 가져왔다.

다음의 실험 역시 권위가 개인에 미치는 영향을 효과적으로 설명한다. 31세의 남성에게 몇몇 장소에서 무단횡단을 하도록 했다. 이때 절반은 세련된 넥타이를 매고 깔끔하게 다림질한 줄무늬 양복을 입었으며, 나머지 절반은 후줄근한 작업복을 입었다. 연구자들은 멀리 숨어서 얼마나 많은 사람이 이 남성을 따라 무단횡단을 하는지 지켜보았다.

실험 결과 남성이 양복을 입고 있을 때 대부분이 그를 따라 길을 건넜다. 작업복을 입었을 때보다 3.5배나 많은 수였다. 멋진 줄무늬 양복이 그의 영향력을 증대시킨 것이다.

이상의 실험에서 경찰 제복과 양복은 모두 권위를 상징했다. 물론 이 두 복장을 보고 연상할 수 있는 것이 다양하지만 사람들은 보통의 경우 권위적인 지위와 연계해서 생각한다. 덕분에 이러한 옷차림으로 타인의 존중을 얻어낼 수 있다.

실험들을 통해 심리학자들은 다음과 같은 결론을 내렸다.

첫째, 어떠한 권위 혹은 권위적인 사람이 관점을 제시하면 사람들은 습관적으로 더 많은 존중, 신뢰 등의 감정을 표현한다.

둘째, 권위의 영향을 받은 사람들은 맹목적으로 복종한다. 이는 곧 상대에 대한 믿음으로 표현된다.

권위의 영향력 아래 자유로운 사람은 없다

사람들은 자신의 의지와 관계없이 무의식적으로 권위에 복종한다. 따라서 실제로 어떠한 권위를 인정하는 것과는 별개로 그것이 한 개인에 미치는 영향은 매우 크다. 종종 자신이 원하는 것이 무엇인지 망각한 채 권위를 지닌 사람을 따르기도 한다. 그렇다면 다른 사람에게 영향을 미칠 만한 권위를 지니려면 어떻게 해야 할까?

자신의 전문 분야에서 특별한 기능을 갖춘 사람이 자신의 관점을 드러내면 많은 사람이 그에게 주목한다. 또 모든 사람이 큰 소리로 떠드는 중에 줄곧 침묵을 지키던 사람이 자기 생각을 이야기하자 사람들이 조용히 그의 말을 경청한다.

이러한 상황은 주변에서 흔히 일어나는 일로 여기에서 이른바 '권위의 영향력'을 만들어주는 것들로부터 힌트를 얻을 수 있다. 일반적으로 다음의 몇 가지로 정리해 볼 수 있다.

첫째, 풍부한 전문지식이다. 특정한 분야에서 전문지식을 쌓고 모든 일을 성실한 자세로 대해서 타인의 모범이 되어야 한다.

둘째, 정확한 판단력이다. 이성적으로 사고하고 정확하게 판단해야 한다. 늘 질문하고 그에 따른 합리적인 대답을 찾는 연습을 통해 돌발 상황에 대한 정확한 판단을 길러야 한다. 그 다음에는 보다 빠른 행동으로 영향력을 키운다.

셋째, 선을 넘지 않는 말과 행동이다. 다른 사람과 소통할 때는 언제나 '잘 듣는 사람'이 되어야 한다. 상대의 의도를 정확히 이해하고 상황의 핵심을 파악하자. 또 대답할 때는 리듬을 잘 맞추어서 너무 급하거나 늦지 않게 하는 것이 좋다.

넷째, 신중한 의사 표현이다. 말에 조리가 없거나 허술한 논리를 주장하는 사람은 상대의 신뢰를 얻을 수 없으며 당연히 영향력을 미칠 수도 없다. 물론 누구나 말실수를 할 수는 있다. 따라서 자신의 의견을 무턱대고 말하지 않는 것이 좋다. 말하기 전에 머릿속으로 여러 번 반복해서 자기 생각을 논증해 보도록 하자.

사람은 누구나 노력을 통해서 어떠한 영역이나 상황에서 다른 사람에게 영향력을 행사할 수 있는 힘을 가질 수 있다. 이를 위해 할 수 있는 일은 그저 끊임없이 자아를 개발하고 처세술을 키우는 것이다.

5

역할이 사람을 만든다
● 스탠퍼드 감옥 실험 ●

일본의 심리학자 나가시마 마사오長島眞夫는 한 초등학교의 5학년 교실에서 역할에 관한 실험을 했다. 47명의 학생 중 성적이 뛰어나지 않다는 이유로, 외모가 너무 평범하다는 이유로, 내성적인 성격을 가졌다는 이유 등으로 반에서 눈에 잘 띄지 않는 학생 8명을 선정했다. 그리고 이들을 학급임원으로 임명했다.

한 학기가 지난 뒤 나가시마는 반 아이들에게 임원으로 활동한 학생들에 관한 의견을 물었다. 그 결과 8명이 임원이 된 뒤 반 아이들의 생각과 태도가 크게 달라졌음을 확인할 수 있었다. 아이들은 8명의 임원을 성실하고 책임감이 강하며, 믿을 수 있고 리더십이 뛰어나다고 평가했다. 그리고 2학기의 새 임원을 뽑는 선거에서 이들 중 6명이 다시 임원으로 선출되었다.

변화는 반 아이들뿐 아니라 임원이 된 아이들에게도 있었다. 이들은 반 아이들과 선생님의 인정을 받으며 자존감을 얻게 되었고, 책임감이 더욱 커졌다. 또한 단체 활동에 소극적 태도를 보이던 것이 앞장서서 리더십을 발휘하며 적극적으로 참여하는 모습을 보였다. 그 결과 학습활동과 신체활동 모두에서 수행 능력이 크게 증가했다.

자신의 역할에 어울리는 행동을 하고 싶은 사람들

사람은 사회에서 각자 다양한 역할을 맡고 있으며 그것에 부합하는 모습으로 생활한다. 예를 들어 '지식인'은 '교양 있는 모습'을, '남자'는 '강하고 책임감 있는 모습'을 보이려는 것처럼 말이다. 이렇게 역할에 따라 만들어지는 심리 또는 행위의 변화를 '역할 효과Role Effect'라고 부른다. 한 개인이 사회에서 담당하는 역할은 그가 앞으로 어떤 방향으로 발전할지를 결정할 수도 있다.

사회심리학에서 '역할'이란 개인이 사회와 집단 내부에서 차지하는 위치, 그리고 그에 따라 사회와 집단이 규정한 행위 방식을 가리키는 용어다. 다시 말해 역할이란, 그 사람의 사회적 지위이자 신분이다. 각각의 역할이 개인에게 부여하는 권리와 책임, 기대는 모두 다르므로 어떠한 새로운 역할이 주어지면 개인의 심리와 행위에도 변화가 발생한다.

많은 사람들이 각자의 삶을 자신의 의지대로 주도한다고 생각하지만 사실은 정반대라고 볼 수 있다. 우리가 놓인 상황, 즉 주어진 역할이 생각과 행동을 지배한다. 일반적으로 새로운 역할을 부여받은 개인은 역할의 영향을 받아서 그에 어울리는 행위를 한다. 설령 그 역할이 요구하는 행위가 자신의 도덕적 기준을 거스를지라도 말이다.

스탠퍼드 감옥 실험

미국의 심리학자 필립 짐바르도Philip Zimbardo는 '스탠퍼드 감옥 실험'을 했다. 이 실험은 역할이 개인의 심리와 행위에 미치는 영향이 얼마나 큰지 증명했다.

1973년 필립 짐바르도와 그의 동료들은 스탠퍼드 대학 심리학과 사무실의 지하에 '모의 감옥'을 만들었다. 그들은 우선 일당 15달러를 지급하기로 하고 24명의 신체 건강한 남성 대학생을 실험 참가자로 고용했다. 그리고 이들을 무작위로 두 그룹으로 나눈 뒤 각각 '간수'와 '죄수'의 역할을 부여했다. 짐바르도는 간수에게 제복과 수갑을 제공하고 감옥의 규칙을 숙지하도록 했다. 그리고 죄수들의 말에 신경 쓸 필요 없다고 강조했다. 그리고 죄수에게는 싸구려 죄수복을 입히고 감옥 안에 가둔 다음 기본적인 권리 외에는 아무것도 요구할 수 없다고 말했다.

짐바르도와 그의 동료들은 '간수'와 '죄수'에게 기본 규칙을 설명한 후에 관찰실에 숨어서 실험 참가자들의 변화를 관찰했다. 간수 역할을 맡은 실험 참가자들은 금세 자신의 역할에 몰입했다. 그들은 원래의 성격을 잃고 매우 거칠게 행동하며 원인 모를 적의에 휩싸였다. 심지어 죄수를 효과적으로 다루기 위해 새로운 규칙과 잔혹한 체벌 등을 직접 고안해 냈으며 학대에 가까운 행동을 했다. 예를 들어 일부러 죄수들이 서로 비난하고 갈등하도록 만든 다음 이를 체벌한다며 손으로 화장실 바닥을 닦으라고 명령하는 식이었다.

죄수 역할을 맡은 실험 참가자들은 처음에는 반항했으나 얼마 지나지 않아 간수의 권위를 인정했다. 심지어 자신은 지위가 낮은 사람이라고 믿기 시작했다. 특히 실험 이틀 만에 간수들이 죄수들의 반란 모의를 무산시키자 더욱 소극적인 태도를 보이기 시작했다. 그들은 결국 간수가 시키는 모든 일을 묵묵히 따랐다.

관찰실에서 이 상황을 지켜보던 심리학자들은 심장이 떨릴 정도로 깜짝 놀랐다. 실험 참가자들이 생각보다 빠른 속도로 완벽하게 역할에 몰입해서 실제로 '간수'와 '죄수'로 행동하는 것을 확인했기 때문이다. 2주간 계획했던 이 실험은 자칫 통제 불가능한 상황으로 발전할 가능성 때문에 엿새 만에 마무리되었다.

'스탠퍼드 감옥 실험'에 참여한 실험 참가자들은 모두 지극히 정상적인 사람이었다. 그러나 그들은 실험이 시작되고 얼마 지나지 않아 주어진 역할에 따라 '악마'와 '우울증 환자'처럼 행동하기 시작했다. 이 실험은 사회에서의 역할과 지위의 변화가 그 사람의 행위와 심리에 커다란 영향을 미친다는 것을 여실히 보여주었다. 그리고 실험 참가자의 인성을 파괴하고 도덕윤리를 위배한다는 이유로 큰 논란을 일으켰으며 얼마 후 금지되었다.

이 실험을 통해 심리학자들은 다음과 같은 결론을 내렸다.

첫째, 역할은 개인의 행위와 심리에 모두 영향을 미친다.

둘째, 개인에게 주어진 역할은 향후 그의 발전 방향을 결정한다.

역할은 몸과 마음을 좌우한다

새로운 일을 시작하거나 새로운 경험을 한 뒤 크게 변한 사람을 본 적이 있을 것이다. 성공하고 유명해져서 사회적 지위가 높아지자 옛 친구들과 소원해지는 사람, 항상 친절하고 상냥했는데 갑자기 거만해진 사람, 늘 다른 사람의 의견을 잘 듣고 따랐는데 이제는 안하무

인으로 행동하는 사람……. 이러한 변화는 모두 그에게 주어진 새로운 역할에서 비롯된 것이다.

　이것은 곧 당신에게 적합한 새로운 역할이 주어지면 타인과의 관계에 미치는 영향력도 달라질 수 있다는 의미다. 그러므로 자신의 사회적 지위나 역할에 변화가 생기면 마음가짐과 행위를 새 역할의 요구에 맞도록 만들어야 한다. 설령 지금 당장 새로운 역할이 주어지지 않아도 방법은 있다. 바로 가상의 역할이자 심리학에서 말하는 '시뮬레이션'을 통해 자신이 바라는 '그 사람'이라고 생각하는 것이다. 단순히 생각만 해서는 안 된다. 말과 행동, 나아가 생각마저 비슷하게 하려고 애써야 한다. 언제나 자신을 돌아보며 '만약 그 사람이라면 어떻게 생각하고 행동했을까?', '그 사람도 이렇게 했을까?' 등을 생각해 보는 것이 좋다.

　다시 말해 자신에게 적합한 역할을 제시하고 그에 부합하는 마음가짐과 행위까지 스스로 요구하는 것이다. 그러면 실제로 말과 행동, 사상, 태도까지 모두 그 역할에 적합하게 변해 다른 사람에게 큰 영향력을 발휘할 수 있다. 또한 상대를 이해하고 싶다면 그의 말과 행동, 사람과 일을 대하는 태도 등을 관찰하는 것 외에 그의 사회적 지위와 역할을 살피는 것도 좋은 방법이 될 수 있다.

Chapter 03

언어를 지배하는 비언어의 힘

작은 움직임의 큰 영향력

(우리가 침묵하고 있는 순간에도
몸짓은 말하고 있다)

1

당신의 눈동자에 건배

● 클라인크의 눈빛 실험 ●

영화 〈카사블랑카〉에는 많은 사람들이 잊지 못하는 명대사가 등장한다. 바로 "당신의 눈동자에 건배"라는 남자주인공의 말이다.

제2차 세계대전이 한창이던 시절, 남자주인공 릭은 모로코의 카사블랑카에서 '카페 아메리카'라는 작은 술집을 운영하고 있다. 이곳에는 독일에서 탈출한 각 나라의 망명객과 스파이, 그리고 반反 나치주의자들이 머물고 있다. 그러던 어느 날 반 나치주의자들의 리더인 빅터와 그의 아내 일리자가 카페를 찾아온다. 두 사람은 릭에게 나치의 눈을 피하기 위한 통행증을 부탁한다. 자유세계로 탈출하는 것이 낙타가 바늘구멍을 통과하는 것처럼 어려웠던 그 시절에는 통행증의 암거래가 성행했고, 릭은 그 거래의 중심에 있는 인물이었다.

통행증을 부탁하기 위해 다가간 일리자는 순간 자신의 눈을 의심한다. 그곳에 파리에서 헤어졌던 옛 연인 릭이 있었기 때문이다. 우연히 재회한 두 사람은 깜짝 놀랐지만 애써 모른 척한다. 릭은 오랜 시간 일리자를 잊지 못해 괴롭던 나날이 떠올라 이들 부부에게 차갑게 굴기만 했다. 반면 일리자는 열렬하게 사랑했던 릭에게 점점 마음이 흔들렸다. 시간이 지나면서 두 사람 사이의 오해가 풀렸고, 사랑하지만 서로를 위해 헤어져야 했던 두 사람의 감정은 줄타기하듯 아슬아슬하게 이어졌다.

하지만 일리자의 곁에는 그녀의 남편인 빅터가 함께 있었다. 결국 릭은 일리자의 행복을 위해 그녀와 그녀의 남편을 돕기로 한다. 위험을 감수하고 나치의 눈을 피해 두 사람의 비자를 준비한 것이다. 탈출 전날, 자신의 모든 것을 걸고 도와주는 릭의 모습에 일리자는 눈물만 흘린다. 이때 그 눈물까지 사랑한 릭이 일리자에게 건배를 청한다. 그러고는 그녀의 두 눈을 바라보며 이렇게 말한다.

"Here's looking at you, kid."

그의 말은 "당신의 앞날을 위해 건배!" 정도로 해석할 수 있다. 하지만 여러 국가에서 "당신의 눈동자에 건배!"라는 뜻으로 번역되었다. 이는 아마도 사랑하는 여인을 뜨겁게 바라보는 릭의 눈빛에 그 답이 있을 것이다.

영혼을 꿰뚫는 시선

우리는 헤어질 때 "다음에 또 만나요"라고 말한다. "다음에 또 냄새를 맡아요"라거나 "다음에 또 소리를 들어요", "다음에 또 맛을 보아요"라는 말은 하지 않는다. 이는 사람과 사람 사이에 정서를 나누는 데 가장 중요한 역할을 하는 것이 시각임을 뜻한다. 그러니까 상대를 사로잡는 무기가 바로 우리 코 위에 있는 셈이다.

'눈은 마음의 거울이다', '눈에 콩깍지가 씌였다'라는 말을 들어본 적 있을 것이다. 인간의 신체기관 중 눈처럼 솔직한 것은 없기 때문이다. 실제로 독일의 막스 플랑크 진화인류학 연구소의 보고서에 따르면 인간은 다른 영장류와 달리 흰색 공막을 가지고 있어 시선이 잘 드러난다고 한다. 또한 피부와 공막, 홍채의 색깔이 대조를 이뤄 시선이 어느 곳을 향하는지 더욱 분명하게 드러내고 있어 눈을 자세히 살펴보는 것만으로도 의도를 파악할 수 있다는 것이다. 즉 시선은 상대의 영혼을 꿰뚫어볼 수 있으며 그를 흥분시킬 수도 있다. 당신의 시선 역시 상대에게 쾌락, 감동, 분노, 애정, 공포 등 다양한 감정을 전달한다. 당신이 어떤 시선으로 상대를 바라보느냐에 따라 다양한 영향력을 행사할 수 있다는 뜻이다.

관련 연구에 따르면 입사 면접을 할 때, 면접관의 얼굴을 똑바로 바라본 시간이 전체 시간의 80% 이상인 사람이 15%인 사람보다 훨씬 좋은 인상을 남긴 것으로 나타났다. 미국 어느 기업의 인사담당자는 면접 시 자신의 질문에 대답하는 면접자와의 아이 콘택트가 반드시 이루어져야 좋은 결과를 얻을 수 있다고 말했다. 시선이 바닥을 향하거나 허리를 굽힌 채 면접관의 눈을 피하면 거짓말을 하고 있거나 진실하지 않다고 생각할 가능성이 크다는 것이다.

또한 이력서에는 반드시 전방을 똑바로 바라보는 사진을 붙여야 해당 직업에 대한 열정을 드러낼 수 있다고 한다. 운이 좋으면 이력서의 사진 한 장으로 예상보다 많은 연봉을 얻을지도 모른다. 이것은 똑바로 앞을 바라보는 시선이 강한 자제력을 상징하기 때문에 발생하는 현상이다. 실제로 동물의 세계에서도 무리의 우두머리만 나머지 동물들을 똑바로 볼 수 있다.

클라인크의 눈빛 실험

심리학자들은 대화를 나눌 때 한 사람의 시선이 다른 한 사람의 판단과 결정에 영향을 준다는 사실을 실험으로 증명했다. 1980년 보스턴 칼리지 심리학과의 크리스 클라인크Chris Kleinke 교수는 눈빛의 영향력과 관련해 다음과 같은 실험을 했다.

클라인크는 실험 조수에게 길 잃은 사람처럼 행동하도록 했다. 조수는 거리에서 행인에게 가족들에게 전화를 걸어 자신을 데리러 오라고 해야 하는데 동전 하나만 줄 수 있느냐고 물었다. 이때 조수는 실험 참가자인 행인의 눈을 똑바로 바라보며 이야기하는 방식과 시선을 피하며 이야기하는 방식을 번갈아 가며 실험했다.

실험 결과 똑바로 바라보았을 때 실험 참가자의 84%가 기꺼이 그를 도우려고 했다. 그러나 시선을 피하면서 말했을 때 그를 돕고자 한 사람은 64%에 불과했다. 시선이 마주쳤다는 이유만으로 더 많은 사람들이 상대를 도와주려 한 것이다. 이처럼 시선은 요청이 수락 혹은 거부되는 과정에 영향을 미친다.

이 외에도 눈 맞춤Eye Contact의 효과를 입증하는 실험이 있다. 심리학자 찰스 브룩스Charles Brooks와 마이클 처치Michael Church, 스콧 프레이저Scott Fraser가 1986년에 진행한 실험을 살펴보자.

이들은 먼저 학생들(실험 참가자)에게 약 1분 정도의 짧은 영상 자료를 보여주었다. 이것은 한 사람이 다른 사람을 인터뷰하는 내용으로 사전에 영상의 음량을 모두 삭제했다. 학생들은 인터뷰 내용을 알 수 없었고 오직 화면에 보이는 두 사람의 동작, 표정, 태도 등만 볼 수 있었다. 연구자들은 영상을 모두 본 학생들에게 영상 속 인물에 대해 느낀 점을 이야기해 줄 것을 요청했다.

사실 학생들이 본 영상은 언뜻 보면 같은 것처럼 보이지만 등장인물이 시선을 마주치는 시간, 즉 '눈 맞춤'의 시간이 각각 달랐다. 영상은 모두 4종류로 인물이 상대를 전혀 바라보지 않은 것, 바라보는 시간이 5초, 30초, 50초인 영상이었다.

실험 결과 학생들은 인터뷰이가 상대와 눈 맞춤하는 시간이 길수록 그에 대해 긍정적으로 평가했다. 그들은 눈 맞춤을 많이 하는 사람일수록 이성적이고 지혜로우며, 신뢰할 만하고 사교적이라고 생각했다. 재미있는 것은 특히 '장악력'에 관련된 평가가 눈 맞춤하는 시간에 큰 영향을 받았다는 사실이다. 학생들은 시선을 돌리지 않고 상대를 똑바로 바라보는 사람이 더욱 독립적이고 성숙하며 카리스마 있고 리더십이 뛰어나다고 생각했다.

이상의 실험을 통해 심리학자들은 다음과 같은 결론을 내렸다.

첫째, 시선은 요청이 수락되거나 거부되는 과정에 영향을 미친다. 인간관계에서 상대와 눈 맞춤을 하는 것은 서로에 대한 호감을 높이고 긍정적인 평가를 이끌어낸다.

둘째, 한 사람의 시선은 다른 사람이 그를 평가하는 데 영향을 미친다. 대화 도중 상대의 눈을 바라본다는 것은 그의 말을 경청하고 있음을 보여준다. 이는 상대와 좀 더 원활한 소통을 할 수 있는 밑거름이 된다.

셋째, 상대와 눈을 맞추는 시간이 길수록 더욱 긍정적인 평가를 얻을 수 있다. 이야기 도중 고개를 숙이거나 시선을 피하면 자신감이 없거나 진실성이 결여된 인상을 남기기 쉽다. 따라서 마음의 창을 활짝 열고 따뜻한 눈 맞춤을 시도하는 것이 좋다.

상대의 호감을 얻는 시선

당당하게 상대를 바라보며 눈빛을 주고받는 사람은 많은 이로부터 신뢰를 얻을 수 있으며 좋은 인상을 남긴다. 그러므로 상대가 손에 들고 있는 종이컵을 뚫어지게 바라보기보다는 고개를 들고 활발하게 시선을 교환하는 것이 좋다. 그러면 더 많은 사람의 호감을 얻을 수 있다.

시선은 상황에 따라 활용하는 방법이 모두 다르므로 적절히 사용해야 영향력을 키우는 데 도움이 된다. 다음은 그중 몇 가지 상황이다.

(1) 일대일로 대화할 때

단둘이 대화를 나눌 때 처음부터 끝까지 상대를 뚫어지게 바라보면 오히려 역효과가 날 수 있다. 자칫 상대로부터 당신이 거만한 자세로 자신을 제압하려고 한다는 오해를 불러일으킬 수 있기 때문이다. 그러므로 상대의 눈을 5~6초 정도 바라본 뒤, 코에 1~2초 정도 시선을 두었다가 다시 눈을 바라보는 방식으로 눈 맞춤을 시도한다.

또한 대화의 내용에 따라 눈빛을 부드럽게 변화하는 것이 좋다. 예를 들어 상대의 건강이 어떤지 물어볼 때는 친절하고 따뜻한 눈빛으로, 상대의 의견을 구할 때는 기대에 찬 눈빛으로, 즐거운 일을 함께 나누며 기뻐할 때는 반드시 행복한 눈빛으로 상대를 바라보자. 상황에 맞게 눈빛을 보내야 대화의 분위기를 좋게 만들 수 있다. 따라서 우리가 해야 할 일은 눈빛의 표현력을 기르는 것이다.

(2) 여러 사람과 대화할 때

이 경우 특정한 한 사람과 이야기를 나누는 것은 불가능하다. 그러므로 시선을 이용해서 그곳에 있는 모든 사람과 소통하려고 노력해야 한다. 중요한 것은 어느 한 사람도 소외당하고 있다는 느낌이 들도록 내버려 두어서는 안 된다는 사실이다. 여러 사람 앞에서 강연하거나, 회의에서 발언할 때는 청중을 두루 살피고 그들 한 사람, 한 사람과 눈 맞춤을 하는 것이 좋다. 동시에 말과 함께 시선을 이용해서 정보를 전달하고 청중의 반응을 살펴야 한다. 이렇게 하면 좀 더 짜임새 있게 말할 수 있으며 그 효과를 최대치로 끌어 올릴 수 있다.

시선이나 눈빛을 상황에 따라 다양하게 사용할 수 있으며 이를 통해 자신의 감정과 생각을 정확하게 전달할 수 있다는 데 주목해야 한다. 뿐만 아니라 시선은 반드시 자신의 감정 변화 및 대화의 흐름과 어우러져야 한다. 이것은 당신의 영향력을 키우는 데 매우 효과적인 방법이다.

2

끄덕임과 흔들림 사이

● 페티의 끄덕임 실험 ●

최근 몇 년 사이 일본에서는 스트레스를 많이 받는 사람들을 겨냥한 상품이 인기를 끌었다. 특히 '치유나 힐링 기능'을 가진 제품이 불티난 듯 팔렸다. 그중에서도 '우나즈킨'이라는 손바닥만 한 인형이 크게 유행했다. 동글동글 귀여운 인형의 이름은 '수긍하다, 고개를 끄덕이다'라는 뜻의 일본어 'うなずく'에서 파생된 것으로 보인다.

치유 인형이라 불리는 이것은 사람의 목소리에 반응해 고개를 끄덕이거나 가로젓는 인형이다. 걱정거리라고는 없어 보이는 평온한 표정과 귀여운 몸짓으로 많은 인기를 얻고 있다. 원래 우나즈킨은 동화에 등장하는 캐릭터다. 버섯 아래 사는 작은 요정인데 언제나 상대의 말을 잘 들어주었다. 그래서 많은 사람들이 찾아와 마음속 고민을 털어놓았고, 그때마다 우나즈킨은 가만히 이야기를 들어주면서 고개를 끄덕이거나 가로저었다. 평소 자신의 이야기를 들어줄 누군가가 필요한 사람에게 그저 묵묵히 자신의 이야기를 들어줄 우나즈킨은 꼭 필요한 존재다.

우나즈킨은 장난감이지만 배우자나 친구에 가까운 역할을 한다. 만약 당신이 우나즈킨을 향해 "이 옷 괜찮아?"라고 물으면 미소를 띤 채 고개를 끄덕이거나 저을 것이다. 별 것 아닌 듯 보이는 고갯짓이지만 자신의 말에 반응을 보이는 기능만으로도 우나즈킨은 큰 인기를 얻었다.

일본에서는 우나즈킨 외에도 고개와 발을 끄덕거리며 한가로운 모습을 보여주는 '노호혼'도 크게 유행했다. 유유자적이란 뜻을 가진 노호혼은 자동차에 주로 놓였다. 웃는 얼굴로 가만히 고개를 끄덕이는 모습이 난폭운전을 하거나 조급한 마음으로 신호를 위반하는 사람의 마음을 다스려준다는 효과가 있다는 소문 덕분이었다. 우나즈킨과 노호혼 모두 단순한 끄덕임만으로 사람들의 마음에 평온함을 가져다 준 셈이다.

끄덕임이 상대의 마음을 흔든다

끄덕이거나 가로젓는 고갯짓은 모두 상대의 말에 대한 반응이다. 하지만 일반적으로 고개를 끄덕이는 것은 긍정적인 반응, 가로젓는 것은 부정적인 반응이라고 여긴다. 우나즈킨을 구매한 사람들의 대부분이 끄덕이는 모습을 좋아하는 것도 이 때문이다.

이러한 성향은 실제 생활에서도 그대로 반영된다. 대화를 나눌 때 자주 고개를 끄덕이며 반응하는 사람은 비교적 쉽게 상대의 주의를 끌고 호감을 얻을 수 있다. 상대의 말에 맞추어 고개를 끄덕이는 행동은 이야기를 잘 듣고 있다는 메시지를 전달할 뿐 아니라 그가 당신에게 집중하도록 만들 수 있다. 고갯짓만으로 상대의 마음을 흔드는 것이다. 여러 사람이 모여 이야기를 나눌 때 말하는 사람의 시선은 고개를 끄덕이며 자신의 말에 반응을 보이는 사람에게 자연스레 향한다. 고개를 파묻고 말을 열심히 받아쓰는 사람은 절대 상대의 마음을 움직일 수 없다.

이야기를 들으면서 자주 고개를 끄덕이는 것은 상대와 감정적으로 또는 정서적으로 소통하고 있음을 나타낸다. 고개를 끄덕이는 행위 자체가 상대에게는 맞장구로 느껴지기 때문에 당신이 이야기를 이해하고 있음을 전달하는 것과 같다. 이는 상대에게 영향을 주는데 만일 당신에 대해 부정적인 생각을 가지고 있다면 이야기에 반응해 고개를 끄덕거리는 것만으로도 긍정적인 이미지로 변화시킬 수 있다.

보디랭귀지, 즉 신체언어가 대뇌의 사고思考에 영향을 미치는 것이다. 일반적으로 고개를 끄덕이는 것은 긍정, 가로젓는 것은 부정을 의미한다고 여겨진다. 하지만 마음속의 생각이 긍정이든 부정이든 고개를 끄덕이는 것은 자신과 타인에게 모두 영향을 미친다. 요컨대 고개를 끄덕이는 동작으로 자신의 행위나 의견을 더욱 확고하게 할 수 있다. 상대의 말에 고개를 크게 끄덕거리는 것은 상대에게 자신의 존재를 각인시키고 싶은 무의식에서 자신도 모르는 사이에 나오는 경우가 많다. 상대로부터 인정받고 싶거나 자신이 매우 능력 있는 사람이라는 것을 보여주고 싶은 당신의 욕구가 자연스럽게 드러난 것이기 때문이다. 또한 끄덕거림은 당신의 생각까지도 긍정적으로 바꾸는 역할을 한다. 혼자 있을 때도 자신을 위해서 고개를 끄덕여보자. 내 생각에 대한 믿음과 자신감이 생기는 효과가 나타날 것이다.

페티의 끄덕임 실험

미국 오하이오 주립대학 심리학과의 리처드 페티Richard Petty 교수는 끄덕임에 관한 새로운 사실을 발견했다.

페티 교수는 학교 캠퍼스에서 지원자를 모집한 뒤 82명을 실험 참가자로 선정했다. 그는 실험 참가자들에게 모두 이어폰을 꽂으라고 지시했다. 그중 절반은 1초마다 한 번씩 고개를 끄덕이고, 나머지 절반은 1초마다 한 번씩 고개를 젓도록 했다. 이어폰에서는 등록금 인상을 주장하는 방송이 흘러나오고 있었는데, 사전 조사에 따르면 실험 참가자들은 모두 여기에 반대하는 입장이었다.

고개를 끄덕인 사람들은 등록금 인상에 관해서 매우 설득력 있게 설명하는 내용을 들었다. 등록금을 인상하면 소규모의 다양한 강의가 가능하며, 강의 수준이 높아져서 학생들의 취업에도 유리하게 작용할 수 있다는 등의 이유가 제시되었다. 반면 듣는 내내 고개를 저은 사람들의 이어폰에서는 인상된 등록금으로 튤립을 심을 수 있다거나, 청소부를 고용해서 학교를 깨끗하게 할 수 있다는 등 다소 설득력이 부족한 내용이 흘러나왔다.

실험 후 고개를 끄덕인 사람들은 설득력 있는 주장을 들었음에도 불구하고 등록금 인상을 반대하는 기존 입장이 더욱 확고해졌다. 하지만 고개를 저은 사람들은 설득력이 부족한 주장을 들었음에도 불구하고 기존 입장을 확신하지 못해 동요하는 모습을 보였다. 고개를 젓는 동작이 등록금 인상을 반대하는 그들의 생각마저 약화한 것이다.

이 실험을 통해 심리학자들은 다음과 같은 결론을 내렸다.

실험에 따르면 고개를 끄덕이는 동작은 반드시 상대의 말에 동의한다는 의미라고 할 수 없으며, 오히려 자신의 생각을 더욱 강화시킬 수도 있다. 그러므로 당신의 이야기를 듣는 사람이 끊임없이 고개를 끄덕인다고 해서 당신의 의견에 동의한다고 착각해서는 안 된다. 반대로 그가 고개를 젓는다고 해서 꼭 그가 당신의 의견에 반대한다고 할 수도 없다.

본래 고개를 끄덕이는 맞장구는 상대의 말에 동조한다는 긍정적인 의사 표시다. 하지만 기계적으로 단순히 끄덕이는 것은 상대의 이야기를 제대로 듣지 않거나 이의를 제기하기에 앞서 형식적으로 동조하는 것에 불과하다.

진심을 담아 고개를 끄덕이며 경청하라

대화에는 SOFTEN이란 기법이 필요하다. S(Smile, 미소), O(Open posture, 팔짱을 끼지 않는 열린 자세), F(Forward lean, 상대를 향해 몸을 앞으로 기울이기), T(Touch, 악수와 같은 가벼운 접촉), E(Eye contact, 마주보기), N(Nodding, 상대가 말할 때 고개를 끄덕이기) 등을 하면 원하는 방향으로 소통을 이끌어낼 수 있다는 것이다.

보디랭귀지는 내재된 감정을 무의식적으로 드러내는 것이다. 그중에서 고개를 끄덕이는 동작은 긍정적인 피드백을 전달하는 가장 좋은 방법이다. 다른 사람과 이야기를 나눌 때 고개를 끄덕이는 것은 당신이 성실히 그의 말을 듣고 있으며, 무슨 의미인지 이해했으며, 그의 관점을 인정한다는 의미다. 그러므로 경청하는 사람의 가장 아름다운 몸짓이라고 할 수 있다.

특히 협상을 하거나 상대를 설득하고 싶은 상황에서 상대의 이야기에 고개를 끄덕이는 몸짓은 상대의 완강한 태도를 누그러뜨릴 수 있다. 비록 의견에 동의하지 않는다고 해도 당신의 이야기를 주의 깊게 듣고 있으며, 당신의 입장에서 공감하고자 노력하고 있다는 인상을 준다. 때문에 화를 내거나 극단적인 대화를 피할 수 있다.

다만 기계적인 끄덕거림은 오히려 부정적인 효과를 불러올 수 있으므로 끄덕임에도 기교가 필요하다. 훌륭한 청중은 너무 부족하거나 과하지 않게 기술적으로 고개를 끄덕일 줄 안다. 긍정적인 말로 상대의 의견에 동의하고 지지한다는 의사 표시를 하는 동시에 고개까지 끄덕인다면 대화가 매우 순조롭게 이어질 것이 틀림없다. 또 상대에게 미치는 영향력 역시 크게 증대될 것이다. 상대를 움직이는 힘은 눈을 바라보고 진심으로 고개를 끄덕이는 몸짓에서 시작된다.

# 3

웃음은 강력한 방탄조끼다
● 뒤센의 웃음 실험 ●

미국의 유명 잡지인 〈새터데이 리뷰〉의 편집장인 노먼 커즌스 Norman Cousins는 50세가 되던 1964년 강직성척수염이라는 질병에 걸렸다는 선고를 받았다. 희소병인 강직성척수염은 골반에서 염증이 시작돼 척수로 번져 온몸이 대나무처럼 굳는 병이다. 당시 500명 중 한 명만 살아남을 정도로 생존 가능성이 희박한 절망적인 병이기도 했다. 병원은 그에게 치료가 불가능하다며 다량의 안정제와 진통제만 처방했다.

하지만 노먼은 낙심하지 않고 병원을 나와 가까운 호텔에 방을 잡았다. 그러고는 TV에서 방영하는 코미디 프로그램과 몰래카메라를 보며 실컷 웃었다. 그렇게 웃고 나니 참을 수 없던 고통이 사라지고 오랜만에 진통제도 없이 편히 잠들 수 있었다. 그날 이후 그는 '웃음 치료'를 실시해 보기로 했다. 코미디를 보며 웃고, 재미있는 일을 상상하며 웃고, 유머집을 읽으며 웃었다. 또한 반드시 매일 10분 이상 큰 소리로 웃으며 인생의 즐거움을 느끼고자 했다. 혼자가 아닌 여럿이 모이면 33배 더 많이 웃을 수 있다는 이야기를 듣고는 친구들을 초대해 같이 웃었다.

웃음 치료를 시작한 지 8일째 되던 날 거짓말처럼 통증 없이 엄지손가락을 움직일 수 있었다. 웃음의 힘을 확인한 그는 더욱 적극적으로 웃음 가득한 생활을 이어나갔다. 그렇게 웃음 치료를 계속한 결과 손을 떨지 않고서도 카메라의 셔터를 누를 수 있게 되었고, 별다른 통증 없이 테니스와 골프를 치고 승마를 즐길 수 있게 되었다. 결국 노먼은 완치 판정을 받고 다시 편집장으로 복귀해 75세까지 건강하게 살았다.

덕분에 "웃음은 유효기간이 없는 최고의 약이며, 질병을 막아주는 방탄조끼다"라는 그의 말을 증명하기 위한 다양한 웃음 치료 연구가 시작되었다.

모든 문제를 해결하는 곡선

　인간에겐 수만 가지 표정이 있지만 그중에서도 사람들의 편애를 받는 표정이 있다. 200개가 넘는 뼈가 한꺼번에 움직이고, 15개의 안면근육이 동시에 수축하며, 몸속 근육의 40%가 움직일 때 비로소 나타나는 표정. 바로 '미소'다. 우리가 웃을 때 분출되는 엔도르핀은 가장 강력한 진통제라 알려진 모르핀의 최대 300배에 가까운 진통 효과를 가졌다고 한다. 앞서 등장한 노먼의 이야기처럼 엔도르핀은 육체적 피로와 통증을 잊게 해주고, 스트레스를 이겨낼 힘을 주며, 우리 몸의 면역세포와 항체 생산을 촉진하는 역할을 한다.

　미소는 우리의 신체를 지켜주는 것을 넘어 사람과 사람을 잇는 다리 역할까지 한다. "웃는 얼굴이 제일 예쁘다"라는 말을 들어본 적 있을 것이다. 이는 미소가 기분을 좋게 만드는 일종의 '흥분제'와 비슷하기 때문이다. 미소를 지으면 마음이 편안해지는 동시에 자신감과 용기가 생겨 내면이 강해지고, 그 미소를 보는 상대는 친밀감과 신뢰감을 형성한다. 사람과 사람 사이의 심리적 거리를 좁혀주는 셈이다.

　미국의 코미디언 필리스 딜러Phyllis Diller는 웃음을 가리켜 '모든 문제를 해결하는 곡선'이라고 묘사했다. 실제로 웃음은 사람을 매력적으로 보이게 만들어 상대를 무장해제시키는 힘을 가지고 있다. 우리가 미소 띤 사람을 보았을 때 부드러움, 성숙함, 안정감, 신뢰 등의 단어를 떠올리는 것도 그 때문이다. 그러므로 영향력 있는 사람이 되고 싶다면 모든 문제를 해결하는 곡선인 미소를 이용하자.

뒤센의 웃음 실험

프랑스의 의사이자 신경생리학자인 뒤센 드 블로뉴Duchenne de Boulogne는 전기 자극 실험을 통해 "양쪽 뺨을 위로 올려 눈가의 주름이 지어지는 웃음이야말로 진짜 감정을 나타낸다"고 주장했다. 의도적인 웃음은 입 주위 근육만 움직이며, 눈 주위 근육과 입 주위 근육이 함께 움직여야 진짜 웃음이라는 것이다. 이후 사람들은 진짜 웃음을 가리켜 '뒤센 웃음'이라고 불렀다.

그러나 2013년 노스이스턴 대학의 사라 거너리Sarah Gunnery는 뒤센의 주장이 사실이 아님을 밝혔다. 거너리와 그녀의 동료들은 실험 참가자를 모집한 뒤 절반의 사람들에게 활짝 웃는 표정의 사진을 보여줬다. 그리고 사진 속의 뒤센 웃음을 따라 할 것을 지시했다. 나머지 절반의 사람들에게는 그 웃음을 평가하도록 했다. 그 결과 놀랍게도 참가자의 70%가 뒤센의 웃음을 흉내 낼 수 있었다. 얼마든지 진짜 웃음처럼 보이는 가짜 웃음을 만들 수 있는 것이었다.

우리가 가짜 웃음에 능숙해진 데는 이유가 있다. 진짜 웃는 것이 아니더라도 웃는 표정만으로도 행복을 느낄 수 있기 때문이다. 독일

만하임 대학의 연구진은 실험 참가자를 모집한 뒤 연필을 입에 물고 재미있는 만화를 보도록 했다. 그 다음 이들을 두 그룹으로 나눈 뒤 한 그룹에는 연필을 치아로 물어 웃는 것과 같은 얼굴을 하도록 했다. 나머지 그룹의 사람들에게는 연필을 입술로 물기만 할 뿐 표정을 짓지 않도록 했다. 그러자 흥미롭게도 치아로 연필을 물어 저절로 웃는 표정을 지었던 사람들이 만화를 더 재미있고 즐겁다고 평가했다. 웃음을 짓는 것 자체로도 우리의 기분이 좋아진다는 것이다.

캔자스 대학의 실험 역시 같은 결과를 가져왔다. 이들은 실험 참가자들에게 한 손을 얼음물에 1분간 담그고 고통을 참도록 했다. 그 다음 일부 참가자들에게는 뒤센의 웃음을 지을 것을 요구했다. 그 결과 뒤센의 웃음을 지은 사람들이 그렇지 않은 사람들보다 고통에서 더 빨리 회복된 것으로 나타났다.

치과는 이러한 웃음을 이용해 어린이 고객들을 치료한다. 최근 치과에 가면 어른들도 무서워하는 치과 치료를 웃으면서 받는 아이들이 있다. '웃음 가스'라고 하는 이산화질소를 흡수한 아이들이 기분 좋은 감정을 느끼면서 입 주위 근육이 경련해 웃는 얼굴을 하는 동시에 치료의 두려움이 사라진다는 것이다. 웃음은 행복을 느끼게 해주는 힘 외에도 두려움을 사라지게 하는 힘까지 가지고 있다.

이 실험을 통해 심리학자들은 다음과 같은 결론을 내렸다.

첫째, 웃음에는 강력한 힘이 있다.

둘째, 가짜 웃음이라도 짓는 것이 무표정보다 행복해질 수 있다.

웃음은 사회적 접착제다

웃음은 전염성이 강하다. 1962년 탄자니아에 기묘한 전염병이 돌았다. 빅토리아 호수 근처의 여자 기숙학교에서 갑자기 웃음병이 번지기 시작한 것이다. 여학생 몇 명이 웃음을 참지 못한 데서 시작한 이 병은 꼬리에 꼬리를 물고 삽시간에 전교생에게 전염되었고, 인근 마을까지 퍼져나가 1,000명 이상이 감염되었다.

웃음은 상대에게 선의와 즐거움, 그리고 봄바람 같은 따뜻함을 전한다. 자연스럽게 배어나는 미소는 천 마디의 말보다 큰 힘을 지녔으며 사람들을 가까이 끌어당기는 강한 흡인력이 있다. 세계적인 호텔 체인의 창업자인 힐튼은 자신의 성공에 대해서 이렇게 말했다.

"제 성공의 유일한 비결은 바로 미소였습니다. 저는 미소를 잃지 않은 덕분에 세계 제일의 부호가 되었지요."

그처럼 웃음의 힘을 효과적으로 사용한다면 당신 역시 영향력을 키울 수 있다. 다만 인간관계에서 웃음을 사용할 때는 다음의 몇 가지에 주의해야 한다.

(1) 웃음의 힘을 믿어라.

늘 웃는 얼굴을 한 사람은 매사에 긍정적이고 적극적이며 자신감에 차 있다는 인상을 준다. 사람들은 미소 짓는 사람에게 친근감을 느끼며 신뢰한다. 그러므로 웃음의 강한 전염성과 긍정적인 힘을 믿어야 한다. 특히 자신감 있는 미소가 더욱 영향력 있다는 사실을 잊어서는 안 된다.

(2) 자연스럽게 웃어라.

인위적이지 않고 자연스러운 미소를 지었을 때 상대는 당신이 친절하다고 생각하며 안정감을 느낄 것이다.

(3) 진심을 담아 웃어라.

미소는 아름다운 내면을 겉으로 드러내는 것이다. 진심 어린 웃음은 상대가 당신에게 공감하게 되는 계기를 만들어준다. 웃음이 두 사람 사이의 심리적 거리를 좁혀주는 것이다. 중요한 것은 우리에겐 웃음이 진심인지 아닌지 알아차릴 수 있는 감각이 있다는 것이다. 따라서 상대가 당신의 웃는 얼굴을 보고 진심을 담은 얼굴이라는 것을 느낄 수 있어야 한다. 진심 어린 미소를 본 사람은 자신이 환영받고 있다고 생각하며 당신에게 호감을 느낄 것이다.

(4) 상황에 맞게 웃어라.

　상황에 맞지 않는 미소는 오히려 역효과를 일으킬 수 있다. 예를 들어 엄숙한 분위기의 추도식이나 회의 등에 참석했을 때에는 미소가 적합하지 않다. 이런 경우 호감은커녕 부정적인 이미지를 남기게 될 것이다. 또 심각한 주제에 대해 이야기하거나 나쁜 소식을 전할 때 역시 미소를 지으며 말한다면 오히려 상대를 불쾌하게 만들 수 있다.

(5) 적당히 웃어라.

　미소는 상대에 대한 존중과 예절을 의미한다. 그러므로 미소를 잃지 않는 것이 좋지만 과한 것 역시 좋지 않다. 상대가 당신을 바라보거나 자신의 의견을 이야기할 때, 당신 역시 적당한 미소를 띠며 고개를 끄덕이는 것이 좋다. 만약 이때 당신이 과장되게 큰 소리로 웃는다면 호들갑스러워 보이거나 자신을 무시한다고 상대의 오해를 살 수도 있다.

(6) 대상에 따라 웃어라.

　상대가 누구인지에 따라 각각 다른 의미의 미소를 띠는 것이 좋다. 예를 들어서 연장자에게는 존경의 의미가 담긴 미소를, 아이에게는 관심과 사랑의 미소를, 몰래 짝사랑하는 사람에게는 부드러운 미소를 보내는 것이다.

  웃음은 전염성이 강하며, 여러 사람에게 당신을 광고할 수 있는 가장 효과적인 도구다. 항상 긍정적이고 적극적인 사람과 친하게 지내고 싶지 않은 사람은 없기 때문이다. 웃음은 당신 자신에게는 자신감을, 상대에게는 신뢰를 준다. 웃음의 힘을 믿고 이것을 잘 이용하는 사람은 자신의 영향력을 발휘하면서 조금은 덜 복잡하고 힘든 인간관계를 맺을 수 있다.

4

외모도 경쟁력이다

• 애런슨의 미녀 실험 •

미국의 톱 세일즈맨 프랭크 베트거Frank Bettger는 이렇게 말했다.

"매력적인 외모는 언제 어디서나 환영받는다. 반면 제대로 가꾸지 않은 외모는 나쁜 첫인상을 줄 뿐 아니라 소통 과정에서 주도권을 잃게 만든다."

베트거는 미국에서 가장 높은 연봉을 받는 유명한 보험 세일즈맨이다. 어느 날 그는 모임에서 한 기업의 회장을 소개받았다. 회장은 베트거의 상품에 큰 관심을 보였으며 두 사람은 자세한 이야기를 하기 위해 회장의 회사에서 다시 만나기로 약속했다. 그런데 약속 당일 갑자기 비가 내렸다. 베트거는 하는 수 없이 비에 젖어도 괜찮은 낡은 양복을 입고, 장화를 신은 채 약속 장소로 갔다.

베트거는 로비의 안내원에게 회장님과 약속했다고 말했지만 무려 한 시간이나 기다린 후에야 간신히 그를 만날 수 있었다. 더 당황스러운 일은 회장이 무척 냉담한 태도로 "알겠습니다. 나중에 이 일을 담당하는 직원과 이야기를 하시지요. 제가 지시해 둘 테니 그쪽으로 가십시오!"라고 말한 것이었다.

이전에도 여러 고객과 상담을 했지만 이런 대접은 처음이었다. 베트거는 집으로 돌아오는 길에 대체 무엇이 문제였는지 생각해 보기 시작했다. '설명이 좀 부족했나?', '평소와 똑같이 설명한 것 같은데 뭐가 문제였을까?', '왜 나를 이렇게 냉대한 거지?' 골똘히 생각해 보았지만 도무지 이유를 알 수 없었다.

그렇게 생각에 잠겨서 길을 걷던 그는 무심코 쇼윈도에 비친 자신의 모습을 보고서야 비로소 이유를 알게 되었다. 낡은 양복을 입고 장화를 신은 자신이 흡사 유랑민 같았기 때문이다. 이렇게 불성실하고 무례해 보이는 모습에 오늘 계약을 성사시키지 못한 것이다. 이전에는 깔끔한 정장을 입어서 활기차고 자신감이 넘치는 사람으로 보인 덕분에 언제나 고객의 환대를 받았다. 하지만 꼬질꼬질한 지금의 모습은 자신조차 끔찍했고 고객의 냉대는 당연하다고 생각했다.

매력적인 외모가 가져다주는 것들

처음 만났을 때 회장은 분명히 베트거에게 좋은 인상을 받았다. 하지만 두 번째 만남에서 돌연 태도를 바꾼 것은 '미녀 효과' 때문이다. 이는 사람들이 외모가 깔끔하고 매력적인 사람에게 더 호감을 느끼고 가까이하려는 심리를 일컫는 말이다. 미녀 효과는 사람들의 판단과 행위에 큰 영향을 미친다.

어떤 사람을 처음 만났을 때 가장 먼저 눈에 들어오는 것은 겉으로 드러나는 모습, 바로 외모다. 일반적으로 사람들은 외모가 단정하고 아름다운 사람을 더 좋아하고 매력적으로 느낀다.

그 이유는 영화와 TV 등 여러 매체에서 '아름다운 사람이 더 쉽게 사랑받을 수 있다'고 암시하기 때문이다. 사람들은 이러한 암시의 영향을 받아 아름다운 외모가 곧 사랑의 시작이라고 생각하게 되었다. 또한 아름답거나 매력적인 외모의 소유자와 함께 있는 것을 영광스럽거나 자랑스럽다고 여기는 허영심도 영향을 준다. 여기에 아름다운 외모를 가진 사람은 특별한 어려움 없이 편안해 보이고, 어떤 분야에서든 뛰어난 능력을 발휘할 것이란 고정관념도 한몫했다.

애런슨의 미녀 실험

　미국의 심리학자 엘리엇 애런슨Elliot Aronson과 동료들은 '미녀 효과'에 관해 실험했다. 멋지고 아름다운 외모를 가진 사람이 얼마나 주목을 받는지 알아본 것이다.

　그들은 실험 참가자를 모집한 뒤 다양한 파티를 열어 낯선 사람들을 만나게 하고 함께 사진을 찍도록 유도하는 등 서로 친해질 기회를 제공했다. 그런 후 참가자들에게 파티에 온 사람들 중 누구와 다시 만나고 싶은지 물었다. 그러자 참가자들 모두 외모가 뛰어난 사람을 지목했다.

　이외에도 사회심리학자들은 미녀 효과에 관한 많은 실험을 했다. 그중에는 사심 없이 공정하게 판결해야 하는 판사 역시 외모의 영향을 받을 수 있음을 입증한 것도 있다. 심리학자 해럴드 시걸Harold Sigall과 낸시 오스트로브Nancy Ostrove는 실험 참가자에게 판사 역할을 맡기고 몇 가지 범죄사건에 관한 자료를 주었다. 자료에는 범인의 사진이 첨부되어 있었는데 훌륭한 외모를 가진 사람도 있었고 그렇지 않은 사람도 있었다.

　자료를 모두 읽은 판사들이 범인들에게 내린 판결은 놀라웠다. 그들은 똑같은 범죄를 저지른 강도범이라도 외모가 훌륭한 사람에게는 그렇지 않은 사람보다 평균 3년 정도 낮은 징역형을 내린 것이다.

이 실험을 통해 심리학자들은 다음과 같은 결론을 내렸다.

첫째, 외모는 타인을 이해하거나 그에 대한 인상이 형성되는 과정에 큰 영향을 미친다.

둘째, 외모는 사람을 평가하는 기준 중 하나다. 외모가 아름다운 사람은 긍정적인 평가를 얻을 수 있다.

메라비언의 규칙

주변 사람들을 관찰해 보자. 타고난 재능이나 특별한 능력이 없어도 외모가 아름답거나 멋지다는 이유만으로 인기 있는 사람이 있다. 아마 모든 사람이 그를 좋아하며 친해지려 하므로 친구를 사귀는 데 어려움이 없고 인간관계도 좋을 것이다.

미국 캘리포니아 대학 심리학과 교수이자 인간관계 전문가 앨버트 메라비언Albert Mehrabian은 첫인상의 영향력을 '7-38-55의 규칙'으로 설명할 수 있다고 주장했다. '메라비언의 규칙'으로 불리는 이것은 첫인상에 영향을 미치는 세 가지 요소와 그 비율에 대한 것이다. '이야기의 내용'이 7%, 속도, 어조, 음량 등 '말하는 방식'이 38%, 표정, 몸짓, 행동, 복장 등 '비언어적인 정보'가 55%로 각각 첫인상에 영향을 미친다는 의미다. '7-38-55의 규칙'은 한 사람의 겉으로 드러나는 정보인 외모가 매우 중요한 작용을 한다는 것을 보여 준다.

외모에서 가장 큰 부분을 차지하는 것이 바로 복장이다. 일상생활에서 신체의 89%는 옷으로 가려져 있기 때문에 다른 사람이 당신을 볼 때 가장 먼저 눈에 띄는 것은 당신이 입고 있는 옷이다. 여기서 중요한 것은 체형이 아니라 자신과 잘 어울리는 옷을 입는 것이다. 옷의 재질, 디자인, 색상, 장식 등은 그 사람의 독특한 개성을 드러내기 때문에 영향력을 키우고 싶을 때 가장 먼저 신경 써야 할 부분이다.

또한 자신의 나이나 직책에 잘 어울리는 복장과 장신구를 선택하는 것도 무척 중요하다. 중장년층은 젊은 사람이 절대 가질 수 없는 원숙미가 있으며 젊은 사람은 그만의 독특한 활기가 있다. 그러므로 나이와 직책, 체격, 피부색, 성격 등과 잘 어울리는 옷을 구매하는 것이 좋다.

일반적으로 사람들은 외모가 단정하고 매력적인 사람이 성격도 더 명랑하고 긍정적이며, 사교적이고 자제력도 강할 것이라고 생각한다. 이처럼 아름답고 멋진 외모는 당신의 중요한 자원이자 경쟁력이며 그 자체로 영향력이다. 그러므로 이것을 최대한 개발해서 타인의 주목을 받고 영향력을 발휘할 수 있도록 해야 한다.

5

감정도 물들고 퍼진다

● 크리스태키스의 감정 전염 실험 ●

1930년 2월 9일, 중국의 근대화를 이끈 철학자이자 교육자인 차이위안페이蔡元培의 칠순 잔치가 열렸다. 베이징 대학의 총장을 지낸 그의 명성에 걸맞게 많은 사람들이 찾아왔고 축하 인사를 건넸다. 그러자 흥이 난 차이위안페이가 모두에게 감사의 뜻을 전하면서 이렇게 말했다.

"여러분 안녕하세요. 이렇게 한자리에 모인 여러분들을 보니 너무 반갑고 기쁩니다. 지난 칠십 년을 살아오면서 저는 자신을 특별한 사람이라고 생각해 본 적이 단 한 번도 없습니다. 그저 다른 사람들보다 몇 가지 일을 더 했을 뿐인 평범한 사람이죠. 그런데 이번 생일을 맞이하면서 곰곰이 생각해 보니 오히려 지난 육십구 년간 잘못한 일이 더 많았던 것 같다는 생각이 들었습니다. 그러니 저에게 더 오래 살라는 덕담은 더 오랫동안 잘못을 저지르라는 뜻이 아니겠습니까?'

그의 농담에 손님들은 식당이 떠나가라 크게 웃으며 즐거워했다. 덕분에 흥겨운 분위기 속에서 잔치는 계속되었고 손님들 역시 편안한 마음으로 즐길 수 있었다.

차이위안페이는 이렇게 재치 넘치는 농담으로 자신의 칠순 잔치를 더욱 활기차고 즐거운 분위기로 만들었다. 만약 이날의 주인공인 그가 줄곧 엄격한 표정으로 침묵을 지키고 있었다면 어땠을까? 결코 화기애애한 분위기를 조성할 수 없었을 것이다.

감정 바이러스

기쁨, 분노, 슬픔, 즐거움 등 다양한 감정은 표현 방식에 따라 저마다 다른 효과를 일으킨다. 하지만 모든 감정이 공통으로 가지고 있는 효과가 있다. 바로 전염성이다. 감정을 표현할 때 드러난 자세, 표정, 음성의 높낮이 언어 등을 통해 상대까지 자연스럽게 같은 감정을 느끼는 것이다. 심리학에서는 이러한 현상을 '정서적 전염Emotional

Contagion'이라고 한다.

정서적 전염은 우리 생활의 모든 부분에서 작동한다. 한 개인은 여러 명의 다른 개인, 그리고 그러한 개인들로 이루어진 집단들과 매우 촘촘하고 광범위하게 연결되어 있다. 이 연결고리 속에서 서로 크고 작은 영향을 주고받으며 생각하고 판단하고 행동한다. 이때 감정의 주고받음이 이루어지고, 그 과정에서 감정은 전염된다.

정서적 전염은 남들과 같은 행동을 하고 싶어하는 인간의 본성에서 출발한다. 갓 태어난 아이가 엄마의 젖을 먹을 때 표정을 자세히 살펴보면 엄마의 표정을 따라 하는 것을 알 수 있다. 이처럼 태어나자마자 상대의 감정을 모방하는 것은 선천적인 본능이다. 이 본능에 충실하기 위해 감정은 바이러스처럼 전염성을 퍼트린다. 친구 중 누군가가 우울감에 빠져 있으면 함께 있는 시간 동안 덩달아 우울해지거나, 올림픽이 한창인 시기에 국가대표 선수가 금메달을 따면 나라 전체가 즐거움으로 들썩거리는 것 모두 감정이 전염된 결과다.

따라서 다른 사람과 교류할 때는 자신이 전달하고자 하는 정보를 정확하게 제시하는 동시에 즐겁고 유쾌한 감정을 드러내는 것이 좋다. 앞서 이야기한 차이위안페이의 사례처럼 상대가 맘을 터놓기 편안한 분위기를 만드는 것이다.

심리학 연구에 따르면 감정은 좋은 첫인상을 만드는 데 매우 중요한 작용을 한다. 비록 보이지 않지만 감정 교환은 의사소통의 기본 원칙에 기인하고 있기 때문이다. 인간은 대화 중 상대의 표정이나 몸짓을 모방하거나 상대의 감정에 동화되는 경향이 있다. 그렇기 때문에 사람들과 교류할 때 좋은 감정을 드러내어 전달하면 상대를 기분 좋게 만드는 동시에 긍정적인 첫인상을 각인시킬 수 있다. 이러한 상대와의 대화는 좋은 분위기에서 원활하게 이어질 것이다.

크리스태키스의 감정 전염 실험

미국 캘리포니아 대학 노화센터 소장인 게리 스몰Gary Small 박사는 감정의 전염성에 관한 실험을 했다. 그는 언제나 긍정적이고 명랑한 실험 참가자 한 명과 온종일 우울한 표정으로 걱정을 안고 사는 것 같은 실험 참가자 한 명을 한 시간 동안 함께 있도록 했다. 그러자 30분도 채 지나지 않아 긍정적이고 명랑한 실험 참가자가 활기를 잃고 우울한 감정을 드러냈다.

스몰 박사는 이와 같은 실험을 몇 차례 반복한 뒤 한 사람의 부정적인 감정이 단 20분 만에 다른 사람에게 전염된다는 사실을 증명했다. 특히 예민한 감성을 지녔거나 타인에게 잘 공감하는 사람일수록 더 빨리 상대의 감정에 전염되며, 이 과정은 양쪽 모두 감정의 전염을 눈치채지 못하는 사이에 이루어졌다.

다른 심리학자들 역시 실험을 통해 '좋은 감정이든 나쁜 감정이든 감정은 다른 사람에게 전염된다'는 사실을 밝혀냈다.

하와이 대학의 심리학과 교수인 일레인 해트필드Elaine Hatfield와 그녀의 동료들은 "희로애락이라는 감정의 전염은 수천분의 1초 안에 일어난다"고 발표했다. 눈 한 번 깜빡이기도 전에 감정의 전이가 일어나기 때문에 전염된 사람은 미처 알아차리지 못한다고 설명했다.

하버드 대학의 니콜라스 크리스태키스Nicholas Christakis 의과대학 교수와 캘리포니아 대학 샌디에이고 캠퍼스의 제임스 파울러James Fowler 교수는 함께 '즐거움 전염 실험'을 했다.

그들은 실험 참가자 4,739명을 20년 동안 추적 실험한 후, 5만 개에 달하는 그들의 사회관계를 분석했다. 그 결과 '즐거움'이라는 감정이 주로 가족과 친구, 이웃, 룸메이트에게 전해진다는 사실이 밝혀졌다. 또한 자료를 통계학적으로 분석해 보니 한 사람이 즐거움을 느꼈을 때 그의 친구 중 14% 역시 즐거움을 느끼며, 가족은 9%, 이웃은 8%가 즐거워하는 것으로 나타났다. 함께 방을 쓰는 룸메이트에게 즐거움이 전염될 확률은 34%까지 증가했다.

이밖에도 그들은 전염된 감정이 길게는 1년 이상 지속되며, 심지어 인맥 밖에 있는 사람에까지 영향을 준다는 것을 알아냈다. 한 사람이 즐거움을 느꼈을 때 그의 친구가 행복할 확률은 14% 증가했으며, 그 친구의 친구가 행복할 확률이 10%, 그리고 친구의 친구의 친구가 행복할 확률이 6% 증가한다는 것이다. 나의 감정이 '친구의 친구의 친구'에게까지 영향을 미친다는 것을 알 수 있다. 이와 관련해서 크리스태키스는 이렇게 말했다.

"우리는 연구를 통해 한 사람의 즐거움이라는 감정이 단지 당사자에게만 한정되지 않는다는 사실을 알 수 있었다. 바꾸어 말하자면 당신이 느끼는 감정은 당신 자신의 생각과 행위가 아니라 전혀 모르는 누군가의 영향을 받아서 만들어진 것일 수도 있다는 의미다."

중국에는 '고루(높은 곳에 위치한 다락집)에 달이 먼저 뜬다'는 말이 있다. 가까이 있는 사람이나 사물이 나에게 더 유리하게 작용한다는 뜻이다. 이는 감정의 전염에도 마찬가지로 적용된다. 우리의 감정은 자주 어울리는 친한 친구나 가까이 사는 이웃에게 더 쉽게 전염되며, 설령 형제자매라고 하더라도 멀리 산다면 감정의 영향을 받을 확률이 훨씬 낮다.

이상의 실험들을 통해 심리학자들은 다음과 같은 결론을 내렸다.

첫째, 좋은 감정이든 나쁜 감정이든 모두 전염성이 있다.

둘째, 감정은 매우 빠르게 전염되며 그 범위는 무척 광범위하다.

셋째, 감정의 전염은 눈치채지 못하는 사이에 이루어진다.

감정은 저절로 전달되지 않는다

크리스태키스는 "사람과 사람 사이에 퍼져가는 것은 병균뿐만이 아니다. 행동도 전염된다. 그리고 이는 감정의 전염으로 이어진다"고 말했다.

이는 전염성이 강한 감정을 효과적으로 관리한다면 다른 사람의 감정과 태도, 행동에 영향을 미칠 수 있다는 것을 뜻한다. 그러므로 다양한 감정들이 어떠한 영향력을 지니고 있는지, 어떤 방식을 사용해야 더욱 효과적으로 감정을 드러낼 수 있는지 명확하게 파악할 필요가 있다.

감정을 관리하기 위해서는 우선 자신과 상대가 처한 상황을 면밀하게 파악해야 한다. 인간의 감정은 다양한 만큼 각기 다른 정보를 전달하며 표현방식 역시 제각각이다. 관련 연구에 따르면 겉으로 드러나는 표정, 말투, 자세만으로도 그 사람의 성격과 심리상태를 알 수 있다고 한다.

만일 업무 협상 과정에서 상대가 입을 다문 채 무언가 마음에 들지 않는다는 표정을 짓고 있다면 협상은 순조롭지 않을 것이 분명하다. 반대로 입가에 미소를 머금은 채 밝은 표정으로 이야기한다면 순조로운 협상 끝에 성공적으로 마무리할 가능성이 크다.

상대에게 감정을 전달해서 영향력을 발휘하고 싶다면 우선 상대가 처한 상황에서 여러 감정이 어떠한 역할을 발휘할지 정확하게 파악해야 한다. 불안함이나 초조함을 드러내는 상대에게 똑같이 부정적인 감정을 드러내거나 강압적인 분위기를 풍긴다면 오히려 상황이 악화될 수도 있다. 이럴 때는 차분함으로 상대의 불안을 감소시킨 뒤 밝고 자신에 찬 감정을 드러내 신뢰감을 형성하는 것이 좋다. 즉 상대의 표정이나 몸짓, 말투 등을 통해 그가 처한 상황을 파악한 뒤 전략적으로 그에 알맞은 감정을 드러내는 것이다. 상대는 자신의 심리상태를 정확히 인지하고 상황과 조화를 이루는 감정을 드러내는 당신에게 긍정적인 피드백을 전달할 것이다. 이때가 바로 당신의 영향력이 커지는 순간이다.

상대가 처한 상황을 파악했다면 적합한 감정을 전달하는 것이 순서다. 우리가 감정을 드러낼 때는 그에 적합한 매개체를 선택해야 한다. 말투, 표정, 스킨십, 언어 등이 그것이다. 이 중에서도 언어는 감정을 표현하는 가장 일반적인 방법이다. 상대 역시 당신이 사용하는 언어를 통해 당신의 감정을 알아차릴 것이다. 표정 역시 감정을 전달하는 매우 직접적인 매개체다. 우리는 다른 사람의 표정을 모방하는 본능을 지녔고, 모방의 결과로 그 사람과 같은 감정을 느끼게 되기 때문이다. 통화하는 상대가 표정을 볼 수 없음에도 텔레마케터에게 일할 때 미소를 짓도록 훈련시키는 것도 이 때문이다.

이처럼 감정을 통해 다른 사람에게 영향력을 발휘하고 싶다면 자신의 감정을 효과적으로 관리하고 그에 알맞은 매개체를 선택해야 한다. 적당한 매개체를 통해 상황에 맞는 감정을 드러낸다면 좋은 인간관계를 유지하는 데 큰 영향을 미칠 수 있다.

6

스스로 상처받지 않을 권리

● 블룸의 자신감 실험 ●

한 여성이 있었다. 그녀는 그다지 똑똑하지도, 예쁘지도 않았으며 주변 사람들에게 큰 주목을 받지 못했다. 외모 탓일까. 그녀는 자신감이 크게 떨어진 모습이었다. 어느새 자신을 가꾸는 데 흥미를 잃었고 단정하지 못한 모습으로 생활했다. 매사에 의욕이 없어 보이는 모습으로 학교에 다녔다.

그 모습을 유심히 지켜본 심리학과 교수는 그녀의 친구들에게 오늘 하루 그녀를 매력적인 여성으로 대해 달라고 부탁했다. 친구들은 그녀를 만날 때마다 "오늘 정말 예쁘다!", "너 이거 정말 잘하는구나. 실력이 대단한데!", "오늘 발표 정말 좋았어!" 등의 칭찬하는 말을 건넸다. 이후에도 친구들은 그녀를 '똑똑하고 예쁜 여대생'으로 대하며 함께 영화를 보거나 식사를 하자고 제안했다.

1주일 뒤 놀라운 일이 벌어졌다. 그녀의 외모가 눈에 띄게 아름다워졌으며 말투와 행동 역시 크게 달라진 것이다. 완전히 다른 사람이라고 해도 믿을 정도였다. 매사에 의욕 없던 모습은 온데간데없고 수업에 적극적으로 참여하고 새로운 것에 도전하려는 의지를 보였다. 좀처럼 누군가에게 먼저 말을 걸지 않던 그녀는 어느새 처음 보는 사람에게 먼저 인사를 건넬 정도로 활발한 성격이 되었다. 대체 무엇이 겨우 1주일 만에 그녀를 이렇게 변화시켰을까?

사실 그녀의 외모는 바뀐 것이 없었다. 변한 것은 마음가짐뿐이었다. 하지만 마음이 변하자 외모에서 자연스러운 여유와 아름다움이 풍겨 나왔다. 주변 사람들의 칭찬을 받은 그녀는 예전과 달리 자신을 믿고 받아들이기 시작했다. 그녀는 더 이상 단정하지 못하고 칠칠치 못한 여대생이 아니었다. 무슨 일이든 적극적으로 자신의 의견을 말하고 긍정적으로 임했다. 자신을 드러내는 것을 두려워하지 않았으며 긍정적으로 생각하고 행동했다. 그러자 사람들은 그녀의 외모 역시 무척 아름다워졌다고 생각했다. 결국 자신감이 그녀를 변화시킨 것이었다.

자신감은 내 안에 있다

치열한 경쟁 속에서 자신감은 스스로를 지키는 큰 힘이다. 자신감 있는 사람은 긍정적인 자기암시를 하지만 자신감 없는 사람은 자신을 비하하며 점차 수동적으로 변화하기 때문이다.

그래서일까. 강한 영향력을 지닌 사람은 일반 사람들보다 훨씬 큰 자신감을 가지고 있으며 이를 바탕으로 자신에게 더 높고 많은 요구사항을 끊임없이 제시하고 수행한다. 물론 그들도 실패와 좌절을 겪는다. 그러나 자신감을 바탕으로 담대하게 행동해 결국 더 커다란 성과를 거둔다. 자신감이란 스스로와 세상을 바라보는 관점으로 그 사람의 마음 자세이다. 따라서 보다 높은 자신감을 지닌 사람은 주어진 상황을 마주함에 있어 머뭇거리거나 두려워하지 않는다. 또한 완벽한 몰입이 가능하다.

심리학자인 안나 프로이트Anna Freud는 "나는 늘 바깥에서 힘과 자신감을 찾았지만 그것은 언제나 내 안에 있었다"고 말했다. 자신감이란 언젠가 나에게도 생기겠지 하는 안일한 생각만으로는 결코 얻을 수 없다. 내가 가진 모든 것을 걸고 적극적으로 행동할 때 비로소 조금씩 모습을 드러낸다. 따라서 가장 먼저 자신을 믿고 긍정적 에너지를 발산해야 한다. "나 자신에 대한 자신감을 잃으면 온 세상이 나의 적이 된다"는 미국의 철학자이자 시인인 랠프 월도 에머슨Ralph Waldo Emerson의 말을 기억하자.

블룸의 자신감 실험

자신감이 성공의 기초이자 영향력의 시작이라는 사실은 심리실험으로도 증명되었다. 교육심리학자인 벤저민 블룸Benjamin Bloom은 고등학생을 대상으로 흥미로운 실험을 진행했다.

우선 48명의 학생을 선발하여 IQ 테스트를 했다. 그리고 그 결과를 학생들에게 통보했다. 이때 테스트 결과를 조작했다. 평균 이상의 IQ가 나온 학생들에게는 오히려 낮은 점수를 통보했고, 평균 이하의 IQ가 나온 학생들에게는 반대로 높은 점수를 통보한 것이다.

그리고 시간이 지난 뒤 블룸은 다시 이들 학생의 IQ 테스트를 실시했다. 그 결과 재미있는 점수가 나왔다. 높은 점수를 받은 학생들은 첫 테스트의 실제 점수보다 높은 IQ 점수를 받았고, 반대로 낮은 점수를 받은 학생들은 첫 테스트의 실제 점수보다 낮은 IQ 점수를 받은 것이다. 결국 자신감이 학생들을 변화시킨 것이다.

실험을 통해 심리학자들은 다음과 같은 결론을 내렸다.

첫째, 자신감이 지닌 힘은 무궁무진하며 빠른 속도로 사람을 변화시킨다.

둘째, 자신감이 있는 사람은 자신의 모습을 받아들이며 자기 비하하지 않는다.

미국의 한 골프 스쿨은 "골프는 10%의 기술과 90%의 자신감으로 치는 것이다"라고 가르친다. 블룸 교수는 정상에 오른 운동선수나 예술가들을 살펴본 결과 그들의 성공은 타고난 재능이 아닌 놀라운 추진력과 결단력이라고 평가했다. 그리고 추진력과 결단력은 모두 자신감에서 나온다는 것이다. 자신에 대한 신뢰와 용기가 무언가를 결정하고 앞으로 나아갈 수 있도록 이끌어주는 셈이다.

이러한 사람들은 스스로를 받아들이며 상황을 긍정적으로 받아들인다. 설령 기대에 미치지 못한 결과가 주어진다고 해도 '나는 안 돼', '역시 나는 할 수 없어'라고 실망하거나 자신을 비하하지 않는다. 그보다는 실패의 원인을 분석하고 성장의 기회로 삼는다. 이는 다시 새로운 자신감을 틔우는 씨앗이 된다.

자신감은 빠른 속도로 사람을 변화시킨다

자신감이 있는 사람은 자신의 새로운 모습을 찾는 것에 익숙하다. 그들은 자신의 장단점을 명확하게 알고 있어서 단점을 고치고 장점을 활용해서 영향력을 키운다. 또 다른 사람의 의견을 잘 받아들이며 자조自嘲 섞인 유머를 구사해서 상대의 마음을 편하게 만들 줄도 안다. 자신감이 있는 사람은 자존감이 높기 때문에 타인으로부터 존중받는 법도 알고 있다. 그러나 너무 과한 자존감 때문에 주변 사람들을 거북하고 부담스럽게 만들지도 않는다. 그들은 사람들과 직접적 소통하는 데 익숙하며 항상 솔직하고 성실하므로 많은 사람에 둘러싸여 있다.

그렇다면 어떻게 해야 자신감을 키울 수 있을까?

먼저 자신을 특별하게 만들어야 한다.

심리학에서 말하는 '자신을 인정하라'는 말은 스스로 대단하다고 생각하라는 것이 아니다. 자신이 '보통 사람'이라고 생각하라는 의미다. 보통 사람인 자신을 다른 사람보다 뛰어나고 돋보이게 하고 싶다면 반드시 우수한 자질을 갖춰야 한다. 즉 자신을 반짝이게 만들 무언가를 할 줄 알아야 한다. 그러므로 끊임없이 배우고 익혀서 장점을 극대화하고 자신만의 특별함을 만들어내야 한다.

그 다음 끊임없이 자기암시를 한다.

자신감이 개인에게 미치는 영향력은 매우 중요하지만 자신감으로 충만한 사람이 되는 것은 결코 쉬운 일이 아니다. 사실 모든 사람의 마음에는 어느 정도 자신을 비하하는 심리가 숨어 있다. 그러므로 우리가 해야 할 일은 이러한 자기 비하의 심리가 커지지 않도록 끊임없이 자신을 다독이는 것이다. 쉬지 않고 다음과 같이 속삭이자. '나는 반드시 할 수 있어! 나는 다른 누구보다 잘해낼 수 있어! 완벽하게 준비되어 있으니 문제없어!'

그러면 자신을 긍정적으로 받아들이고 자신감이 증대되어 주변 사람에게 미치는 영향력 역시 점점 커질 것이다.

마지막으로 나만의 뚜렷한 주관을 세운다.

주관이란 자신의 판단과 생각을 믿고 적극적으로 드러내지만, 이것이 반드시 다른 사람의 인정을 받을 필요는 없다고 생각하는 것이다. 이는 독단적인 것과는 다르며 개방적인 자세로 다른 사람의 의견을 받아들이는 동시에 자신의 주장을 펼치는 것을 의미한다.

영국의 알프레드 로버츠Alfred Roberts라는 사람은 자신의 딸에게 언제나 다음과 같이 말했다.

"마거릿, 절대 '일반적인' 것을 하지 말거라. 사람들이 이미 한 적이 있는 일은 생각조차 할 필요 없단다. 네가 스스로 하고 싶은 일에 대해서 깊이 생각하고 확신이 생기면 사람들이 너의 방식을 따르도록 설득하렴."

어린 마거릿은 이러한 아버지의 영향을 받아 어렸을 때부터 자신감을 길렀으며 주관이 뚜렷한 사람으로 성장했다. 그녀는 훗날 영국의 총리가 된 마거릿 대처Margaret Thatcher다.

자신의 관점을 숨기는 것은 자신을 속이는 것과 같으며 무슨 일이든 주관 없이 남의 생각만 따라서는 안 된다. 주관이 뚜렷한 사람만이 성공할 수 있음을 잊지 말자.

Chapter 04

혼자보다 여럿, 집단의 힘

인간의 사회적 욕구를 이용하는 법

(싸우고 미워하면서도 인간은 혼자 살아가려하지 않는다)

1

존재만으로도 힘이 된다
● 코트렐의 사회촉진 실험 ●

개미는 눈과 얼음으로 덮인 북극과 남극, 그리고 몇몇 섬을 제외한 전 세계 모든 대륙에 살고 있다. 깊은 땅속, 썩은 나무숲이나 두엄, 죽은 나무에 집을 짓고 살아가는 생명력이 강한 곤충이다. 현재 서식하고 있는 종만 9,000종이 넘는다.

개미의 가장 큰 특징은 군집이라 불리는 고도의 조직사회를 구성하고 있다는 것이다. 여왕개미를 중심으로 일개미들의 업무는 체계적으로 나누어져 있으며 군집생활에 필요한 구조를 갖추고 있다. 〈개미와 베짱이〉라는 이솝 우화에서 성실하게 일하는 개미의 모습이 등장한 것도 개미의 생활 방식에서 비롯된 것이라 하겠다.

그런데 재미있는 것은 이렇게 열심히 일하는 개미들도 다른 개미들과 함께 있을 때 더욱 빨리 흙을 파고 먹이를 모은다는 사실이다. 실제로 한 마리의 개미가 먹이를 운반할 때보다 주변에 다른 개미가 있을 때 더 빨리 먹이를 운반하는 것을 확인할 수 있다. 주변에 개미가 많을수록 운반 속도는 더욱 증가한다. 이는 동료에게 잘 보이기 위해서도 아니고, 서로 경쟁하기 위해서도 아니다. 단지 누군가 옆에 있다는 사실 하나만으로도 능률이 올라가는 것이다. 이러한 현상은 인간을 포함한 대부분의 동물에게 적용된다.

바퀴벌레는 다른 바퀴벌레가 보고 있으면 더 빨리 뛰고, 사람들은 혼자 밥을 먹을 때보다 다른 사람들과 함께 먹을 때 평소보다 더 많이 먹는다. 학생들이 집보다는 도서관에 가서 공부하고 싶어하는 것도 같은 이유다. 나처럼 공부하는 동료가 있다는 존재감만으로 힘을 얻고 더 높은 성적을 얻는다.

혼자일 때보다 여럿일 때 능률이 오른다

어떤 일을 할 때 다른 사람과 함께하거나 지켜보는 사람이 있으면 집중도 잘되고, 성과도 좋았던 경험이 있을 것이다. 반면에 혼자서 이리저리 뛰어다니며 분주하게 일해도 두뇌 회전이 따라 주지 않거나 마음먹은 대로 일이 풀리지 않기도 한다.

심리학에서는 이것을 '사회촉진 현상Social Facilitation'이라고 부른다. 사회촉진 현상은 사람들이 공동으로 작업하거나 다른 사람이 옆에서 지켜보고 있을 때 일의 효율이 오르는 현상을 가리키는 말이다. 이것은 사회심리학자 노먼 트리플렛Norman Triplett의 아주 우연한 관찰에서부터 시작되었다.

그의 이론은 다른 심리학자들의 후속 연구를 통해 증명되었다.

코트렐의 사회촉진 실험

심리학자 레너드 코트렐Leonard Cottrell은 실험 참가자인 학생들에게 아무 의미도 없는 단어를 제시한 후 최대한 많이 기억하도록 요청했다. 그리고 화면에 배운 단어와 배우지 않은 단어들이 무작위로 빠르게 지나가도록 한 다음 그중에서 배운 것만 골라내라고 했다. 이 실험에서 학생들은 세 그룹으로 나뉘어 서로 다른 조건에서 단어를 외웠다.

첫 번째 그룹은 학생 한 명이 혼자 방 안에서 단어를 암기했다. 두 번째 그룹은 단어를 외우는 학생은 한 명이지만 방 안에 다른 친구 두 명도 있었다. 이 친구들은 모두 실험에 큰 관심을 보였다. 세 번째 그룹은 두 번째 그룹과 같은 상황이었으나 친구 두 명은 이 실험에 전혀 관심이 없었다.

실험 결과 첫 번째와 세 번째 그룹의 학생들이 찾아낸 단어 개수는 거의 비슷했고, 두 번째 그룹의 학생들은 이보다 훨씬 많은 수의 단어를 찾아냈다. 사회촉진 현상이 발생한 것이다.

코트렐은 후속 실험에서 시 암송, 작문하기, 수학 문제 풀기 등 집중력이 많이 필요한 일을 할 때 집단의 영향이 더욱 커지는 것을 확인했다.

이 실험을 통해 심리학자들은 다음과 같은 결론을 내렸다.

첫째, 내 곁에 함께 있는 사람에게는 보이지 않는 영향력이 있다.

둘째, 현장에 다른 사람이 함께 있다고 해서 반드시 일의 효율이 오르는 것은 아니며 그 반대의 경우가 발생할 수도 있다.

타인의 존재를 현명하게 활용하라

사회촉진현상에 대해 명확하게 이해한다면 그것의 긍정적인 영향력을 활용하는 동시에 부정적인 영향을 극복할 수 있다. 그렇다면 어떻게 해야 타인의 영향을 받아 일의 효율을 더 높일 수 있을까?

심리학 연구에 따르면 어떤 사람이 매우 숙련된 일을 할 경우 사회촉진 현상이 큰 작용을 일으킨다고 한다. 꽤 숙련된 일을 해야 할 때 대담하게 다른 사람들 앞에서 해보자. 그러면 일의 효율과 수준을 높일 수 있으며 동시에 자신감을 기를 수도 있다. 하지만 아직 숙련되지 않은 일이라면 반대로 효율을 떨어뜨릴 수도 있으니 주의를 기울여야 한다. 이런 경우에는 먼저 더 공부하고 열심히 연습하는 것이 우선이다. 만약 아직 숙련되지 않았는데 다른 사람이 지켜보는 데서 해야 하는 상황이라면 그에게 가르침을 청하거나 도움을 구하는 태도를 보이는 것이 좋다. 그렇게 해서 긴장을 풀고 편안한 마음으로 최선을 다해서 가장 좋은 성과를 거둘 수 있도록 해야 한다.

2

팔은 안으로 굽는다

• 타즈펠의 편애 실험 •

1990년대 6번의 우승을 차지하며 미국프로농구연맹NBA 최고의 팀으로 떠올랐던 시카고 불스. 하지만 이 팀이 한때는 NBA 팀에서 약체로 손꼽히곤 했다는 사실을 아는 사람은 많지 않다. 시카고 불스가 NBA 최고의 팀이 되는 기적을 이룬 신화의 중심에는 슈퍼스타 마이클 조던Michael Jordan이 있다.

조던은 농구를 좋아하는 사람이라면 누구나 좋아하는 선수이자 전설로 기억된다. 마치 중력을 무시한 채 허공을 가르는 듯한 엄청난 점프 실력과 집요한 수비, 골대에 시원하게 내리꽂는 덩크슛은 많은 사람들을 열광하게 만들었다.

여기에 탁월한 말솜씨와 외모로 대중을 사로잡는 능력까지 겸비한 그는 코카콜라, 나이키 등과 같은 세계 최고 기업의 광고 모델로도 등장해 세계에서 가장 부자인 운동선수에 이름을 올리기도 했다.

그런 그는 어느 날 갑자기 팀 탈퇴를 선언했다. 야구선수가 되겠다는 이유에서였다. 탈퇴 선언 전 그의 아버지가 두 명의 부랑자에 의해 살해당하는 충격적인 사건이 있었다. 조던은 평소 자신이 야구선수로 성공하길 바랐던 아버지의 소망을 뒤늦게나마 이뤄주고 싶다고 말했다.

코트의 황제가 야구선수 생활을 시작한 곳은 화이트삭스의 마이너리그였다. 하지만 코트를 날아다니던 모습과 달리 야구장에서의 그는 실력이 형편없는 선수일 뿐이었다. 조던은 야구선수가 되겠다는 선언을 한 지 1년 만에 농구 코트로의 복귀를 선언했다. 그의 농구 실력을 믿는 팬과 팀원들은 그를 반겼다.

돌아온 조던은 농구 역사상 영원히 남을 기록을 달성했다. 그가 복귀한 시즌의 시카고 불스는 우승했으며 그는 득점왕을 차지했다. 그가 다시 모델이 되어 세계 곳곳의 나이키 매장을 북적이게 만든 운동화 '에어 조던'의 출시 역시 이 시기에 이루어졌다. 2003년에 코트를 떠난 마이클 조던. 그의 성공에는 모든 영광을 팀과 함께 나누겠다는 헌신이 있었다.

그는 언제나 개인의 기록보다 팀의 승리를 먼저 생각했다. 팀을 향한 그의 열정은 팀원들에게 존경심을 불러일으켰다. 주장이었던 그는 동료 선수들에게서 팀을 원활하게 이끄는 힘을 얻었다.

팀을 먼저 앞세우고 승리의 기쁨을 모두에게 돌리는 조던의 모습은 그의 대화 방식에서도 드러났다. 경기에서 승리한 후 각종 인터뷰를 진행할 때 그는 결코 '내가'라는 단어를 쓰지 않았다. 오히려 '팀을 위해' '여러분 덕분에' '우리의 노력으로'와 같은 말을 사용했다. 흑인인 그가 백인우월주의 사회에서 가장 화려한 성공을 거둔 스포츠 선수가 된 배경에는 이처럼 자만하지 않고 팀원들과 모든 공을 함께 나누는 마음가짐이 존재했다.

소속감의 욕망

최근 "그 사람은 우리 라인이야!" 혹은 "그 라인은 말이지……"와 같은 말을 자주 들을 수 있다. 일상생활에서든 방송에서든 이 말을 자주 사용하는 것을 보니 이 '라인'이라는 것이 현대인에게 많은 영향을 미치고 있는 것만은 확실해 보인다. 그렇다면 '라인'은 정확히 무엇을 의미할까?

'라인'은 친밀한 인간관계를 표현하는 것으로 '매우 가까운 인맥' 정도로 해석할 수 있겠다. 이것은 넓은 인맥이 아니라 아주 작은 조직이다. 그래서 같은 라인에 속한 사람들은 서로에게 익숙하고 친근하며 공동의 취미, 가치관, 임무 등을 공유한다. 자신이 속한 조직, 동호회, 기업 등이 모두 일종의 라인이 될 수 있다. 현대인들은 라인 안에서 소속감과 즐거움을 얻고, 나아가 이익을 얻을 수 있다.

특정 라인에 속한 사람들은 모두 그들만의 주관적인 편애와 편견을 가진다. 일반적으로 라인 안의 사람은 보호하고, 라인 밖의 사람은 배척하는 식으로 표현한다. 심리학에서는 이러한 현상을 '내집단 편애 효과Ingroup Favoritism Effect' 또는 '내부 편애 현상'이라고 부른다. 이것은 같은 라인의 사람들끼리 서로 호의적인 행동을 보이거나 긍정적으로 반응하는 현상을 설명하는 용어다. 실제로 한 라인의 구성원들은 라인 밖의 사람들에 비해 서로 더 많이 신뢰하고, 친절하며, 영향을 주고받는다.

타즈펠의 편애 실험

영국 브리스톨 대학의 사회심리학자 헨리 타즈펠Henri Tajfel과 동료들은 '내집단 편애 효과'가 일상생활에 보편적으로 존재한다는 사실을 밝혀냈다.

그들은 14~15세의 남자아이들에게 화가 파울 클레Paul Klee와 바실리 칸딘스키Wassily kandinsky의 그림을 보여주었다. 그리고 그중에서 더 좋은 그림을 선택하게 한 다음, 결과에 근거해서 아이들을 두 그룹으로 나누었다. 이때 아이들 사이에 어떠한 교류도 허용하지 않았다. 서로 인사를 나누거나, 대화를 주고받거나, 얼굴을 볼 수도 없었다.

그룹을 나눈 후 연구자들은 아이들을 한 명씩 작은 방으로 데리고 갔다. 그리고 '가짜 돈'을 주면서 그룹과 관계없이 다른 아이들에게 하나씩 나누어 주라고 했다. 이때 아이들이 서로에 대해 아는 정보는 오직 '같은 그룹인지 아닌지'뿐이었다.

실험 결과 아이들은 자신이 속한 그룹의 아이들에게 '가짜 돈'을 훨씬 많이 나누어 주었다. 단순히 두 그림 중 더 좋아하는 것을 선택했다는 차이뿐이었지만 아이들은 같은 선택을 한 사람들을 내 편이라고 생각했다. 반대로 다른 그림을 선택한 사람들은 다른 편으로 가르고 있었다. 나와 같은 그림을 선택했다는 것은 같은 성향을 가졌다는 뜻으로 해석했고 그 결과 금전의 지급에도 차별이 생긴 것이다.

이처럼 어느 집단의 구성원이 되면 그 즉시 집단 구성원의 이익을 보호하려는 심리가 발생한다. 심지어 집단 밖 사람들의 이익을 희생하더라도 말이다. 사람들이 처음 만났을 때 출신지를 묻거나, 학교, 취미 등 공통의 관심사를 찾는 것은 단순히 서먹한 분위기를 해소하려는 것이 아니라 '우리'라는 의식을 통해 단결력을 형성하기 위함을 알 수 있다.

이 실험을 통해 심리학자들은 다음과 같은 결론을 내렸다.

첫째, 사람들은 집단의 구성원으로서 소속감을 느낀다.

둘째, 사람들은 자신이 속한 집단의 구성원을 편애한다.

집단으로 들어가라

인간은 사회적 동물이다. 이는 곧 집단 충성심에 빠지기 쉽다는 것을 뜻한다. 라인이 한 사람에게 미치는 영향은 생각한 것보다 훨씬 크다. 각각의 라인은 심지어 개인의 생활 태도를 결정하기도 한다.

만약 주변에 든든한 '지원군' 하나 없이 혼자서 일한다면 성공은 결코 쉬운 일이 아니다. 그래서 사람들은 최선을 다해 다른 이와 연합하거나 그들의 라인에 들어가고자 한다. 다른 사람의 인정을 받고 싶거나, 그들이 당신의 의견에 따라 행동하도록 만들고 싶다면 우선 그들이 당신을 좋아하게 만들어야 한다. 그렇지 않으면 당신은 결코 성공하지 못할 것이다.

어떻게 하면 라인으로 들어갈 수 있을까?

첫째, 적극적으로 움직여라.

특정 라인에 들어가고 싶을 때 그들이 먼저 와서 물어봐 주기를 바라서는 안 된다. 더욱 적극적인 자세로 약간은 호들갑스럽게 라인으로 들어가는 것이 좋다. 또 부끄럽다거나 겸연쩍다는 이유로 타인의 관심이나 도움을 거절해서도 안 된다. 고개를 숙이고 컴퓨터 앞에 앉아서 묵묵히 일만 하면 일의 성공률도 높지 않을 뿐 아니라 다른 사람과 어울리는 것을 싫어한다는 인상을 남길 수도 있다.

둘째, 공동의 관심거리를 찾아라.

다른 사람들이 모인 라인에 들어가려면 우선 공동의 관심거리를 찾아야 한다. 흔히 말하는 '도서관 친구', '회사 친구', '등산 친구' 등이 바로 공동의 관심거리를 위해 모인 사람들이다. 관심거리를 찾는 데 성공했다면 그와 관련된 각종 지식이나 기술을 배워 익히는 것도 도움이 된다.

셋째, 칭찬하며 호감을 드러내라.

미국의 하버드 대학의 심리학자이자 철학자인 윌리엄 제임스William James는 "인류의 본성 중 가장 강력한 것은 바로 '인정받고자 하는 욕구'다"라고 말했다. 상대의 성과를 칭찬하고 찬양의 말을 늘어놓아서 그의 '인정받고자 하는 욕구'를 만족시켜보자.

자신을 인정해 주는 상대를 멀리하는 사람은 없을 것이다. 그러므로 인간관계를 더 좋게 하거나, 누군가의 라인에 들어가고 싶다면 반드시 그가 자랑스러워할 만한 것에서부터 이야기를 시작해야 한다.

어쩌면 의외의 수확을 얻을 수 있을지도 모른다.

넷째, 허점을 노출하라.

어떤 사람의 라인에 들어가고자 할 때 자신이 완벽한 사람인 양 행동한다면 당연히 그의 신뢰를 얻지 못할뿐더러 심지어 당신을 멀리할지도 모른다. 이러한 오해와 의심은 한 번 발생하면 좀처럼 사라지지 않으니 주의해야 한다.

이외에 다른 사람의 라인에 들어가고 싶다면 그의 부탁을 긍정적으로 받아들이는 것도 중요하다. 이것은 일종의 예의이자 그에 대한 존중을 드러내는 것이다. 이런 모든 과정에서 그와 더 자주 접촉하게 되고, 그의 친구를 알게 되는 등 라인은 점점 커질 것이다. 친구를 많이 만드는 것, 그 자체가 영향력을 키우는 중요한 열쇠라는 사실을 명심하자.

3

친구의 친구는 나의 친구다

● 밀그램의 6단계 분리 이론 ●

톨스토이는 이렇게 말했다.

"친구의 친구는 나의 친구다."

미국의 자동차 판매왕 조 지라드Joe Girard는 12년 연속 판매왕으로 기네스북에 오른 성공가다. 빈민가에서 태어난 그는 술주정뱅이 아버지의 구타에 못 이겨 고등학교를 그만두고 구두닦이를 시작했다. 그런 그가 성공한 것은 어느 날 파티에서 발견한 '250 법칙' 덕분이다. 결혼식에 참석한 그는 그곳에 모인 사람들의 숫자가 250여 명이라는 사실을 알게 되었다. 그날 이후 한 사람에게는 250명이 인간관계로 엮여 있다고 생각했다. 이것을 자동차 세일즈에 대입해 보면 한 사람의 고객에게 신뢰를 얻으면 그 고객의 가까이에 있는 250명의 잠재고객을 얻는 것과 마찬가지라는 결과가 나왔다. 반대로 고객의 신뢰를 잃게 되면 250명의 잠재고객을 잃게 되는 것이다. 여기서 가까운 사람들이란 친척, 동료, 이웃, 친구 같은 사람들을 가리킨다. 지라드는 연초에 만난 고객 50명 중에서 2명을 만족시키지 못했다면 연쇄 작용을 일으켜서 연말까지 약 5,000명의 고객을 잃은 것과 마찬가지라고 판단했다. 그는 또 "어떠한 상황에서라도 절대 고객을 서운하게 해서는 안 된다. 지금 당장 놓친 고객은 한 명이지만 이는 결국 250명의 잠재 고객을 쫓아 버리는 것과 같기 때문이다"라고 말했다.

그날 이후 지라드는 현장에서 일하는 내내 250 법칙을 마음속 깊이 기억했다. 한 사람의 고객을 대할 때마다 250명의 고객을 대하듯 정성을 다했다. 그는 고객을 최고로 모시는 태도로 자신의 감정을 잘 통제했으며 까다로운 고객이라도 꺼리지 않았다. 뿐만 아니라 몸이 피곤하거나 기분이 안 좋아도 절대 고객을 대하면서 흐트러진 자세를 취하지 않았다. 대부분의 세일즈맨들이 자동차를 판매한 뒤에는 관리를 소홀히 하는 데 반해 지라드는 250명의 잠재고객을 위해 더욱 신경 써서 관리했다. 덕분에 그는 일을 시작한 지 3년 만에 '세계 최고의 판매왕'으로 기네스북에 이름을 올렸으며 이후 12년 연속 선정되는 영광을 안았다.

지구의 모든 사람은 서로 얽혀 있다

지라드의 이야기는 우리 모두에게 매우 중요하다. 주변의 모든 사람을 성실하게 열정적으로 대해야 하는 까닭은 모든 사람의 뒤에 그와 관계된 많은 사람이 있기 때문이다. 마치 등불을 밝히면 보이지 않던 사람들이 한꺼번에 모습을 드러내는 것과 마찬가지라고 할 수 있다.

'250 법칙'은 단지 지라드가 자신의 경험을 토대로 만든 유용한 법칙이다. 심리학에도 이와 비슷한 '6단계 분리 이론 Six degrees of separation'이 있다. 이것은 서로 전혀 모르는 두 사람이라도 많아야 6명만 거치면 서로 모두 연결된다는 이론이다.

1967년 하버드 대학의 사회심리학 교수인 스탠리 밀그램은 이를 증명하는 유명한 실험을 했다.

밀그램의 6단계 분리 이론

"지구의 모든 사람은 6명만 거치면 모두 얽혀 있다."

밀그램은 자신의 말을 증명하기 위해 실험을 진행했다. 그는 미국

네브래스카 주와 캔자스 주에서 지원자를 모집했다. 그는 이 지원자 중에서 무작위로 300명을 선택해 매사추세츠 주의 보스턴에 사는 주식중개인에게 편지를 부치도록 했다.

밀그램은 실험 참가자들이 곧바로 목표 수령인인 주식중개인에게 소포를 보낼 수 없다고 생각했다. 그래서 참가자들에게 스스로 생각하기에 목표 수령인과 연결될 가능성이 가장 많은 친구와 지인에게 보내도록 했다. 그리고 매번 소포가 전해질 때마다 자신에게 편지를 한 통씩 보내달라고 했다.

실험 결과는 정말 의외였다. 목표 수령인은 총 60개의 소포를 받았는데 이 소포들이 거친 사람의 수는 평균 5.5명에 불과했다. 즉 낯선 두 사람이 6단계만 거치면 서로 아는 사이가 된다는 의미였다.

밀그램은 이 실험 결과를 토대로 '6단계 분리 이론'을 만들었다. 이와 관련된 이론은 그전에도 있었지만 실험으로 증명한 사람은 밀그램이 처음이었다. 하지만 이 실험은 밀그램에게 실제 도달한 편지가 64통에 불과하며, 그가 모든 소포를 제대로 추적하지 않았다는 등의 이유로 많은 비판을 받았다. 이로 인해 당시에는 실험의 신뢰도가 낮다고 여겨졌다.

이후 30여 년 동안 많은 사회심리학자와 수학자들이 이 이론을 반복적으로 계산하고 검증했다. 가장 최근 연구로는 2001년 가을 컬럼비아 대학 사회학과 교수인 던컨 와츠Duncan Watts의 실험이다. '작은 세상 네트워크Small-world networks'라고 불리는 이 실험은 인터넷을 통해 전 세계 166개국의 6만여 명의 지원자를 대상으로 진행되었다. 와츠는 무작위로 나이, 성별, 민족, 직업, 사회경제 계층이 모두 다른 목표 대상 18명을 선정했다. 그들 중에는 미국의 교수, 호주의 경찰, 노르웨이의 수의사 등이 있었다.

와츠의 지시에 따라 지원자들은 목표 대상 중 한 명을 선택하고 지정 웹사이트에 등록한 후 대상에 대한 기본 정보를 열람했다. 그리고 그와 조금이라도 연결될 가능성이 있는 지인에게 e메일을 보냈다.

실험이 시작된 후 약 1년 동안 지원자 384명의 e메일이 목표 대상에게 전달되었다. 그리고 이 e메일이 지원자로부터 목표 대상에게 오는 데까지 전달된 횟수는 평균 6차례였다. 와츠는 세계 최고의 과학 학술 잡지 〈사이언스Science〉에 실험 결과를 발표하고 서로 모르는 사람을 연결하는 데 평균 5~7명이 필요하다고 주장했다.

영국 하트퍼드셔 대학 심리학과의 리처드 와이즈먼Richard Wiseman 교수도 50년 만에 밀그램 실험을 재현해 보았다. 그 결과는 놀라웠다. 영국에서는 겨우 4단계 만에 소포가 전달된 것이다. 각종 매체가 발달하면서 세상은 점점 더 좁아졌고 사람들은 더욱 촘촘히 연결되어 있었다.

이들 실험을 통해 심리학자들은 다음과 같은 결론을 내렸다.

첫째, 전혀 모르는 두 사람이라도 일정한 방식을 통해서 연계를 만들어낼 수 있다.

둘째, 중간 매개체를 통해 서로에게 영향을 줄 수 있다.

아는 사람이 많을수록 얻는 것도 많다

인간관계가 넓어 아는 사람이 많을수록 얻을 수 있는 것이 많다. 문제에 부딪혔을 때도 더 쉽게 해결할 수 있으며 자연스레 영향력도 커진다. 그러나 무조건 친구가 많다고 좋은 것은 아니다. 좋은 친구는 당신의 성공을 도울 수 있지만 좋지 않은 친구는 오히려 당신을 무너뜨릴 수도 있다는 것을 알아야 한다. 그러므로 배울 것이 많은 우수한 사람과 친분을 쌓아야 한다.

좋은 친구는 그 뒤에 있는 다른 좋은 친구를 당신에게 소개할 것이다. 그래서 친구의 친구를 알게 되고 그가 다시 당신의 친구가 되어 더 좋은 인간관계를 쌓을 수 있다.

다음은 좋은 인맥을 다지는 데 도움이 되는 내용이다.

첫째, 차근차근 거리를 줄여라.

단지 도움을 주거나 당신을 변화시킬 수 있는 사람을 아는 것만으로도 좋은 인맥이 시작될 수 있다.

둘째, 관계를 효과적으로 전환하라.

단순히 '아는 사람'에서 더욱 친근한 관계로 발전해야 한다.

셋째, 장기적으로 교류하라.

상대가 당신의 성실함과 진심을 볼 수 있도록 자주 연락하고 서로의 장점을 공유하는 것이 좋다.

넷째, 인간관계가 좋은 사람과 사귀어라.

이런 사람들은 인간관계망의 중심으로 아는 사람이 많다. 그는 당신을 더 많은 좋은 친구에게 이끌어줄 것이다.

인간관계는 마치 은행의 예금통장과 같다. 예금을 많이 하고 그 기간이 길수록 이윤, 즉 영향력이 커진다. 인간관계를 잘 관리하고 좋은 인맥을 쌓는다면 큰 영향력을 미칠 수 있다.

4

관계는 메아리다

• 갤럽의 거울 실험 •

한 아이가 울면서 어머니에게 말했다.

"우리 반 친구들이 모두 나에게 거짓말을 해요. 나에게 조금도 잘해주지 않으니 더는 학교에 가지 않을래요."

어머니는 아무런 말도 하지 않고 아이를 산속으로 데리고 가서 골짜기에 대고 크게 소리치라고 시켰다.

"나는 네가 싫어!"

잠시 후에 산골짜기에 "나는 네가 싫어!"라는 메아리가 크게 울리기 시작했다. 이번에는 "나는 네가 좋아!"라고 소리쳤다. 이번에도 역시 산골짜기에 "나는 네가 좋아!"가 울려 퍼지기 시작했다. 아이는 어머니가 시키는 대로 했으나 무슨 뜻인지 알 수 없어서 어리둥절했다. 그러자 그녀는 아이에게 이렇게 말했다.

"다른 아이들이 너에게 해주길 바라는 대로 너도 그렇게 해주렴."

대인관계의 황금 법칙

아이와 어머니의 사연은 당신이 상대를 대하는 대로 상대도 곧 당신을 대한다는 인간관계의 상호작용에 관한 이야기다. 사람과 사람 사이는 메아리와 같아서 서로 영향을 준다. 상대가 당신을 대하는 방식은 메아리가 되돌아오는 것처럼 당신이 어떻게 상대를 대하느냐에 달려있다.

"그러므로 무엇이든지 남에게 대접받고자 하는 대로 너희도 남을 대접하라. 이것이 율법이요, 선지자니라."

《성경》의 이 말은 사회심리학자들이 말하는 '대인관계의 황금 법칙'이다. 대접받고 싶은 대로 대접해야 한다는 것과 일맥상통한다. 상대를 긍정적인 시선에서 바라보고 대한다면 그로부터 돌아오는 메아리는 나에 대한 긍정적인 존중일 것이다.

갤럽의 거울 실험

심리학자와 동물학자들은 대인관계의 상호 작용이 미치는 영향에 관해 실험했다. 그중에서도 미국의 심리학자인 고든 갤럽Gordon Gallup은 실험을 통해 동물의 사회성과 상호작용 방식을 실험해 보았다. 그는 사방이 모두 거울로 되어 있으며 어느 방향에서나 자신을 볼 수 있는 특별한 방을 제작한 뒤 성격이 완전히 다른 오랑우탄 두 마리를 각각 방에 넣었다.

첫 번째 오랑우탄의 성격은 매우 온순했다. 그는 방 안으로 걸어 들어가자마자 거울 속에 비친 수많은 '친구들'이 자신을 향해 다가오면서 우호적인 태도를 보이는 것을 보고 기뻐했다. 그래서 즐겁게 친구들과 인사를 했으며 곧 새로운 친구들과 친해져서 즐거운 시간을 보냈다. 그리고 3일 뒤 사육사가 데리러 오자 친구들과 헤어지는 것을 매우 서운해했다.

두 번째 오랑우탄은 성질이 매우 난폭했다. 그는 방 안에 들어가는 순간 자신을 향해 다가오는 거울 속 오랑우탄들을 경계했다. 상대가 매우 흉악하고 고약한 인상을 하고 있어서 자신도 지지 않으려고 경계하고 위협적인 태도를 보였다. 그렇게 한참 대치하더니 크게 화를 내고 소리 질렀으며 이 '적들'과 쫓고 쫓기는 사투를 벌였다. 3일 후 사육사가 오랑우탄을 데리러 갔을 때 그는 화가 머리끝까지 나서 몸과 마음의 힘을 다 소진한 나머지 죽은 채로 끌려 나왔다.

온순한 오랑우탄은 거울 속에서 온순한 친구 여럿을 발견하고 매우 기쁜 마음으로 즐겁게 지냈다. 반면에 성질이 난폭한 오랑우탄은 자신과 똑같이 성질이 좋지 않은 오랑우탄들을 보았다. 그들은 모두 비우호적이었으며 서로 공격하다가 결국에는 모두 죽고 말았다.

이 실험을 통해 심리학자들은 다음과 같은 결론을 내렸다.

첫째, 인간관계는 거울과 같아서 당신이 상대를 대하는 방식대로 그도 당신을 대한다. 타인에게 진심을 담은 미소를 보내면 그의 우호적인 반응을 얻을 수 있을 것이다.

둘째, 당신의 태도가 타인의 태도를 결정한다. 호의적인 자세를 취하면 호의적인 대접을 받지만, 악의적인 자세를 취하면 더욱 악의적인 대접을 받을 뿐이다.

대접받고 싶은 대로 대접하라

다른 사람이 당신을 호의로 대해주기 바란다면 당신이 먼저 호의를 보이며 그를 대해주고, 그가 당신을 칭찬해 주기를 바란다면 먼저 그를 칭찬하면 된다. 누군가에게 존중받고 싶다면 당신 역시 그를 존중하면 된다. 잊지 말자. 그의 가치를 창조하는 것이 곧 당신의 가치를 창조하는 것이다.

미국의 화장품 전문회사 메리케이는 세계 최대의 화장품 기업 중 하나다. 30여 개 국가와 지역에서 사업을 펼치고 있으며 전 세계에 5,000여 명의 직원과 180만여 명의 뷰티 컨설턴트가 활동하고 있다.

창업자 메리 케이 애쉬Mary Kay Ash는 언제나 "대접받고 싶은 대로 대접하라"고 이야기했다. 그녀는 '여성의 인생을 풍요롭게 하겠다'는 목표를 세우고 전 세계 여성이 함께 누리는 화장품을 만드는 데 전력을 쏟았다. 그래서 소비자를 위해 품질을 개선했으며 항상 긍정적인 가치관으로 회사를 이끌었다. 그 결과 메리 케이의 화장품 상담사인 뷰티 컨설턴트들은 도전을 두려워하지 않았으며 큰 성공을 거두어 이익을 창출했다. 메리 케이의 진정한 공헌은 바로 그가 수천, 수만 명의 여성을 격려하고 그들에게 자기 발전의 가치를 역설했으며 끊임없는 격려와 물질적 보상으로 여성의 자존감과 자신감을 높였다는 데 있다.

50여 년 동안 노력한 끝에 메리케이 화장품은 마침내 미국 내 판매량 1위의 기업이 되었다. 또 미국의 경제 잡지 〈포브스〉가 선정한 '여성에게 가장 적합한 10대 기업'으로 여러 차례 선정되었으며, '가장 일할 가치가 있는 미국의 100대 기업' 중 화장품 회사로는 유일하게 이름을 올렸다.

메리 케이는 "대접받고 싶은 대로 대접하라!"를 기업의 이념으로 삼고 수많은 뷰티 컨설턴트의 성공을 지원했으며 본인도 성공을 거머쥐었다. 그녀는 언제나 먼저 호의를 표시했으며 '그 사람이 나에게 그런 식으로 행동했는데 내가 왜 그에게 잘해야 하지?' 같은 생각은 하지 않았다. 그녀처럼 '그가 나를 어떻게 대하든지 나는 언제나 호의를 보이며 그를 대하겠어'라고 생각하는 자세는 당신에게 큰 힘이 될 것이다.

5

사람은 비슷해야 친해진다

● 뉴컴의 매력 가설 실험 ●

심리학 용어 중 싱크로니 경향Interlocutional Synchronism이라는 것이 있다. 친근한 사람끼리 자세나 행동이 일치하는 것으로, 상대의 행위나 말투를 따라 함으로써 호감을 줄 수 있음을 뜻한다.

이 단어는 1995년 안노 히데아키가 만든 일본 애니메이션 〈신세기 에반게리온〉에서 비롯되었다. 거대한 운석이 남극에 추락해 세계 인구가 절반으로 줄어들고 전쟁과 자연 파괴가 계속되는 와중 어느 한 곳에서는 생체병기를 만드는 작업이 한창이었다. 그리고 몇 년 뒤 '사도'라는 거대 전투병기 군단에 맞서기 위해 생체 전투병기가 나선다. 주인공인 이카리 신지는 아버지의 명령에 의해 에바라고 불리는 로봇을 조종할 파일럿 중 한 사람으로 선발된다. 그런데 에바는 물리적으로 조종하는 로봇이 아닌, 조종하는 사람과의 정신적 교감을 통해 기동하는 로봇이었다. 신지는 "왜 하필 내가 에바를 타야 하느냐"며 갈등했지만, 에바와 육체적으로도 정신적으로도 교감을 이뤄내며 결국 인류의 생존을 위해 싸우기 시작했다.

에바는 인류를 구하기 위한 무기이지만 파일럿과의 정신적 교감을 이뤄내지 못하면 제어불능 상태가 되는 양날의 검과 같았다. 신지와 에바, 즉 로봇과 파일럿 간의 동조율을 의미하는 단어로 '싱크로율'이라는 단어가 사용되었다. 동화 혹은 동기화를 의미하는 싱크로나이제이션Synchronization의 축약어다.

애니메이션에서의 싱크로율은 한마디로 정신 소통이라 할 수 있다. 신지와 에바의 싱크로율이 높을수록 에바의 조종은 자유로웠다. 서로 소통하고 닮아갈수록 높은 활동성을 보인 것이다.

사람들이 끼리끼리 만나는 이유

우리의 일상생활에서 싱크로니 경향의 예로 볼 수 있는 것이 연인이나 부부, 친구 사이에서의 유사성이다. 그들은 동작이나 자세, 감정 표현, 스타일이나 말투까지 닮아 있는 경우가 많다. 이 모든 것이 싱크로니 경향이다.

중국 속담에 "물건은 종류대로 모아야 하고, 사람은 비슷해야 친해진다"라는 말이 있다. 사람들이 자신과 비슷한 사람에게 본능적으로 끌리는 것에서 유래한 말이다. 새들은 새가 많은 곳에 모이고, 원숭이는 다른 원숭이를 찾아 논다. 아이들은 비슷한 또래의 아이들과, 노인들은 같은 연배의 노인들과 함께 어울리는 것을 좋아한다. 또 동양인은 동양인에게, 서양인은 서양인에게 편안함을 느낀다. 이외에도 취미나 관심사가 비슷한 사람들끼리 모인다. 그래서 바둑을 좋아하는 사람들은 자주 모여 바둑을 두고, 춤추는 것을 좋아하면 짝을 지어 춤을 춘다. 또 등산을 좋아하는 사람들끼리 주말에 모여 산에 오른다.

이는 당연한 결과다. 사람들은 저마다 자기 고유의 주파수와 같은 성질을 지니고 있다. 이 주파수는 같은 주파수의 성향을 공명하여 서로를 끌어당긴다. 따라서 성격이나 기질이 비슷한 사람들은 자연스레 모여 집단을 구성한다. 이 집단은 외부 세계에 대한 반응 능력을 키우고 영향력을 확보하려는 심리로 해석할 수 있다. 호감을 바탕으로 한 관계 역시 '비슷함'을 바탕으로 이루어진다고 할 수 있다. 여기서 '비슷함'은 태도일 수도 있고 신념, 흥미, 취미, 가치관일 수도 있다. 이런 것들이 비슷한 사람이 모이면 빠르게 친밀도가 높아지고 보다 견고한 관계를 맺을 수 있다. 이때 새로운 영향력이 탄생한다.

뉴컴의 매력 가설 실험

미국의 심리학자 시어도어 뉴컴Theodore Newcomb은 1961년 미시간 대학에서 다음과 같은 실험을 했다.

서로 모르는 남성 편입생들로 구성된 실험 참가자를 모집한 뒤 각 17명씩 두 그룹으로 나누었다. 연구팀은 이들에게 정기적인 인터뷰와 설문 등을 조건으로 4개월의 기숙사 비를 제공했다. 기숙사에 들어가기 전, 모든 참가자는 정치, 경제, 심미안, 사회복지 등의 성향이나 가치관, 그리고 인성에 관한 검사를 진행했다. 연구자들은 이 실험 결과에 따라 서로 상당히 비슷한 사람들과 비슷하지 않은 사람들을 선별해 기숙사에 배정했다. 이후 실험 참가자들은 정기적으로 룸메이트를 평가하는 설문을 진행했다.

실험 결과 초기에는 공간적인 거리가 친밀도를 결정하기 때문에 가까운 방에 사는 사람들에게 친밀함을 느끼고 멀리 사는 사람과는 소원했다. 그러나 시간이 흐르자 점점 성향과 가치관이 친밀함의 가장 중요한 요소로 작용했다. 이것이 비슷한 사람일수록 더욱 친하게 지낸 것이다.

뉴컴은 이 실험에서 성향과 가치관이 비슷하다면 설령 결점이 있다고 하더라도 흡인력에 영향을 주지 않는다는 결론을 얻었다.

심리학자 에릭 번Eric Berne도 실험을 통해 유사한 결론을 얻었다.

번은 실험 참가자에게 다양한 방면에 대한 의견을 묻는 설문지를 주고 작성하도록 했다. 그는 설문을 수거한 뒤 다른 참가자 한 사람을 데리고 왔다. 이미 와 있던 참가자에게 그를 소개한 다음 나중에 온 참가자에게 자신이 작성한 설문지의 답변을 크게 읽도록 했다. 사실 그는 실험 참가자가 아닌 번의 조수로, 그가 읽은 답변 역시 사전에 작성된 것이었다. 그가 읽은 답변은 듣고 있는 참가자의 답과 같은 것도 있었고 확연히 다른 것도 있었다. 이 과정이 끝나고 번은 '진짜 실험 참가자'에게 방금 본 '다른 실험 참가자'에 대해 평가해 달라고 했다. 실험 결과 자신의 답안과 일치하는 것이 많을수록 그에 대한 호감도도 높았다.

자신과 닮은 사람에게 매력이나 호감을 느끼는 것을 '매력 가설'이라고 부른다. 그렇다면 사람들은 왜 자신과 유사한 사람을 좋아하거나 유사한 경력이 있는 사람과 교류하는 것을 좋아할까?

심리학자들은 이것을 성격이나 관점이 비슷한 사람과 교류하면 쉽게 인정받을 수 있고, 논쟁이 발생할 가능성이 작아서 상처받지 않으니 안정감을 느낄 수 있기 때문이라고 해석했다. 또한 공통의 관심사를 이야기함으로써 유연하게 의사소통할 수 있으므로 친밀도가 빨리 높아진다고 보았다.

이 실험을 통해 심리학자들은 다음과 같은 결론을 내렸다.

첫째, 성향과 가치관이 유사할수록 사람 사이의 흡인력도 크다.

둘째, 닮은 부분이 많은 사람일수록 더 많은 영향력을 주고받는다.

모방하라

비슷한 사람들은 비슷하지 않은 사람들보다 서로 더 많은 영향력을 미친다. 이른바 '의기투합'한다는 말은 비슷한 사람끼리 서로 이끌리는 것을 잘 설명한 말이라고 할 수 있다. 동서고금을 막론하고 우정은 모두 '비슷함' 위에서 만들어진다. 만일 아무리 노력해도 어떤 사람과 잘 지내기 어렵다면 서로 다른 점이 너무 많은 것은 아닌지 생각해 볼 필요가 있다.

사실 교류 초반에는 서로의 신념, 가치관, 태도 등 비교적 심층적인 문제까지 파고들기가 쉽지 않다. 이때는 오히려 나이나 사회적 지위, 외모 등의 유사성이 더 크게 작용한다. 특히 대화를 나눌 때 상대와 비슷한 행동을 한다면 비교적 긍정적인 효과를 얻을 수 있다. 즉 상대의 리듬에 맞추어 행동하는 것이 바로 '비슷함'의 첫걸음이라고 할 수 있다. 이처럼 같은 리듬으로 교류하려면 다음의 내용에 주의해야 한다.

첫째, 비슷한 말투로 이야기하라.

상대가 사용하는 특정 언어를 모방하는 것을 의미한다. 상대가 "올해 여러 가지 일에 도전하고 싶어"라고 말했다고 가정해 보자. 그러면 당신은 이어진 대화에서 '도전'이라는 단어를 최대한 많이 사용해야 한다. 식당에서라면 "나는 아주 독한 술을 마실 엄두도 내지 못했는데 오늘은 꼭 '도전'해 봐야겠어"라든가 "이 음식을 먹어본 적은 없지만 한번 '도전'해 보자!"라고 말하는 것이다. 회의 중이었다면 "지금 하는 일은 제게 굉장한 '도전'입니다"라고 말하거나 "저는 '도전' 정신이 있는 사람을 좋아합니다"라고 말해도 좋다. 당신이 '도전'이라는 말을 할 때마다 상대는 당신에게 더욱 호감을 느낄 것이다. 호감이 누적될수록 두 사람의 관계는 자연스럽게 좋아진다.

둘째, 상대의 동작을 모방하라.

어떤 사람과 처음 만난 자리에서 분위기가 어색하다면 동작을 모방하는 기술을 사용해서 상대의 호감을 얻을 수 있다. 방법은 간단하다. 그저 무심한 듯 상대의 동작을 따라 하면 된다.

마주 보고 앉았을 때 그가 무의식적으로 오른손에 든 술잔을 흔들고 있다면 당신도 자연스럽게 왼손으로 술잔을 들고 흔드는 것이다. 여기에서 가장 중요한 것은 '자연스럽게' 행동해야 한다는 것이다. 상대가 잠재의식 속에서 비슷하다는 것을 느끼게 해야지 당신이 목적을 가지고 그를 따라 한다는 것을 알아차리게 해서는 안 된다. 구체적으로 다음의 내용을 기억하자.

- 상대의 행동을 과하게 관찰해서는 안 된다.
- 상대가 동작하자마자 바로 따라 해서는 안 된다.
- 너무 똑같이 하지 말고 약간 변형하는 것이 좋다.
- 과도하게 계속 모방하면 상대를 짜증 나게 할 수 있다.

셋째, 상대의 표정에 반응하라.

표정은 그 사람의 감정 변화를 드러낸다. 그러므로 상대와 교류할 때 반드시 주의해야 하며 이를 통해 긍정적인 상호활동을 진행해야 한다. 상대의 표정 변화를 살피고 그에 반응해서 서로 교감하는 것이 중요하다.

상대가 담배를 피우면서 당신이 함께 했으면 하는 표정을 보인다면 약 1분 정도 후에 당신 역시 담배를 피우면 된다. 사람의 얼굴에 가장 자주 나타나는 표정은 즐거움, 노여움, 걱정, 사색, 슬픔, 공포의 6가지다. 상대의 표정에 리듬을 맞추어 반응하고 그의 표정을 따라 당신의 표정도 변화한다면 당신이 그에게 공감하고 있음을 전달하게 된다. 그러나 너무 과장되거나 자주 해서는 안 된다.

모방은 상대의 호감을 얻고자 할 때 가장 자주 쓰이는 기술이며 서로의 감정을 깊게 하는 데 큰 도움이 된다. 이를 통해 상대의 신뢰를 얻을 수 있다는 것을 기억하자. 좋은 인간관계를 유지하려면 최선을 다해서 자신을 상대에게 일치시키고 비슷한 점을 찾아서 동질감을 느껴야 한다.

6

뭉치면 살고 흩어지면 죽는다

• 셰리프의 규범 형성 실험 •

매년 가을이면 세계 최고봉인 에베레스트 산을 날아 지나가는 철새가 있다. 그러니까 8,848m의 고도를 날아가면서 생사의 갈림길을 넘나드는 것이다. 그렇게 높은 곳은 공기도 희박하지만 무엇보다 호시탐탐 공격의 기회를 노리는 검독수리의 습격까지 방어해야 한다. 그래서 이 철새들은 에베레스트 산을 넘기 위해 자신들만의 특별한 방식을 선택했다. '무리 비행'이 그것이다. 한데 뭉쳐서 비행하면 커다란 하나의 몸짓으로 보여 검독수리가 멀리서 보았을 때 감히 가까이 다가와 습격하지 못하기 때문이다. 물론 이 무리에서 낙오되는 철새들은 바로 검독수리의 제물이 될 것이다.

동물에게 무리에서 살아간다는 것은 목숨을 지키는 생존의 조건인 동시에 소속감이라는 정신적 안정을 준다. 흰쥐를 동료의 무리에서 한 마리만 격리시키면 흥미로운 변화를 볼 수 있다. 한 달 정도 지나면 얌전했던 쥐가 난폭해지고, 10주가 지나면 손을 쓸 수 없을 정도로 광폭해진다. 각종 질병과 피부병도 찾아온다. 그러나 원래의 무리로 되돌아가면 2~3일 안에 다시 예전의 얌전한 모습으로 돌아간다. 건강도 되찾게 된다.

집단의 힘이 당신에게 미치는 영향

무리를 이루어 사는 것은 자연환경에서 동물들이 생존하는 법칙일 뿐 아니라 사람들이 살아가는 방식이기도 하다. 옛말에 "울타리 하나를 세우려면 기둥 세 개가 필요하며 사내대장부에게는 세 친구의 도움이 필요하다"고 했다. 한 사람의 힘은 한계가 있으므로 다른 사람의 힘, 즉 집단의 힘에 기댄다면 치열한 경쟁 속에서 남들보다 빠르게 우세한 고지를 점령할 수도 있다는 말이다.

싸우고 미워하고 때로는 서로를 죽이기까지 하면서도 인간은 혼자 살아가려 하지 않는다. 집단을 만들고 그 안에 속하고자 한다. 소속감을 느끼지 못하는 생활이 계속되면 정신불안과 신체능력 저하를 부른다.

앞서 등장했던 '동조 효과'는 집단 내 다른 구성원의 영향을 받은 개인이 집단의 행위 방식을 따르기 위해 자신의 행위 방식까지 바꾸는 것을 가리킨다. 이와 같은 구성원에 대한 집단의 규정 및 구속력은 바로 '규범'에서 생겨난다.

규범이란 한 집단의 공개적 혹은 비공개적인 규칙이 구성원에게 집단의 일치성에 부합하는 태도와 행위를 제시하고 이를 기대하는 것을 가리킨다. 집단의 구성원들은 규범을 통해서 어떠한 행위가 가능한지 알 수 있다. 또 만약 어긋나는 행위를 했다가는 집단의 제재와 구속을 받고, 심지어 다른 구성원에 의해 배척당할 수도 있다고 생각한다.

여러 사람이 협업해서 한 가지 일을 완성해야 한다고 가정해 보자. 이때 참여한 모든 사람의 작업 속도가 비슷하다면 그 집단의 분위기는 매우 좋을 것이다. 하지만 만약 그중 한 명이 갑자기 작업 속도를 유난히 빠르게 한다면 어떻게 될까? 일의 전체적인 진행은 빨라질지 몰라도 이런 상황은 다른 구성원들에게 커다란 부담이 될 수 있다. 이런 경우 그는 다른 구성원들로부터 배척당할 확률이 높다. 반대로 어느 한 명의 속도가 현저히 느려서 다른 구성원들에게 폐가 되거나 성공의 장해물이 되는 경우에도 역시 질책을 받을 수 있으며 심지어 아예 집단에서 방출될 가능성도 있다. 실제로 사람들은 일상생활에서 이런 상황을 잘 인지하고 있으므로 혼자 너무 앞서 가거나, 뒤처지지 않도록 속도를 잘 조절해서 집단의 다른 구성원들과 일치시킨다. 이처럼 집단에 형성된 규범은 구성원의 행위를 제약하거나 그들의 선택, 나아가 인간관계에까지 개입한다.

셰리프의 규범 형성 실험

미국의 사회심리학자 무자퍼 셰리프Muzafer Sherif는 집단의 영향력과 규범의 형성 과정에 관한 실험을 했다. 그는 이 실험을 통해 집단의 정보가 어떠한 방식을 통해 규범으로 형성되고 고정되는지 설명하고자 했다.

그는 이 실험에서 시각적 착시 현상 중 하나인 '자동운동 효과'를 이용했다. 자동운동 효과란 어두운 곳에서 고정된 불빛을 주시하면 마치 사방으로 움직이는 것처럼 느껴지는 현상을 가리킨다. 사방이 어두우면 기준이 없어서 불빛의 정확한 위치를 파악하기 어렵기 때문에 이런 현상이 발생한다.

셰리프는 컬럼비아 대학과 뉴욕 대학에서 자동운동 효과에 대해 전혀 모르는 대학생들을 실험 참가자로 모집한 후 한 명 혹은 여러 명씩 그룹을 나누었다. 실험이 시작되기 전 그는 실험 참가자들에게 이렇게 말했다.

"잠시 후 방 안이 완전히 어두워집니다. 제가 신호를 주면 한 곳에 고정된 불빛이 나타날 거예요. 잠시 후 불빛이 움직이기 시작하면 바로 버튼을 누르세요. 그리고 몇 초 후 불빛이 완전히 사라지면 제게 불빛이 움직인 거리를 말해 주면 됩니다. 최대한 정확하게 판단하시기 바랍니다."

물론 이것은 자동운동 효과일 뿐 실제로 불빛이 움직이는 것은 아니었다.

혼자 불빛을 본 실험 참가자들은 실험을 100여 차례나 반복하면서도 매번 일정한 범위 안에서 불빛의 이동 거리를 말했다. 그러나 실험 참가자들이 말한 거리는 각각 달랐으며 차이도 꽤 컸다. 반면 여러 명이 함께 불빛을 본 실험 참가자들은 대체로 그룹 내 다른 실험 참가자가 추측한 거리에 가깝게 대답했다. 여러 번 실험을 반복하다 보니 실험 참가자들의 대답은 결국 하나로 모여서 거의 차이가 없게 되었다.

이 실험의 마지막 단계는 매우 흥미롭다. 셰리프는 여럿이 함께 불빛을 본 실험 참가자들에게 이번에는 혼자 불빛을 보고 거리를 추측해 달라고 했다. 그러나 실험 참가자들은 이번에도 이전과 비슷한 거리를 말했다. 조금 전 자신이 속해 있던 집단의 '규범'을 따른 것이다.

셰리프의 실험에서 여러 사람이 함께 불빛을 보고 함께 거리를 추측한 순간, 이미 기초적인 규범이 형성되었다. 이 규범은 구성원들의 개인적인 판단에까지 영향을 미쳐 협소한 범위로 제한했다.

이 실험은 집단의 규범이 암시, 순종, 모방, 재현 등을 발생시킨다는 것을 증명했다. 다시 말해 개인의 관점은 집단 내 다른 구성원의 암시를 받으며, 이렇게 암시받은 관점에 따라 판단을 내린다. 그리고 다른 구성원들과 '달라 보이지 않기 위해' 그들의 행위에 순종하거나 모방해서 재현하는 것이다. 이와 같은 상황이 발생하기 때문에 집단 내부에는 점차 통일된 관점과 행위가 형성되어 고정되고 이를 바탕으로 공동 활동이 가능해진다.

이 실험을 통해 심리학자들은 다음과 같은 결론을 내렸다.

첫째, 집단의 규범은 개인의 판단보다 더 큰 영향력을 지닌다.

둘째, 집단 내부의 규범은 일단 형성되면 고정되어 계속 유지된다.

당신이 속한 집단의 규범을 파악하라

규범은 한 개인이 집단에 빠르게 적응하는 데 큰 도움이 된다. 아직 집단에 익숙하지 않거나 제대로 파악하지 못한 상황에서 판단을 내려야 할 때, 새로운 역할을 맡았는데 어디서부터 어떻게 해야 할지

모를 때는 집단의 규범에 맞춰 행동하는 것이 가장 좋다. 미국의 제35대 대통령인 존 F. 케네디John F. Kennedy는 이렇게 말했다.

"내가 처음 정치에 입문했을 때 사람들은 의회에서 여러 사람과 잘 지내는 방법은 '대세를 따르는 것'이라고 충고했습니다."

그렇다면 어떻게 해야 집단의 규범을 정확하게 이해할 수 있을까. 이를 위해 다른 사람이 어떻게 말하고, 어떻게 행동하는지를 관찰하는 것이 좋다. 또한 규범을 이용해 집단 내부에서 인정과 동의를 얻기 위해서는 다음의 두 가지를 기억한다면 도움이 될 것이다.

가장 먼저 할 일은 집단 내 다른 구성원들의 언어 및 비언어 표현 방식을 관찰하는 것이다. 여기에서 '언어'란 말의 톤, 말투, 사용하는 어휘 등을, '비언어'는 복장, 손짓, 자세, 표정 등을 가리킨다. 각 집단은 서로 다른 표현 방식을 사용하므로 그 특징을 찾아내서 '집단의 공동 언어'를 익혀야만 다른 구성원들과 원활하게 소통하고 규범을 파악할 수 있다.

다음으로 '보이는 규범' 외에 '보이지 않는 규범'을 이해해야 한다. 보이지 않는 규범 중에서 가장 중요한 것은 바로 각 구성원의 '지위'다. 그들이 각각 어떠한 영향력을 미치는지, 서로의 친밀도는 어떠한지 살펴야 한다.

'보이는 규범'과 '보이지 않는 규범'을 모두 정확하게 파악해야만 집단 안에서 배척당하는 일을 피할 수 있다.

'집단 규범'의 영향을 받은 개인은 집단의 압박에서 벗어나고 다른 구성원들로부터 배척당하지 않기 위해 집단과 일치되고자 한다. 이들은 집단에 수용되기를 간절히 바라며 그 안에서 긍정과 동의를 얻기를 희망한다. 실제로 주류에서 동떨어져 사는 것은 엄청난 대가를 치러야 하는 일이다. 그래서 사람들은 자신의 진짜 속마음과 반발심마저 애써 무시하고 억눌러서 최대한 집단의 규범을 지키며 말하고 행동한다.

그렇다면 당신이 집단을 이끌거나 관리하는 사람일 경우 집단 규범을 가장 효율적으로 활용할 수 있는 방법은 무엇일까? 대부분의 리더들은 구성원들의 태도를 바꾸려고 할 때 개별 권유의 방식을 선택한다. 하지만 아무리 열심히 권유하고 설득해도 그가 정말 태도를 바꿀지는 알 수 없는 일이다. 심리학적으로 보았을 때 다른 사람의 태도를 변화시키려면 집단의 공약을 이용해서 구성원들의 행위 규범을 통일하는 편이 훨씬 효과적이다. 다음은 집단의 공약을 이용해 구성원의 행동을 변화시키는 데 가장 효과적인 두 가지 방법이다.

첫째, 상벌을 이용하라.

집단 공약에 상벌 제도가 포함되어 있다면 구성원들이 더욱 적극적으로 공약을 수행하도록 할 수 있다. 구성원이 집단 전체를 위해 공헌하면 즉시 상응하는 상을 제공해서 노력을 인정하는 동시에 기대감을 드러내어 다음에도 잘하라고 격려해야 한다. 반대로 벌할 때는 어떤 부분이 잘못되었는지 정확하게 알도록 해서 다음에는 같은 잘못을 하지 않도록 유도해야 한다.

이외에 집단을 이끌거나 관리하는 사람 역시 공약을 철저히 준수하는 모습을 보여서 공약의 공평성을 강조해야 한다.

둘째, 모든 공약은 즉시 수정하고 보완할 수 있어야 한다.

지금의 공약이 실제로 수행 가능한지, 실용적인지 등을 끊임없이 확인하고 조사해야 한다. 또 만약 문제가 발견되면 집단의 발전에 유리하도록 즉시 수정, 보완해야 한다.

IBM의 2대 CEO인 토머스 왓슨 주니어Thomas Watson Jr.는 간부 회의에서 전 직원이 반드시 검은색 정장과 흰색 와이셔츠를 입을 것을 요구했다. 당시 그들의 고객이 대부분 이런 차림을 하고 있었기 때문에 그에 맞추기 위해서였다. 세월이 흘러 고객들의 옷은 변화했지만 IBM의 직원들은 여전히 토머스 왓슨 주니어의 '복장에 관한 집단 공약'을 지키고 있었다.

시간이 흘러 1995년, 당시 IBM의 CEO였던 루이스 거스너Louis Gerstner는 과감하게 공약을 수정해서 직원들이 때와 장소, 만나는 사람(고객, 관련 공무원, 동료)에 따라서 입는 옷을 자유롭게 결정할 수 있도록 했다. 이것은 이전의 공약을 버린 것이 아니라 실제 상황과 직원들의 요구사항에 최대한 적합하게 수정한 것이었다.

   이외에도 상황에 맞지 않는 공약은 즉시 삭제하고 다른 것으로 대체해야 한다. 이를 위해 항상 구성원들의 의견, 제안, 건의 등에 귀를 기울여야 하며 이를 통해서 공약의 빈틈을 채우는 것이 중요하다.

Chapter 05

타인과 나, 서로 주고받는 영향력

상대의 생각과 행동을 바꿀 수 있는 힘

두 사람 사이에 특별한 소통이 오고갈 때
건강한 관계가 만들어진다

1

먼저 손 내미는 용기

● 허록의 피드백 실험 ●

파나소닉의 설립자 마쓰시타 고노스케松下幸之助는 어느 날 친구들을 초대해 식사를 대접했다. 그들은 모두 스테이크를 하나씩 시켰다. 마쓰시타는 식사를 마친 후 종업원에게 스테이크를 만든 주방장을 불러 달라고 부탁했다. 종업원과 친구들은 마쓰시타의 접시에 스테이크가 절반이나 남아 있는 것을 보고 잠시 후 주방장이 아주 난처한 상황에 처하겠다고 생각했다.

주방장 역시 이야기를 전해 듣고 바짝 긴장했다. 자신을 부른 사람이 다름 아닌 당시 일본에서 '경영의 신'으로 불리는 마쓰시타 고노스케였기 때문이었다. 그는 마쓰시타에게 다가가 조심스럽게 물었다.

"회장님, 스테이크에 무슨 문제가 있습니까?"

마쓰시타는 약간 미안하다는 표정으로 대답했다.

"아! 아니에요. 당신의 스테이크는 아주 훌륭했답니다. 정말 맛있게 잘 먹었어요. 제가 와달라고 부탁한 것은 당신의 요리가 훌륭하다는 이야기를 전하고 싶어서입니다. 하지만 안타깝게도 난 이미 여든 살이 넘은 탓에 위의 소화 능력이 예전만 못하답니다. 그래서 정말 맛있는데도 반밖에 먹지 못했어요. 혹시 이렇게 절반이나 남은 스테이크 접시가 주방으로 돌아가면 당신이 속상해할까 봐 걱정되어서 불렀습니다. 나는 당신의 얼굴을 직접 보고 스테이크가 맛있었다는 이야기를 하고 감사의 뜻을 표하고 싶었어요. 잘 먹었습니다. 감사합니다."

마쓰시타가 말을 마치자 주방장뿐 아니라 그곳에 있던 모든 사람이 그의 인격에 감동했다.

상대에 대한 최고의 존중

미국의 경영컨설턴트인 로버트 헬러Robert Heller는 "사람들은 누군가의 감독을 받을 때 몇 배는 더 노력한다"고 말했다. 이는 곧 자신의 업무나 행동, 말에 대한 피드백을 받을수록 상대의 기대를 실망시키지 않기 위해 더욱 노력한다는 것을 뜻한다. 사람들은 늘 인정에 목말라한다. 자신이 잘한 것을 누군가가 인정해 줄 때 더 잘하려고 노력한다. 자신의 실수를 누군가가 보듬어주면서 용기를 줄 때는 더 이상 실수를 하지 않으려 한다. 사람을 움직이는 가장 빠르고 쉬운 방법이 바로 피드백인 셈이다.

피드백은 상대와의 관계를 견고히 하고 신뢰를 드러내는 인간관계의 근본이다. 마쓰시타가 주방장을 불러 자신이 스테이크를 반이나 남긴 이유를 직접 설명한 것도 요리에 대한 피드백이다. 이것은 그가 주방장과 함께 한 상호활동이라고 할 수 있다.

피드백이란 행위자가 자신의 행위 결과에 대해 이해하게 만드는 것이다. 이것은 그 행위를 강화해서 앞으로도 유사한 행위를 더 많이 하도록 부추기는 작용을 한다. 심리학에서는 이러한 현상을 '피드백 효과'라고 부른다. 마쓰시타는 주방장의 요리에 대한 즉각적인 피드백을 제공해서 주방장이 자신의 노동에 대해 타인의 인정과 존중을 받았다는 사실을 실감하게 해주었다. 더불어 스테이크가 '맛이 없었다는' 오해까지 피할 수 있었다. 이처럼 타인에 대한 피드백은 상대에 대한 인정과 존중이자 사회생활의 지혜라고 할 수 있다.

허록의 피드백 실험

유명한 심리학자 엘리자베스 허록Elizabeth Hurlock은 실험을 통해 피드백의 중요성을 증명했다. 그녀의 실험은 심리학 역사상 가장 중요한 실험 중 하나로 손꼽힌다.

허록은 실험 참가자인 4학년과 5학년 초등학생 106명을 4그룹으로 나누었다. 모든 참가자들은 5일 동안 매일 15분씩 같은 난이도의 덧셈 문제를 풀었는데, 그룹마다 문제를 푸는 환경이 각기 달랐다.

첫 번째 그룹은 일명 '격려 그룹'으로 참가자들은 문제를 풀 때마다 매번 칭찬과 격려를 받았다. 두 번째 그룹은 '비판 그룹'으로 참가자들이 문제를 풀 때마다 엄격하게 비판했다. 세 번째 그룹은 '무시 그룹'이다. 참가자들은 문제를 풀 때마다 아무런 평가도 받지 못했다. 그들은 가만히 앉아 앞의 두 그룹이 칭찬이나 비판받는 것을 들었다. 마지막 네 번째 그룹은 '제한 그룹'으로 무시 그룹과 같이 참가자들은 문제를 풀 때마다 아무런 평가를 받지 못했다. 게다가 그들은 다른 세 그룹과 멀리 떨어져 있어 다른 그룹이 어떤 평가를 받는지 전혀 알지 못했다.

실험 결과는 다음과 같았다. 첫 번째 그룹(격려)과 두 번째 그룹(비판)의 성적이 가장 좋았으며, 세 번째 그룹(무시)과 네 번째 그룹(제한)의 성적이 차례로 그 뒤를 이었다. 특히 첫 번째 그룹의 성적은 계속해서 상승했으며 학습에 대한 적극성 역시 뛰어났다. 반면에 두 번째 그룹의 성적은 일정한 규칙 없이 들쭉날쭉했다.

심리학자들은 이를 각각의 피드백이 만들어내는 결과라고 해석했다. 연구자들은 첫 번째 그룹과 두 번째 그룹의 참가자들이 푼 덧셈 문제에 대한 평가, 즉 피드백을 제공했다. 칭찬이든 비판이든 피드백은 모두 참가자인 초등학생들에게 큰 영향을 미쳤다. 피드백을 받은 학생들의 성적이 받지 못한 학생들보다 좋았던 까닭은 그들이 피드백을 통해서 자신의 학습 결과를 '이해하게' 되었기 때문이었다. 자신의 행위에 대한 이해는 그 다음에 이어진 학습 행위를 강화하도록 했다. 그리고 스스로 유사한 행위를 더 많이 할 수 있도록 만들었다. 피드백이 행위를 강화한 것이다.

이 실험을 통해 심리학자들은 다음과 같은 결론을 내렸다.

첫째, 즉각적인 피드백은 상대에게 행위의 동기를 부여하며, 해당 행위를 강화시킨다.

둘째, 즉각적인 피드백은 상대에게 존중받는 느낌이 들도록 한다.

셋째, 피드백의 방식에 따라 행위에 대한 효과 역시 다르다.

당신의 피드백이 상대의 반응을 결정한다

긍정적이든 부정적이든 피드백은 상대에게 영향력을 미친다. 하지만 허록의 실험 결과에서 알 수 있듯이 긍정적인 피드백의 영향력이 훨씬 크다. 상대에게 피드백을 준다는 것은 상대를 도울 기회를 얻는 것이다. 따라서 상대를 탓하는 부정적인 피드백이 아닌 상대와 소통하고 그 과정에서 상대의 능력과 역할을 최대치로 끌어내야 한다.

실제로 다른 사람의 잘못만 집어내는 사람은 환영받지 못한다. 잘못을 지적받았을 때 "와, 이렇게 나의 잘못을 찾아내다니 그는 정말 대단해!"라고 말하는 사람은 없다. 그는 분명히 "정말 거만하다니까! 항상 남의 트집만 잡고 있으니 원!"이라고 말할 것이다.

그러므로 타인과 소통하거나 협상 또는 설득의 상황에 놓였을 때는 먼저 긍정적인 피드백을 제공해야 당신의 영향력을 키울 수 있다. 그렇다면 어떻게 해야 긍정적인 피드백을 효과적으로 제공할 수 있을까? 다음의 7가지를 기억하자.

하나, 사실과 추측을 구분해서 말한다.

둘, 구체적이고, 명확하며, 겉으로 드러나는 행위에 주목한다. 그래야 상대도 당신의 피드백을 받아들이기 수월하다.

셋, 부정적 피드백을 해야 하는 피치 못할 상황일 때는 개선할 수 있는 부분을 주로 이야기한다.

넷, 상대의 감정 변화를 살핀다. 피드백은 나의 감정을 앞세운 것이 아니라, 상대의 감정을 배려한 상태에서 전달되어야 한다.

다섯, 피드백의 내용은 반드시 상대가 받아들일 수 있는 것이어야 한다. 실현 불가능한 피드백은 차라리 하지 않는 것이 낫다.

여섯, 무겁고 어려운 말투를 피한다. 쉽게 말하는 사람이 가장 강력한 설득력을 가진다.

일곱, 자신만의 방식으로 피드백해야 한다.

인간관계에서 가장 흔히 하는 잘못된 생각 가운데 하나는 말하지 않아도 상대가 내 마음을 알아줄 것이라는 착각이다. 하지만 이는 상대에 대한 무관심에 지나지 않는다. 피드백은 사람과 사람 사이에 관계라는 다리를 놓는 작업이다. 영향력을 가진 사람은 언제나 상대의 행위에 칭찬과 감사의 말을 전하며 친절한 말투로 그를 격려한다. 또 상대의 기를 죽이는 말은 절대 하지 않으며 이를 바탕으로 자신의 영향력을 확대한다.

2

칭찬에 인색한 사람이 되지 마라

● 뮐러와 드웩의 칭찬 실험 ●

1852년 가을, 러시아의 소설가 이반 투르게네프Ivan Turgenev는 집에 있던 구겨진 잡지 〈현대인〉을 집어 들었다. 그는 별생각 없이 페이지를 한 장씩 넘기다가 〈어린 시절〉이라는 단편소설을 읽었다. 투르게네프는 어느 무명작가의 첫 작품인 이 소설을 읽자마자 자신도 모르게 빠져들었다.

그는 무명작가에게 반드시 칭찬의 말을 건네며 격려하고 싶었다. 모든 인맥을 동원해 작가의 주소를 알아보던 중 마침내 그의 고모를 찾아냈다. 투르게네프는 그녀를 찾아가 자신이 소설을 읽고 느낀 감상과 감동을 전하고 찬사를 쏟아놓았다. 무명작가의 고모는 곧 조카에게 편지를 썼다.

'너의 첫 번째 소설에 대한 반응이 좋은 것 같아. 글쎄 《사냥꾼의 수기》를 쓴 유명한 작가 투르게네프 씨가 가는 곳마다 너를 칭찬하신다는구나. 그는 나에게 "이 청년이 계속 글을 쓴다면 전도가 유망할 것입니다"라고 말씀하셨단다.'

사실 이 무명작가의 글은 사는 것이 너무 힘들어 내면의 고통에서 벗어나기 위해 손 가는 대로 쓴 것이었다. 그런데 유명한 소설가인 투르게네프가 자신을 칭찬했다는 사실을 안 순간 그의 마음속에는 다시금 글을 써보고 싶다는 새로운 열정의 불씨가 생겨났다. 투르게네프의 칭찬 덕분에 자신감과 인생의 가치를 찾는 데 성공한 그는 이후 열심히 글을 써서 역사상 가장 훌륭한 작가 중 한 명이 되었다. 무명작가는 바로 톨스토이Tolstoy다.

한 번의 칭찬이 백 번의 비판을 이긴다

모든 사람은 본능적으로 타인으로부터 칭찬받고 싶어한다. 그리고 칭찬이라는 피드백에 상응하는 모습을 유지하고 타인의 기대를 저버리지 않기 위해 최선을 다한다. 인간이 자동차라고 한다면 칭찬은 잠재된 능력을 발휘하고 더욱 능력 있는 사람으로 발전시키는 연료와 같다.

살다 보면 누구나 종종 어려움에 부딪혀 좌절하고 소극적으로 변해서 자신감을 잃고 우울함에 빠질 때가 있다. 이때 누군가가 건넨 격려 한 마디 덕분에 다시 자신감이 생기고, 열심히 노력해서 마침내 성공을 거머쥔 사례를 많이 들어 보았을 것이다. 상대가 발전하기를 바라는 마음으로 수백 번 비판해도 칭찬 한마디의 영향력을 넘어설 수 없다.

미국 철강회사의 CEO를 지낸 찰스 슈왑Charles Schwab은 이렇게 말했다.

"전 세계 어느 곳을 가더라도, 아무리 지위가 높고 대단한 사람이라도, 다른 사람으로부터 인정받으면 비판받을 때보다 더 열심히, 더 훌륭하게 일합니다."

상대를 더 높은 수준으로 끌어 올리거나, 최선을 다해 노력하도록 자극하고 싶을 때 우리가 선택할 수 있는 가장 좋은 방법은 바로 '진심 어린 격려'다. 격려는 상대의 잠재된 능력을 일깨우고, 그가 적극적이고 희망적인 태도, 그리고 긍정적인 마음가짐으로 일하도록 만든다.

뮐러와 드웩의 칭찬 실험

컬럼비아 대학의 클라우디아 뮐러Claudia Mueller와 스탠퍼드 대학의 캐럴 드웩Carol Dweck은 1990년에 칭찬에 관한 실험을 했다.

그들은 종교, 문화, 사회, 경제적 배경이 모두 다른 10~12세의 아이들 400명을 실험 참가자로 선정하고 IQ 테스트를 실시했다. 문제는 여러 도형이 나열된 순서를 보고 다음에 올 도형을 추측하는 매우 간단한 것이었다. 연구자들은 아이들이 작성한 답안지를 채점하고 피드백을 제공했다. 사실 아이들은 모두 문제를 잘 풀었으며 정답률은 80% 이상이었다. 그러나 채점 결과와 관계없이 아이들에게 미리 정해 놓은 대로 말했다. 그들은 아이들을 세 그룹으로 나누었다.

첫 번째 그룹의 아이들에게는 "이렇게 어려운 문제를 풀다니 너희들은 머리가 참 좋구나!"라고 칭찬했다. 두 번째 그룹의 아이들에게는 아무런 말도 하지 않았다. 그리고 세 번째 그룹의 아이들에게는 "정말 열심히 노력했나 보구나! 너희들은 정답률이 80%나 돼!"라고 칭찬했다.

이어진 실험에서 뮐러와 드웩은 이 아이들에게 두 가지 문제를 제시한 후 하나를 선택해서 풀라고 지시했다. 그중 하나는 매우 어려워서 성공률이 낮지만 대신 새로운 지식을 얻을 수 있고, 다른 하나는 훨씬 쉽지만 딱히 배울 만한 것이 없는 문제였다.

그러자 첫 번째 그룹의 65%, 두 번째 그룹의 45%가 비교적 쉬운 문제를 선택했다. 반면 세 번째 그룹에서 쉬운 문제를 선택한 아이들은 10%에 불과했다. 첫 실험에서 칭찬을 들은 첫 번째와 세 번째 그룹의 문제 선택 결과가 판이하게 다른 것이다. 이는 칭찬의 대상이 달랐기 때문이다.

연구진들은 첫 번째 그룹에겐 '지능'에 대해, 세 번째 그룹에선 '노력'에 대해 칭찬했다. 머리가 좋다고 칭찬받은 첫 번째 그룹의 아이들은 괜히 어려운 문제를 선택했다가 실패하면 머리가 나쁘다는 말을 들을까 봐 두려운 나머지 쉬운 문제를 선택하는 경향을 보였다. 다시 말해 머리가 좋다는 것을 입증하고 싶어서 도전을 포기한 것이다. 반면 노력에 대한 칭찬을 들은 세 번째 그룹의 아이들은 자신이 성과를 이룰 수 있었던 것은 노력 덕분이었다고 생각했다. 그래서 더 많은 노력을 기울일 수 있는 어려운 문제를 선택해서 더 큰 성과를 거두고자 했다.

이 실험을 통해 심리학자들은 다음과 같은 결론을 내렸다.

첫째, 칭찬은 다음 행위에 영향을 미친다.

둘째, 노력을 인정받은 사람은 더욱 노력해서 더 많은 성과를 이룰 것이다.

셋째, 천부적 재능보다 노력을 인정하는 것이 훨씬 효과적이다.

영향력을 키우는 특급 칭찬의 기술

칭찬은 단지 상대의 기분을 좋게 하는 데서 끝나는 것이 아니라 더 나아진 행위를 이끌어내는 효과가 있다. 칭찬을 받은 사람은 대뇌피질에서 시작된 흥분이 뇌 전체로 전달되고 이어서 신체의 모든 시스템이 '흥분' 상태에 도달한다. 바로 이때 자신도 몰랐던 잠재적인 힘을 분출하고 더 나은 행위를 만들어내는 것이다.

인간관계에서 상대의 장점을 칭찬하는 것은 매우 중요하다. 그의 멋진 말솜씨, 독특한 관점 등 무엇이든 칭찬의 대상이 될 수 있다. 예를 들어 "이렇게 이야기를 나누니 제가 정말 많은 것을 배우게 됩니다", "당신의 말을 들으니 답답했던 마음이 뻥 뚫리는 것 같아요. 제게 큰 도움이 되었습니다" 등이 있다. 적당한 때에 적합한 칭찬을 건네는 것은 두 사람 사이를 더욱 발전시킬 수 있으며 이와 함께 당신의 영향력 역시 커질 것이다.

그렇다면 어떻게 칭찬해야 상대의 능력과 당신의 영향력을 극대화할 수 있을까?

첫째, 즉각적으로 칭찬한다.

유명한 경영 컨설턴트인 켄 블랜차드Ken Blanchard는 저서 《1분 경영수업》에서 '1분 목표 설정', '1분 칭찬', '1분 질책' 등의 방법을 제시했다. 그는 칭찬이든 질책이든 즉각적인 것이 가장 좋다고 주장했다.

또 즉각적으로 칭찬하면 말하는 사람을 기분 좋게 만들어서 더 많은 정보를 얻을 수 있다고 설명했다.

둘째, 구체적이고 명확하게 칭찬한다.

어떤 부분이 멋지고 훌륭했는지 구체적으로 알려주는 것만큼 듣는 사람을 기쁘게 하고 감동시키는 것은 없다.

셋째, 상대의 말을 따라 한다.

이것은 상대에게 당신의 영향력을 발휘할 수 있는 고도의 기술 중 하나다. 특히 회의를 하거나 대화를 나눌 때 상대가 한 말을 그대로 반복하며 그 대목이 좋았다고 말해 보자. 그러면 그는 당신이 자신의 말을 매우 주의 깊게 듣고 있다고 생각하고 즐겁게 이야기를 이어나 갈 것이다.

넷째, 감동을 나눈다.

상대가 한 일에 대해 어떻게 느끼고 생각하는지 말해야 한다. 이역시 당신이 매우 성실하게 그의 말을 듣고 있다는 것을 알릴 수 있는 방법이다.

3

긍정은 배신하지 않는다

• 그린로스의 매력 실험 •

미국의 제32대 대통령인 프랭클린 루스벨트 Franklin Roosevelt는 세련된 유머와 재미있는 말솜씨를 구사하는 것으로 유명했다.

제2차 세계대전 중 미국 의회에서는 국방부가 요청한 전투기 B12의 제작 계획과 관련해 격렬한 논쟁이 벌어졌다. 이 계획을 지지하던 루스벨트 대통령은 수많은 연설과 회의를 통해 의원들을 설득하려고 했지만 효과가 없었다. 시간이 지날수록 상황은 계획이 무산되는 쪽으로 흘러가기 시작했다. 그러자 루스벨트는 전략을 바꾸기로 했다.

그는 심각한 말투와 전문용어를 모두 버리고 이렇게 말했다.

"사실 B12에 대해 잘 아는 사람은 많지 않을 것입니다. 저도 이 이름을 볼 때마다 꼭 비타민의 한 종류 같다는 생각을 한답니다. 우리 몸에 반드시 필요한 비타민 말이죠. 그래서 국방부가 그렇게 필요하다고 하나 봅니다. 어쩌면 B12는 국방부에 없어서는 안 될 비타민일지도 모르지요."

거의 폐기될 뻔한 B12 제작 계획은 루스벨트의 재미있는 표현 덕분인지 얼마 후 의회에서 깜짝 통과되었다. 이렇게 만들어진 B12는 전쟁 기간 내내 하늘에서 수많은 공을 세워 가치를 증명했다.

의회는 각종 토론과 회의가 열리는 곳으로 항상 매우 이성적이고 논리적인 어휘와 말투가 오간다. 하지만 루스벨트 대통령은 오히려 그 반대로 행동했으며 재미있고 가벼운 말투로 계획을 반대하던 의원들의 태도를 바꾸었다. 그의 유머는 커다란 영향력을 발휘해서 전투기 제작이라는 심각한 사안을 두고 대치하던 긴장된 분위기를 누그러뜨렸다. 뿐만 아니라 양측이 감정 상하지 않고 서로의 의견과 관점을 평화롭고 이성적으로 이해할 수 있는 기회를 제공했다.

유머는 영향력이다

영향력을 만드는 여러 요소 중 빼놓을 수 없는 것이 유머 감각이다. 유머 감각이 뛰어난 사람은 재미있는 말과 행동으로 주변 사람들을 끌어모으고 그들에게 영향력을 미친다.

살다 보면 굉장히 난처하거나 어색한 상황을 피할 수 없을 때가 있다. 이때 재미있는 말투와 익살스러운 유머로 곤란한 상황에서 빠져나올 수 있다. 사람들은 각자의 논리와 판단력을 가지고 있다. 이는 쉽게 변하지 않는다. 자신의 말과 행동, 생각의 기준이 되는 것이며 살아가는 가치라고 여기기 때문이다. 이러한 사람들을 설득하거나 내 편으로 만드는 것은 상당히 어렵다. 특히나 상대가 부정적인 견해를 가지고 있거나 맘에 들지 않는 상황에 놓여 있을 때는 더욱 그러하다. 이런 상황에서 분위기를 부드럽게 만들고 상대의 철옹성 같은 논리를 허물어트리는 것이 바로 웃음이다.

뿐만 아니라 유머는 분위기를 부드럽게 만들어서 상대가 당신에게 호감을 느끼도록 할 수도 있다. 심리학자들은 유머가 태양, 물, 공기만큼이나 중요하며 좋은 인간관계를 쌓는 데 가장 효과적인 방법이라고 말한다.

그린로스의 매력 실험

영국 잡지 〈데일리 텔레그래프The Daily Telegraph〉에 실린 내용에 따르면 여성은 자조 섞인 유머를 구사하는 남성에게 가장 큰 매력을 느낀다고 한다.

미국 뉴멕시코 대학의 심리학자 길 그린그로스Gill Greengross는 유머와 매력의 관계에 대해 실험했다. 그린로스는 실험 참가자인 여대생들에게 4명의 남성이 자신을 소개하는 녹음을 들려주었다. 남성들은 저마다 다른 말투로 이야기했다. 참가자들은 남성들에 대한 호감도를 0점에서 8점까지 표시했다. 실험은 약 2년에 걸쳐 계속되었다. 수많은 실험 자료를 분석한 결과, 가장 매력적이고 사람들의 관심을 끌수 있는 유머는 바로 자신을 낮추는 '자조'라는 것이 밝혀졌다. 자신을 낮추는 유머는 배경이 좋고 잘생길수록 상대에게 더 높은 호감을 불러일으켰다. 그린로스는 이를 가리켜 '휴 그랜트 식 유머'라고 지칭했다.

그는 또한 "이미 여러 연구를 통해 유머 감각이 남성의 매력을 끌어올리는 데 큰 역할을 한다는 사실이 밝혀진 바 있다. 우리 연구팀은 그중에서도 자조 섞인 유머가 여성들에게 가장 큰 영향력을 미친다는 사실을 발견했다. 여성들은 자조 섞인 유머를 구사하는 남성에게 성적인 매력을 느낀다고 응답했다"고 설명했다.

그는 또 이렇게 덧붙였다. "물론 이것은 매우 위험한 방법일 수도 있으므로 매우 주의해서 사용해야 한다. 어쩌면 여성들은 유머가 아니라 당신의 결점에 더 주목할 수도 있다. 이렇게 되면 자조의 의미가 사라지게 된다. 인기가 많지 않은 남학생이 자신의 결점을 주제로 농담을 한다면 여성들의 눈에는 그것밖에 들어오지 않을 것이다. 게다가 친구들은 오히려 그 결점을 이용해서 그를 놀리고 조롱할지도 모른다. 그러면 그의 상황은 이전보다 더 나빠질 것이 분명하다. 그러므로 자조 섞인 유머를 구사해서 여성을 유혹하는 방법이 누구에게나 성공적이라고는 할 수는 없다."

이처럼 늘 완벽하고 멋있는 모습만 보여주는 것보다 가끔은 자신을 살짝 낮추는 것이 상대에게는 인간적으로 다가오며, 적당한 유머로 받아들여질 수 있다.

이 실험을 통해 심리학자들은 다음과 같은 결론을 내렸다.

첫째, 유머에는 상대를 끌어당기는 힘이 있다.

둘째, 유머는 상대와의 커뮤니케이션에서 큰 영향력을 발휘한다. 하지만 부정적인 반응을 유도할 수 있으므로 상대와 상황을 잘 파악한 뒤 사용해야 한다.

감탄과 감동을 이끌어내는 유머 기술

자신과 상대를 모두 유쾌하게 만드는 유머는 좋은 인간관계의 기본 요소다. 유머는 사람들 사이의 오해를 없애고, 갈등을 완화하며, 긴장된 분위기를 부드럽게 만들 수 있다. 난처한 상황에 처했을 때 벗어나는 기회가 되며 일촉즉발의 위기도 무사히 넘기게 해준다. 적절한 유머는 상대가 당신에게 따스하고 우호적인 감정을 느끼도록 만든다. 그때부터 상대는 당신에게 호감을 느끼고 먼저 다가올 것이다.

그렇다면 어떻게 해야 유머 감각을 갖춘 사람이 될 수 있을까?

먼저 자조를 배워라.

자신을 소재로 한 농담, 즉 자조는 유머 감각 있는 사람이 되는 첫걸음이다. 객관적인 눈으로 자신을 바라보고 평가해서 스스로 결점을 드러내고 재미있는 말투로 이야기하는 것은 듣는 사람으로 하여금 웃음을 터뜨리게 한다. 자신을 추켜세우고 자랑만 해서는 절대 상대에게 영향력을 발휘할 수 없다. 재미있는 말투와 입담으로 작은 결점을 이야기해서 자신을 상대와 같은, 혹은 더 낮은 위치로 끌어내려 보자. 그러면 상대는 당신에게 마음을 열고 두 사람은 훨씬 더 가까운 사이가 될 수 있다.

다음으로 지식을 쌓아라.

유머는 지식을 드러내는 방법의 하나다. 다양한 방면의 풍부한 지식을 바탕으로 세상을 바라보는 사람은 말하는 자세와 태도, 말투 등이 매우 자연스럽고 자유로우며 상대를 편안하게 만든다. 이것은 마음만 먹는다고 보여줄 수 있는 모습이 아니다. 반드시 풍부한 지식을 쌓고 내면을 충실하게 해야만 가능한 일이다. 다양한 분야의 많은 책을 읽고 경험을 쌓으며 유명한 사람들의 이야기로부터 지혜를 얻도록 하자.

그리고 긍정적인 마음가짐을 유지하라.

유머는 '관용'의 표현이다. 상대를 이해하고 그의 입장에서 생각하는 유머를 구사할 줄 알아야 한다. 이때 중요한 것은 계산적이지 않고 진심에서 우러나와야 한다는 점이다. 또한 항상 긍정적인 마음가짐을 유지해야 한다. 당신의 생활에 긍정과 유머가 더 많은 부분을 차지하도록 노력해 보자.

마지막으로 통찰력을 키워라.

유머 감각 있는 사람이 되려면 날카로운 통찰력을 키워야 한다. 주변의 사물을 관찰하고 그 본질을 파악해서 적합한 비유와 자조 섞인 말투로 이야기한다면 자신과 주변 사람을 모두 유쾌하게 만들 수 있다. 주변의 모든 것을 정확하게 구별하고 이해해서 유머가 저속함으로 빠져들지 않도록 주의하자.

자신이 유머 감각이 부족하다고 생각한다면 스스로 유머를 위해 얼마나 노력했는지 돌아볼 필요가 있다. "유머 감각이 없는 사람은 스프링이 없는 마차와 같다. 길 위의 모든 조약돌마다 삐걱거린다"라는 미국의 목사이자 노예제 폐지 운동가였던 헨리 워드 비처Henry Ward Beecher의 말을 기억하자.

유머는 상대에게 긍정을 전파하는 강력한 영향력인 동시에 스스로 위험한 상황에서 빠져나올 기회가 된다. 지혜와 지식이 동반된 유머는 사면초가의 상황이나 많은 사람의 비난을 받을 수 있는 상황에서 당신을 도울 수 있다는 사실을 잊지 말자.

4

진심은 넘어지지 않는다

● 앤더슨의 진심의 원칙 실험 ●

　아시아의 대부호이자 청쿵그룹의 회장인 리자청李嘉誠은 조화를 만드는 공장을 세우면서 사업을 시작했다. 그는 항상 성실히 일해서 조금의 빈틈도 보이지 않았으며 아무리 작은 조화라도 진심을 담아 고객을 감동시켰다.

　어느 날 한 업체의 대표가 대량의 조화를 주문하기 위해 리자청의 사무실을 찾아왔다. 여러 협의를 마무리하고 최종 계약을 하기 전, 주문업체의 대표는 보증인이 친필로 쓴 신용장을 요구했다. 그런데 아무리 찾아봐도 이제 막 창업한 리자청을 위해 신용보증을 서주겠다는 사람은 없었다. 그는 무슨 일이 있어도 이 계약을 포기하고 싶지 않았다. 비록 신용장은 마련할 수 없지만 디자이너와 함께 밤을 꼬박 새워서 주문업체가 요구한 샘플을 제작했다. 그리고 다음 날 아침, 리자청은 완성된 샘플 중 가장 아름다운 9개를 들고 주문업체를 찾았다. 그는 대표 앞에 샘플을 펴 보이며 정중한 태도로 마음을 담아 이렇게 말했다.

"정말 죄송합니다. 제가 부족해서 보증인을 찾지 못했습니다. 정말 죄송합니다."

대표는 리자청의 진심 어린 말에 감동 받고 이렇게 말했다.

"리 선생, 지금 보증인이 없어 걱정하는 거라면 그럴 필요 없습니다. 제가 이미 당신의 보증인을 찾았답니다."

무슨 이야기인지 도통 이해할 수 없었던 리자청은 멍하니 그를 바라보았다. 그러자 대표는 웃으면서 이렇게 말했다.

"당신의 보증인은 바로 당신입니다. 당신의 진심, 신용이 내가 가장 필요한 담보입니다."

이 거래는 리자청의 회사가 안정적으로 자리 잡아서 청콩그룹으로 발전하는 계기가 되었다. 1950년대 말 리자청은 외국으로 대량의 조화를 수출했으며 35만 홍콩달러이던 연 매출은 1,000만 홍콩달러까지 크게 상승했다.

리자청이 성공할 수 있었던 것은 바로 그의 진심이 통했기 때문이었다.

진심이 통하면 상대는 저절로 움직인다

한 사람의 성공 여부는 그의 지혜, 능력과 불가분의 관계가 있다. 그러나 이것만으로는 충분하지 않다. 성공의 진짜 필수조건은 바로 '진심'이다. 나의 진심이 상대에게 전달되었을 때 비로소 상대도 진정성에 공감하며 보다 나은 인간관계를 형성하게 된다. 하지만 대부분의 사람들은 상대에게 실제 나의 모습보다 더 나은 사람으로 보이고 싶어한다. 때문에 진심을 드러내기보다 꾸며낸 자신의 모습을 보여주게 된다. 이는 생각보다 스트레스 받는 일이며, 이러한 관계는 오랜 시간 지속되기 어렵다. 단순히 얇고 넓은 인간관계가 아닌 깊고 의미 있는 인간관계를 맺기 위해서는 진정성 있는 솔직한 모습을 보여주는 것이 좋다.

진심이란 마음에서 우러나오는 것이며, 솔직하게 상대를 대하는 태도다. 사람들은 문제에 부딪혔을 때 보통 지혜와 지식을 바탕으로 일을 해결하려고 한다. 물론 이것도 좋은 방법이다. 하지만 진심은 지혜보다 더 큰 영향력이 있다. 따라서 진심을 바탕으로 일한다면 오히려 더 쉽게 성공할 수 있다. 마치 리자청이 진심을 보여 거래를 성사시킨 것처럼 말이다.

다음은 진실한 사람만이 타인에게 환영받으며 그에게 영향을 미친다는 사실을 증명한 실험이다.

앤더슨의 진심의 원칙 실험

인지심리학자 노먼 앤더슨Norman Anderson은 가장 환영받는 성격을 알아보기 위한 실험을 했다. 그는 대학생을 대상으로 실험 참가자를 모집한 뒤 그들에게 사람의 성격을 묘사하는 단어 555개를 제시했다. 그리고 그중에서 가장 좋아하는 단어 8개와 가장 싫어하는 단어 8개를 고르도록 했다.

그 결과 참가자들이 가장 좋아하는 성격으로 고른 단어 8개 중 6개가 모두 '진심'과 직접적인 관련 있다는 사실이 밝혀졌다. 이 6개는 '진심 어린', '성실한', '최선을 다하는', '진실한', '믿음직한', '기댈 수 있는'이었다. 또한 참가자들로부터 가장 낮은 평가를 받은 단어는 '거짓말하는'과 '꾸며낸'이었다.

이 실험을 통해 심리학자들은 다음과 같은 결론을 내렸다.

가장 환영받는 성격은 모두 진심과 관련 있으며, 허위와 가장은 사람들이 가장 싫어하는 성격이다. 사람들은 인간관계에서 진심을 가장 중요한 원칙이라고 생각하는데 심리학자들은 이러한 현상을 '진심의 원칙'이라고 부른다.

말과 행동에서 모두 드러낼 것

진심은 인간관계에서 무엇보다 중요하다. 사람들은 모두 타인과 진실한 태도로, 진심 어린 마음으로 소통하기를 바라기 때문이다. 당신이 진실한 마음을 허심탄회하게 드러내면 상대방은 당신이 어떻게 말하고 행동할지 예측할 수 있다. 그러면 두 사람의 관계는 더욱 안정적이고 신뢰가 쌓일 것이다. 반면에 진심을 드러내지 않는 사람과 만나면 그가 앞으로 어떻게 행동할지 도무지 알 수 없는 탓에 불신이 생길 수밖에 없다.

그러므로 영향력 있는 사람이 되고 싶다면 반드시 진심으로 사람을 대하고 성실히 일해서 상대의 신뢰를 얻어야 한다. 다음의 몇 가지가 그 힌트가 될 수 있다.

첫째, 인간관계를 이용해서 사리사욕을 채우거나 상대를 속이려고 해서는 안 된다. 이런 행동은 일시적인 이익을 가져올 수는 있겠지만 길게 보았을 때 백해무익한 행동이다. 또한 대화를 나눌 때 자신의 진심을 충분히 드러내고, 타인을 존중하며, 진심 어린 말을 해야 한다. 그래야만 당신이 솔직한 마음으로 그를 대하고 있다는 것을 드러낼 수 있기 때문이다.

둘째, 상대가 당신의 진심을 알아주기를 바란다면 행동에 주의해야 한다. 상대를 똑바로 바라보고 편안한 자세로 이야기하는 것이 좋다. 이리저리 두리번거리거나 건성으로 대답해서는 절대 진심을 드러낼 수 없다.

셋째, 사람들은 언제나 자신이 직접 눈으로 보고 검증한 것, 또는 직접 경험한 일들을 더 믿으려고 한다. 그러므로 상대를 대할 때는 진실한 자신의 모습을 드러내야 하며, 계산적이거나 작은 이익을 탐하는 모습을 보여서는 안 된다. 그러면 상대방은 곧 당신의 진심을 느끼게 될 것이다.

5

열정은 콜레라보다 전염력이 강하다
● 애쉬의 열정과 냉정 실험 ●

　미국 시애틀의 어시장인 파이크 플레이스 마켓Pike Place Market은 원래 아는 사람이 많지 않은 그저 그런 재래시장이었다. 그러나 존 요코하마John Yokoyama가 경영을 맡으면서부터 시장은 완전히 탈바꿈하기 시작했다. 많은 이윤을 남기기 시작했을 뿐만 아니라 입소문을 타고 유명해져 관광객이 몰려들었다. 작은 재래시장에 불과하던 이곳이 지역의 명소가 된 비결은 무엇일까?
　존은 우선 점원들의 앞치마를 선명한 빨간색으로 통일해 시각적으로 산뜻한 느낌을 연출했다. 그리고 생선을 팔 때 아무 말도 없이 가만히 서 있지 말고 '환호'하라고 지시했다. 그는 자신이 구상한 '환호 세일즈'를 점원들 앞에서 설명했다. 예를 들어 손으로는 생선을 다듬고 포장하면서 큰 소리로 다음과 같이 외치는 것이다.

"자, 커다란 연어가 여기 계신 아름다운 여인의 댁으로 갑니다!"

"싱싱한 게 여섯 마리가 사장님의 장바구니 속으로 들어갑니다!"

그의 '환호 세일즈'는 대성공이었다. 손님이 많을 때는 사방에서 이런 소리가 연이어 울려 퍼졌고 지나가던 사람도 호기심에 한번씩 들여다보게 만들었다. '한번 구경이나 해볼까?' 하는 마음은 곧 '한번 사볼까?' 하는 마음으로 바뀌었다. 점원들의 마음가짐 역시 달라졌다. 그들의 얼굴에는 웃음이 끊이지 않았고 언제나 활기가 넘쳤다. 이전의 무표정한 얼굴은 찾아볼 수 없게 되었다. 덕분에 많은 이윤을 남기게 된 파이크 플레이스 마켓에는 지금도 고객이 밀려들고 있다.

다른 사람을 끌어당기는 영향력, 열정

존 요코하마의 성공이 알려지자 세계 500대 기업의 전문 경영인들은 앞다퉈 파이크 플레이스 마켓을 방문했다. 그들은 이 작은 어시장이 어떠한 방식으로 탈바꿈했는지, 10년 동안 어떤 방식으로 이윤을 10배나 증가시켰는지 배우고자 했다.

생선 비린내가 코를 찌르는 이곳이 이처럼 성장할 수 있었던 가장 큰 이유는 무엇일까? 수많은 관광객을 끌어들인 것은 다름 아닌 '열정'이었다. 젊은 상인들은 커다란 생선을 머리 위로 던지며 손님들의 눈길을 끄는가 하면, 머리가 희끗희끗한 상인은 우렁찬 목소리로 "생선에 관한 어떤 질문이든 대답해 드립니다. 궁금한 것이 있다면 물어보세요"라고 말하며 걸어 다닌다. 이를 보는 사람들의 얼굴에는 저절로 웃음이 피어난다. 평범한 어시장을 활기차고 유쾌한 곳으로 만든 것은 자기 일에 대한 직원들의 열정이었다. 일 자체를 재미있게 즐기려는 직원들의 열정에 저절로 창의력과 생산성이 올랐다.

열정은 마치 커다란 힘을 지닌 자석과 같아서 주변 사람들을 가까이 끌어당긴다. 또 사람들은 언제나 열정으로 가득한 사람을 좋아하며 그와 함께하는 것을 즐거워한다. 열정의 엄청난 영향력이 주변의 에너지를 끌어모으기 때문이다. 또 전염성이 있어서 주변 사람들까지 열정적으로 만든다.

애쉬의 열정과 냉정 실험

미국의 사회심리학자 솔로몬 애쉬는 열정과 냉정에 관한 실험을 했다. 애쉬는 우선 실험 참가자를 두 그룹으로 나누었다. 그리고 각 그룹에 인성의 특징을 설명하는 형용사를 제시한 다음 이를 근거로 떠오르는 인물의 이미지를 묘사해 달라고 했다. 실험 참가자들에게 제시된 형용사는 다음과 같다.

A그룹: 똑똑하다, 민첩하다, 성실하다, 열정적이다, 의지가 강하다, 현실적이다, 신중하다.

B그룹: 똑똑하다, 민첩하다, 성실하다, 냉정하다, 의지가 강하다, 현실적이다, 신중하다.

두 그룹에 제시한 형용사는 모두 같지만 단 하나, '열정적이다'와 '냉정하다'가 달랐다. 실험 결과 두 그룹의 실험 참가자가 묘사한 이미지는 완전히 달랐다. 함께 살펴보자.

먼저 A그룹의 평가다. 이 사람은 무척 적극적이며 맡은 일을 항상 정확하게 해낼 것이다. 또한 자신의 관점을 잘 설명하며 사람들과 진지한 자세로 소통하며, 토론할 때 무척 성실할 것이다.

B그룹의 평가는 확연히 다르다. 이 사람은 상당히 강한 성격일 것이다. 그는 자신이 거둔 성공과 명석함 탓에 스스로를 다른 사람보다 우월하다고 생각하며, 매우 계산적이고 인정이 메마르고 냉혹한 사람 같다.

A그룹의 실험 참가자들은 이 사람에 대해 긍정적으로 묘사했다. 그들은 이외에도 '관용적인', '즐거운', '똑똑한', '따뜻한', '사교적인', '유머러스한', '인기가 많은', '이타적인', '인자한' 등의 형용사를 사용

했다. 반면 B그룹의 실험 참가자들이 사용한 형용사는 이와 정반대였다.

사회심리학자인 해럴드 켈리Harold Kelley도 열정과 냉정에 관한 실험을 통해 열정의 영향력을 증명했다. 켈리는 한 교실의 학생들을 실험 참가자로 선정하고 그들에게 교수님에게 급한 일이 생겨 오늘은 대학원생이 대신 수업을 하겠다고 말했다. 그리고 대학원생에 대한 간단한 소개 자료를 나누어 주었다. 사실 이 자료는 두 종류였다. 어떤 학생들이 받은 자료에는 '열정적이고, 명석하고, 과감하고, 솔직한 사람'이라고 쓰였지만, 다른 학생들은 '열정적인'이 '냉정한'으로 바뀌어 있는 자료를 받았다. 물론 다른 묘사는 모두 똑같았으며 학생들이 자료가 다르다는 것을 눈치채지 못하도록 했다.

잠시 후 대학원생이 수업을 하고 20분간 토론을 진행했다. 수업이 모두 끝난 후 켈리는 학생들에게 대학원생에 관한 설문조사를 했다. 그 결과 '열정적인'이라고 적힌 자료를 받은 학생들은 그에게 좋은 인상을 받았으며 강의 평가에도 높은 점수를 주었다. 반면 '냉정한'이라고 적힌 자료를 받은 학생들은 그에 대한 인상이 좋지 않았고 강의 평가 역시 낮았다.

이후 켈리는 '열정적인'과 '냉정한'을 '예의바른'과 '언행이 거친'으로 바꾸어서 같은 방법으로 실험했는데 이때는 두 그룹의 평가가 크게 다르지 않았다.

실험들을 통해 심리학자들은 다음과 같은 결론을 내렸다.

첫째, 열정은 한 사람의 중요한 인성 중 하나다. 이것은 한눈에 알아볼 수 있으며 첫인상을 형성하는 데 큰 영향을 주는 핵심 요소다.

둘째, 열정은 타인에게 전염되며 열정적인 사람은 다른 사람을 가까이 끌어당기는 흡인력이 있다.

중력처럼 서로를 끌어당기다

심리학자들은 열정의 영향력을 '흡인력'으로 해석했다. 열정적인 사람은 긍정적인 마음가짐과 특유의 명랑함으로 주변 사람들을 가까이 끌어당긴다는 것이다. 이를 통해 위급한 상황을 안정적으로 만들거나 타인의 도움이 필요할 때 쉽게 도움을 얻을 수 있다. 반대로 냉정한 사람은 주변 사람을 멀어지게 한다. 실제로 대부분 기업이 직원을 모집할 때 가장 중요하게 보는 것이 바로 지원자가 '일에 대해 얼마나 열정이 있는가?'다.

경영 컨설턴트인 제임스 스키너James Skinner는 열정은 콜레라보다 전염력이 강하다고 말했다. 반대로 모든 일에 무관심하고 무성의한 태도 역시 전염된다고 했다. 즉 얼마나 열정적이냐, 냉정하느냐에 따라 사람의 행동을 지배할 수 있다는 것이다.

만일 어느 상점에 들어가 상품에 관해 물어보았을 때 관심 없다는 말투와 태도를 보인다면 사려고 집었던 물건도 놓고 나올 것이다. 하지만 친절히 열정을 다해 설명해 준다면 반드시 상품을 살 것이다.

열정은 그 사람이 삶을 얼마나 사랑하는지, 얼마나 에너지가 넘치는지 보여주는 기준이 된다. 열정이 있으면 매사에 적극적이고 진취적인 자세로 대할 수 있기 때문에 일상생활과 업무에 반드시 필요하다. 그렇다면 어떻게 해야 자신이 열정으로 가득한 사람임을 드러낼 수 있을까?

먼저 미세한 표정과 행동에 주목하라. 미소, 끄덕임, 긍정적이고 따스한 눈빛 등은 모두 당신의 열정을 표현한다. 이러한 미세한 표정과 행동으로 상대에게 영향력을 발휘해 불편한 관계에 있던 사람도 내 편으로 만들게 하며, 심지어 그들을 열정적으로 만들 수도 있다.

그리고 자신감을 가져라. 나는 과연 어떤 방식으로 정보를 전달하고 있는가? 확신에 찬 말투인가, 모호한 말투인가. 힘 있는 목소리로 말하는가, 아니면 가늘고 힘없는 목소리로 말하는가. 말투와 목소리는 당신의 자신감과 긍정적인 마음가짐을 드러낸다.

마지막으로 칭찬하라. 당신이 하는 말과 전달하는 정보를 상대가 즐거운 마음으로 받아들이게 하고 싶다면 가장 좋은 방법은 칭찬이다. 진심에서 우러나오는 칭찬은 그를 기분 좋게 만들 뿐 아니라 당신의 열정을 전달한다. 상대는 당신을 기억할 것이며 기꺼이 당신과 정보를 나누고자 할 것이다.

긍정적인 마음가짐으로 삶을 마주하고 주변 사람들이 당신의 열정과 에너지를 느끼게 만들자. 열정에서 뿜어져나오는 영향력에는 중력처럼 사람을 끌어당기는 힘이 있다. 자연스럽게 좋은 인간관계를 쌓고 영향력도 키울 수 있다.

6

영향력의 기초, 신뢰 사용설명서

• 자크의 신뢰 실험 •

　제2차 세계대전이 한창이던 1944년의 크리스마스 저녁, 폭설에 길을 잃은 미국 병사 세 명이 함께 인가를 찾고 있었다. 병사 한 사람이 부상을 입어 그를 부축하느라 세 사람 모두 더는 움직일 힘조차 남아 있지 않았다. 그러던 중 독일 서남쪽 국경의 아르덴 숲에서 작은 통나무집을 발견했다. 문을 두드리자 마음씨 착한 독일인 여주인은 춥고 배고픈 미국 병사 세 명을 집안으로 들어오게 했다. 그녀는 재빨리 저녁식사를 준비하기 시작했다. 엄밀히 말하면 그들은 여주인의 적국 병사들이었다. 하지만 그녀는 조금도 불안해하거나 경계하지 않았다. 비록 전쟁터에서는 적군이지만 일상생활에서는 자신과 다를 바 없는 보통 사람이라고 생각했기 때문이었다.

여주인이 분주히 식사 준비를 하고 있을 때 다시 한 번 대문을 두드리는 소리가 들렸다. 그녀가 문을 열었을 때 문밖에는 독일 병사 4명이 서 있었다. 역시 길을 잃은 그들은 몹시 피곤하니 하룻밤만 쉬어 갈 수 있겠느냐고 물었다. 여주인은 살짝 당황했지만 곧 미소를 지으며 그들에게 오늘 집에 특별한 손님이 와 있다고 알렸다. 그리고 크리스마스 분위기가 가득한 이 집에서 피비린내 나는 살육 전쟁을 벌일지, 아니면 모두 앉아 즐겁게 저녁 만찬을 누릴지 결정하라고 말했다. 여주인의 말을 이해한 독일 병사들은 총을 내려놓고 집 안으로 걸어 들어갔다.

그날 밤 미국과 독일 병사들은 참혹한 전쟁을 잠시 잊고 작은 통나무집에서 함께 멋진 크리스마스를 보냈다. 다음 날 아침, 모처럼 단잠을 잔 병사들은 함께 지도 한 장을 펴고 각자의 진지로 가는 길을 찾았다. 그리고 악수를 하며 작별인사를 나눈 뒤 서로 반대 방향으로 걸어갔다.

참혹한 전쟁 속에서 7명의 병사들이 적의를 거두고 아름다운 밤을 보낼 수 있었던 것은 서로를 신뢰한 덕분이었다. 비록 말은 통하지 않았지만 그들 사이의 신뢰는 언어와 관계없이 그저 영혼의 교감만으로 충분했다. 병사들은 자신의 생명을 신뢰할 가치가 있다고 생각한 사람에게 맡기고 무엇과도 비교할 수 없는 편안한 하룻밤을 지냈다.

권위보다 신뢰를 먼저 얻어라

앞서 설명했던 권위의 영향력은 누구도 부정할 수 없는 막강한 힘을 지녔다. 하지만 권위는 소수의 사람만 가질 수 있는 신기루와 같은 것이다. 또 자신의 권위를 과도하게 이용했다가는 오히려 부작용을 유발할 수도 있다. 이에 관해 GE의 회장이었던 잭 웰치Jack Welch는 다음과 같이 말했다.

"어떤 사람들은 리더가 된 후 자신에게 주어진 권력에 빠져 길을 잃는다. 그들은 타인을 압박하고 정보를 독점하며 비밀리에 일을 처리한다. 또 자신의 생각을 철저히 감춘 채 절대 누설하지 않으며 심지어 회사의 경영정보까지 은폐하려 한다. 이렇게 하면 일시적으로 그의 권위가 커질 수는 있지만 결과적으로 회사 내부의 신뢰를 잠식하게 된다."

권위를 세우기 전에 신뢰를 쌓는 것이 중요하다는 것이다. 사실 신뢰를 쌓지 못하면 권위를 얻기도 어렵다. 어느 누가 믿음이 가지 않는 사람에게 막대한 영향력과 권력을 행사할 수 있는 권위를 제공하려 하겠는가.

신뢰의 사전적 의미는 '굳게 믿고 의지함'이다. 즉 신뢰는 무언가를 또는 누군가를 절대적으로 믿고 그에 관해 확신을 갖는 것을 뜻한다. 이 신뢰는 결코 한 번에 형성되지 않는다. 시간을 두고 여러 번의 경험을 통해 상대가 언제나 옳은 일을 하는지, 반드시 약속을 지키는지, 어떤 상황이 닥쳐도 변함없이 한결같은 사람인지를 파악한 뒤에야 상대를 믿을 수 있다는 확신이 생긴다. 그제야 비로소 '신뢰'라는 것이 형성된다. 한 번 생겨난 신뢰는 상대에 대한 의심 없는 믿음으로 발동한다.

예를 들어 당신이 사무실에서 늘 앉아서 생활하는 의자를 떠올려 보자. 출근해 별다른 의심 없이 의자에 앉는다면 당신은 의자를 신뢰하고 있는 것이다. 이미 수차례 의자에 앉았고, 의자의 네 다리가 당신을 버티고 있다는 사실을 알고 있고, 앞으로도 변함없이 당신이 편안하게 일할 수 있도록 지탱할 것이라 생각하기 때문이다. 따라서 의자에 대한 신뢰만으로 주저하지 않고 앉을 수 있다.

이렇듯 신뢰는 여러 차례의 검증과 확인을 거쳐 생성되며, 한 번 생겨난 신뢰는 상대에 대한 무한한 믿음을 전제한다. 당신의 영향력이 만들어진 것이다. 따라서 당신을 신뢰하는 상대와 진정한 소통을 나누고 두려움 없이 대할 수 있게 된다.

자크의 신뢰 실험

　클레어몬트 대학원의 폴 자크Paul Zak 교수의 연구팀은 신뢰에 관한 실험을 진행했다. 연구팀은 처음 만나는 사람들을 둘씩 짝지어 서로의 신뢰도를 측정하기로 했다. 참가자 전원에게 10달러씩 나눠준 뒤 돈의 일부나 전부를 짝지어진 상대에게 줄 수 있는 권한을 부여했다. 이때 상대에게 보낸 돈의 3배가 실제로 상대에게 전달되는 것이다. 참가자 A가 자신의 상대인 B에게 2달러를 보내면, B는 6달러를 갖게 되는 원리다.

　참가자는 자신의 짝이 누구인지 전혀 알지 못하며 각자 주어진 컴퓨터를 통해 돈을 주고받는다. 상대로부터 돈을 받은 다음에는 실제로 자신도 돈을 보내는 입장이 되어 같은 위치에 놓인다. 이는 내가 상대에게 신뢰가 가는 행동을 했을 때 상대도 나에게 신뢰를 보여줄 것이라는 믿음을 주기 위함이었다. 반대로 내가 상대를 신뢰하지 않으면 상대도 나를 신뢰하지 않으리라는 것을 확인할 수도 있다.

　실험이 끝난 뒤 연구진은 참가자들의 혈액을 채취해 옥시토신의 양을 측정했다. 옥시토신은 뇌에서 분비되는 호르몬으로 연대감, 즉 신뢰를 촉진하는 물질로 알려져 있다. 측정 결과 상대와 돈을 주고받은 사람들 모두 옥시토신 수치가 상승했다. 일시적이나마 자신의 상대와 유대감을 형성하며 신뢰를 쌓은 것이다. 재미있는 사실은 받은 돈이 많을수록 옥시토신 수치도 높다는 점이다. 자신이 받은 돈이 많을수록 상대가 자신을 신뢰한다고 믿으며 상대의 신뢰에 보답하고자 하는 마음이 상승한 결과였다. 즉 상대에게 신뢰를 보내면 상대 역시 신뢰로 답하고자 한다는 것을 알 수 있는 실험이었다.

이와 같은 과학적 실험이 아니어도 상대와의 신뢰를 확인할 수 있는 간단한 방법이 있다. 한 대학의 수업시간, 교수는 학생들에게 재미있는 놀이를 제안했다. 놀이는 매우 간단하며 많은 학생들이 이전에 해본 적이 있을 것이라고 설명했다.

교수는 학생들이 마주 보고 두 줄로 서도록 한 다음 앞줄의 학생에게 몸을 뒤쪽으로 최대한 젖히라고 지시했다. 그리고 뒷줄의 학생에게는 앞줄의 학생이 뒤로 넘어질 수 있으니 손을 뻗어 그를 받쳐주어야 한다고 말했다. 여기까지 설명하자 학생들은 어린 시절의 놀이와 다를 게 없다며 웃기 시작했다.

이 놀이는 앞줄의 학생이 뒤로 몸을 젖힐 때 뒷줄의 학생이 받아주지 않으면 중심을 잃고 고꾸라지고 만다. 재미있을 것 같다며 웃던 학생들은 막상 실험이 시작되자 예상과 다른 모습을 보였다. 앞줄의 학생들은 몸을 뒤로 젖히기는 했으나 슬쩍슬쩍 뒤를 보며 균형을 잃지 않으려고 몸을 사린 것이다. 그들은 정말 넘어지고 싶지 않은 듯 보였다. 그러자 뒷줄의 학생들도 굳이 도와야겠다는 생각을 하지 않고 그저 형식적으로 손을 뻗어 앞줄 학생의 옷에 손만 닿는 시늉을 했다.

그런데 이때 한쪽에서 의외의 일이 발생했다. 키가 180cm가 넘는 남학생이 꼿꼿하게 선 채로 망설임 없이 몸을 뒤로 던진 것이다. 그러자 뒷줄에 멍하니 서 있던 아담한 체격의 여학생은 앞줄의 남학생이 넘어오는 것을 보고 온 힘을 다해 그가 넘어지지 않도록 꽉 잡고 버텼다. 물론 힘이 들기는 했지만 여학생 덕분에 남학생은 넘어지지 않았다.

실험이 모두 끝난 후 교수는 학생들에게 말했다.

"오늘의 신뢰 실험은 매우 성공적이네요. 신뢰란 무엇일까요? 신뢰는 조금 전의 남학생과 같은 것입니다. 아무런 경계와 의심도 없이 자신을 완전히 타인에게 내맡기는 것이죠. 또한 뒷줄에 서 있던 여학생은 '신뢰할 가치가 있는 사람'의 훌륭한 예를 보여주었습니다. 이런 사람은 자신이 아무리 힘들어도 개의치 않고 타인이 부탁한 일을 잘 해내려고 합니다."

사람들은 항상 타인으로부터 신뢰받기를 갈망하지만 좀처럼 먼저 타인을 신뢰하지 않는다. 하지만 인간관계에서 한 쪽이 먼저 상대를 신뢰하면 두 사람 사이에는 보이지 않는 '분위기'가 형성된다. 그리고 이런 종류의 '분위기' 속에 들어간 사람은 자신을 신뢰해 준 상대를 실망시키지 않으려고 최대한 노력한다.

　실험에서 과감하게 뒤로 몸을 젖혔던 남학생은 뒷줄의 여학생을 신뢰했다. 그러자 연약한 여학생은 남학생이 자신에게 보여준 신뢰의 영향을 받아 온 힘을 다했다. 그 결과 덩치 큰 남학생이 넘어지지 않도록 지탱할 수 있었다.

　이들 실험에서 심리학자들은 다음과 같은 결론을 내렸다.

　첫째, 신뢰받는 사람은 에너지가 생긴다.

　둘째, 신뢰하는 것과 신뢰받는 것은 같은 것으로 일종의 작용과 반작용의 관계라고 할 수 있다.

　신뢰란 배려하고 공감하는 과정에서 생겨난다. 상대와 공감하게 되면 가진 것을 나누어주고 싶은 마음이 들고 나아가 상대를 믿게 된다. 따라서 상대를 설득하거나 움직이고자 한다면 공감을 통한 신뢰 형성이 필요하다.

신뢰받고 싶다면 먼저 믿어라

　사람과 사람 사이에서 가장 즐겁고 행복한 일은 바로 '상호 신뢰'다. 서로 신뢰하는 분위기 속에서 사람들은 긍정적인 힘을 얻고 좋은 인간관계를 만들 수 있다.

　심리학 연구든 일상생활에서든 절대 잊지 말아야 할 진리는 바로 신뢰의 영향력이 쌍방향이라는 것이다. 당신이 상대를 신뢰하면 상대 역시 당신을 신뢰한다. 또 상대로부터 신뢰받고 있다는 느낌을 받으면 아마 당신 역시 자연스레 상대를 신뢰하게 될 것이다.

그러므로 상대의 신뢰를 얻고 싶다면 먼저 그를 신뢰하면 된다. 다시 말해 자신이 먼저 '타인을 신뢰하는 능력'을 갖춰야 한다. 질투, 의식, 경계, 적의 등과 같은 마음가짐으로 상대를 대한다면 그와 관계를 형성하기는커녕 배척당할 것이 뻔하다.

상대의 신뢰를 얻는 데 꼭 필요한 것이 바로 'LAWS의 법칙'이다. LAWS란 경청(Listen), 인정(Appreciate), 관심(Wake Up), 도움(Serve Others)을 의미한다. 상대의 이야기를 진심을 다해 들어주고, 상대의 능력과 가치를 인정하며, 상대의 모든 말과 행동에 관심을 기울이고, 상대가 어려운 상황에 빠졌을 때 도움을 준다면 상대는 이미 당신을 신뢰하고 있을 것이다.

Chapter 06

영향력의 완성

큰 성공을 만드는 작은 행동의 힘

> 무한한 잠재력을 믿고
> 즉각 행동하라

1

당신의 말과 행동 사이

• 변의 약속 실험 •

다음은 《한자韓子》에 나오는 '증삼교자曾參教子'의 내용이다.

어느 날 증삼의 부인이 시장에 가려는데 어린 아들이 울며 따라가겠다고 칭얼거렸다. 부인은 아이를 집에 두고 얼른 다녀오려고 이렇게 말했다.

"집에서 얌전히 기다리고 있으면 엄마가 금방 돌아와서 돼지를 잡아 맛있는 요리를 해줄게."

잠시 후 시장에서 돌아온 그녀는 증삼이 날카롭게 간 칼을 들고 돼지를 잡으려는 것을 보고 깜짝 놀라 남편을 말리며 말했다.

"아이를 달래려고 그냥 한 말일 뿐인데 어찌 그것을 진짜로 여기십니까?"

그러자 증삼은 이렇게 대답했다.

"부인, 말은 그렇게 아무렇게나 하는 것이 아니라오. 아이가 아직 어려 판단력이 없으니 부모의 말과 행동을 그대로 따라 할 것이오. 그런데 지금 당신이 아이를 거짓말로 속인다면 사람을 속이는 법을 가르치는 것과 무엇이 다르겠소. 또 자신이 속았다는 것을 안다면 아이는 장차 어머니조차 믿지 못할 것이오. 이것은 아이를 제대로 가르치는 것이 아니오!"

이 말을 들은 아내는 자신의 잘못을 깨달았으며 부부는 결국 돼지를 잡아 아이에게 먹였다.

약속의 영향력

증삼은 부인에게 언행일치의 중요성에 대해 이야기했다. 그리고 일단 약속했다면, 그리고 그 약속이 공개적이고 자신의 노력으로 실현 가능한 것이라면 반드시 수행해야 한다고 강조했다. 심리학에서는 이것을 '약속의 영향력'이라고 한다.

살아가면서 누구나 한 번쯤은 약속 시간에 늦은 경험이 있을 것이다. 그런데 종종 약속에 늦는 것을 습관처럼 여기는 사람이 있다. 이들은 상대에게 성실하지 못하다는 인상을 남긴다. 불성실한 사람과 비즈니스 관계를 맺거나 개인적인 관계를 맺고 싶은 사람은 없을 것이다.

협상 전문가 로저 도슨Roger Dawson은 영향력은 '존경심'에서 비롯되며 이것은 상대가 '언행일치'의 모습을 보였을 때 만들어진다고 단언했다. 말과 행동이 일치하는 사람만이 존경받을 수 있는 것이다.

번의 약속 실험

미국에서 1년 동안 배출되는 쓰레기는 총 1억 5,000만 톤으로 뉴올리언스의 슈퍼 돔Super dome을 두 번 채울 수 있는 양이라고 한다. 캘리포니아 주립공과대학의 심리학자 숀 번Shawn Burn은 쓰레기 분리수거를 좀 더 확대할 방법을 연구하면서 다음과 같은 실험을 했다.

실험 대상은 로스앤젤레스 동부 클레어몬트의 5개 지역으로 선정되었다. 번과 동료들은 사전에 현지 주민들의 쓰레기 분리수거 상황을 비밀리에 관찰하고 약 200가구가 쓰레기 분리수거를 하지 않는다는 사실을 확인했다. 그래서 이 가구들이 앞으로 쓰레기를 분리하도록 유도하는 방법을 찾고자 했다.

번은 이 실험에 보이스카우트의 도움을 받기로 했다. 보이스카우트 대원들은 3주에 걸쳐 관련 교육을 받고 쓰레기 분리수거의 이점을 강조한 글을 읽는 연습을 했다. 그다음 이웃을 방문하고 그들에게 글을 읽어주는 '리허설'까지 진행했다.

이처럼 훈련이 잘된 대원들은 3인 1조가 되어 클레어몬트로 갔다. 그리고 사전조사에서 쓰레기 분리수거를 하지 않는 것으로 분류된 가구를 방문해 훈련한 대로 글을 낭독하고 분리수거의 중요성을 홍보했다. 홍보 활동의 마지막 단계는 서약서를 쓰고 스티커를 붙이는 것이었다.

주민들은 "나는 클레어몬트의 쓰레기 분리수거 계획을 지지할 것을 약속합니다"라고 쓰인 서약서에 서명했으며, '나는 쓰레기를 분리수거합니다'라고 적힌 스티커를 받아서 잘 보이는 곳에 붙였다.

6주에 걸친 보이스카우트 대원들의 홍보 활동이 끝난 후 연구자들은 다시 쓰레기 분리수거 현황을 관찰했다. 그 결과 서약서를 쓰고 스티커를 붙인 가구 중 20%가 분리수거를 시작한 것으로 밝혀졌다. 반면에 대원들이 방문하지 못한 가구 중 분리수거를 시작한 가구는 겨우 3%에 불과했다.

약속은 크게 구두 약속과 서면 약속으로 나뉜다. 두 가지 모두 일종의 '책임'을 의미하며 그것과 일치된 행위로 표현된다. 그래서 약속은 개인의 행위에 영향을 미친다. 번의 쓰레기 분리수거 실험에서 실험 참가자들이 설명을 듣고 쓰레기 분리수거에 참여하겠다고 약속한 시간은 몇 분에 불과했다. 서약서에 서명하는 것은 아주 단순한 동작으로 실제적인 강제성은 없었지만 이 약속은 곧 쓰레기 분리수거에 대한 그들의 태도를 변하게 만들었고 실제 행위로 이어졌다.

이 실험을 통해 심리학자들은 다음과 같은 결론을 내렸다.

첫째, 약속은 행위에 영향을 미친다.

둘째, 약속과 행위는 서로 영향을 미칠 수 있다. 행위로 이어지지 않은 약속은 공허한 외침일 뿐이다.

셋째, 약속과 일치하는 행위가 바로 '약속의 영향력'이다.

언행일치로 신뢰를 얻어라

경영 컨설턴트이자 작가인 짐 콜린스 Jim Collins는 자신의 저서 《좋은 기업을 넘어 위대한 기업으로》에서 "꾸준히 언행일치를 실천하는 정직한 리더만이 최고가 될 수 있다"고 말했다. 그의 말처럼 언행일치는 인격이 훌륭하고 도덕적으로 뛰어난 사람이 반드시 갖추어야 하는 특징이다. 지능이 높은 사람보다 인격이 훌륭한 사람이 존경받는다는 사실을 명심해야 한다.

언행일치와 관련해서 다음의 두 가지를 기억하자.

첫째, 겉과 속이 같은 사람이 되어야 한다.

'겉과 속이 같은 것'은 매우 훌륭한 품성이다. 이것은 언제나 마음에 새겨야 할 도덕관이며 복잡한 현대 생활에서도 반드시 잊어서는 안 될 행위 준칙이라고 할 수 있다. 어찌 보면 일단 결정했으니 더 이상 생각할 필요 없이 그대로 밀고 나가기만 하면 되는 것이다. 때로는 이러한 태도를 보이는 것만으로도 문제를 해결할 수 있다.

말과 행동이 같은 언행일치를 실천한다면 사람들은 모두 의심을 거두고 양팔 벌려 당신을 받아들일 것이 분명하다. 그러면 당신은 더 깊고 안정된 인간관계를 쌓을 수 있을 것이다.

둘째, 언행일치로 신뢰와 존경을 얻을 수 있다.

대부분의 사람은 '어떻게 해야 사람들이 내 말을 따르도록 할까?'만 생각한다. 그러나 우리는 '어떻게 해야 다른 사람에게 더 큰 영향력을 미칠 수 있을까?'를 먼저 고민해야 한다.

이 고민의 답은 신뢰와 존중이며 이 두 가지를 얻고 싶다면 말과 행동을 일치하는 것에서부터 시작해야 한다. 물론 언행일치는 말하기는 쉬워도 실천하기 어려운 일이다. 그러나 해내기만 한다면 사람들은 당신을 신뢰하고 존중하며 적극적으로 다가올 것이다.

2

무엇을 말하는가보다
무엇을 하는가가 중요하다

● 반두라의 볼링 실험 ●

중국의 영화감독 이안李安은 아카데미 시상식 감독상, 베니스 국제 영화제 황금사자상, 베를린 국제영화제 황금곰상 등 유명 영화제를 휩쓴 거장이다. 〈와호장룡〉, 〈브로크백 마운틴〉, 〈음식남녀〉, 〈라이프 오브 파이〉 등 그의 유명한 작품들은 세계 곳곳에서 인기리에 상영되었다. 하지만 국제적인 명성을 얻은 감독들 대부분이 그러하듯 이안도 처음에는 무척 어려운 생활을 했다.

그는 뉴욕 대학에서 영화제작을 공부했지만 직장을 구하지 못해하는 일 없이 집에서 먹고 자는 '백수'로 전락하고 말았다. 가장이 돈을 벌지 못하니 생활비는 당시 박사학위 과정을 공부하던 아내의 장학금을 쪼개어 충당할 수밖에 없었다. 이안은 식구들을 부양하지 못하는 자신의 처지에 크게 낙담했다.

이안은 공부하는 아내 대신 장보기, 식사 준비, 청소 등 각종 집안일과 아이들을 학교에 데려다주고 데려오는 일 등을 모두 도맡았다. 이렇게 무의미한 일상은 무려 6년이나 계속되었다. 후에 이안은 이때를 회상하면서 농담처럼 이렇게 말했다.

"아마 그때 인내력이 조금이라도 부족했다면 그냥 죽어버렸을 겁니다."

하지만 그 세월을 그저 헛되이 보낸 것만은 아니었다. 이안은 힘들었지만 누구도 원망하지 않았다. 그렇다고 언젠가는 반드시 성공하고 말겠다고 호언장담하지도 않았다. 그저 자신만의 영화를 만들겠다는 꿈을 버리지 않고 그것을 위해 묵묵히 할 일을 했을 뿐이었다. 그는 매일 많은 책을 읽고 영화를 보았으며 할리우드 영화의 시나리오 구조와 제작방식을 연구했다. 또 책상에 앉아 자신의 시나리오를 쓰는 데 열중했다. 그렇게 새로 쓰고 고치기를 여러 번 반복한 끝에 마침내 1990년에 영화 〈쿵후 선생〉의 시나리오가 완성되었다. 이 시나리오는 공모전에서 '우수 시나리오상'을 수상했다. 이때 받은 상금

40만 위안으로 이안은 드디어 영화를 만들게 되었다. 2년 후 마침내 그의 첫 영화인 영화 〈쿵후 선생〉이 상영되었고 이안은 세계적인 영화감독의 길을 걷게 되었다.

행동은 거짓말을 하지 않는다

'말'과 '행동' 중 어느 것이 설득력이 더 클까? 한번 생각해 보자. 당신은 주변 사람들의 말을 더 믿는가, 아니면 그들의 행동을 더 믿는가? 아마도 대부분의 사람이 행동이라고 대답할 것이다.

실제로 많은 사람이 말보다 행동이 더 중요하며 실제 문제를 해결하는 데 훨씬 도움이 된다고 생각한다. 말은 진짜 목적을 감추고 거짓으로 꾸밀 수 있고 몇 번이고 번복할 수도 있지만 행동은 그럴 수 없기 때문이다. 아무리 겉과 속이 다르고 의뭉스러운 사람이라도 진짜 목적을 끝까지 꼭꼭 숨기기는 어려우며 어느 순간에는 반드시 행동으로 드러나기 마련이다.

'말한 대로 행동하는 것'은 의심의 여지 없이 가장 이상적인 상황이라 할 수 있다. 그렇다면 '말하는 것'과 '행동하는 것'이 서로 다를 경우, 이 두 가지 중에서 그 사람의 진실한 마음을 드러내는 것은 어느 쪽일까? 정답은 바로 '행동하는 것'이다. 행동은 말보다 훨씬 큰 영향력을 지녔다.

반두라의 볼링 실험

심리학자 알버트 반두라Albert Bandura는 초등학교 3학년부터 5학년까지의 학생들을 대상으로 말과 행동에 관련된 심리실험을 했다. 실험 참가자들은 모두 '볼링 게임'에 참여해 상품권을 받았으며 이것을 현금으로 교환할지, 아니면 기부를 할 것인지 선택해야 했다.

반두라는 실험 참가자들을 4그룹으로 나누고 각각의 그룹에 연구원을 투입했다. 연구원들은 그룹 안에서 반두라의 실험 계획대로 행동하며 아이들의 본보기, 즉 모범 행위의 역할을 했다.

첫 번째 그룹의 연구원은 매우 '이기적인 사람'이었다. 그는 아이들에게 좋은 것이 생기면 자신이 써야 하며 다른 사람들을 위해 사용할 필요는 없다고 말했다. 그리고 자신의 상품권을 기부하지 않았을 뿐만 아니라 기부하려는 아이들을 말리기까지 했다.

두 번째 그룹의 연구원은 '선한 사람'이었다. 그는 아이들에게 좋은 것이 생기면 반드시 다른 이와 나누어야 한다고 말하면서 솔선수범해서 자신의 상품권을 가장 먼저 기부했다.

세 번째 그룹과 네 번째 그룹의 연구원들은 모두 말과 행동이 다른 사람이었다. 세 번째 그룹의 연구원은 말로는 다른 사람을 도울 필요 없다고 했지만 실제로는 상품권을 기부함에 넣었다. 반대로 네 번째 그룹의 연구원은 다른 사람을 위해 상품권을 기부하는 것이 좋겠다고 말했지만 실제로는 기부하지 않았다. 이처럼 서로 다른 모범 행위를 본 아이들은 각각 어떻게 행동했을까?

실험 결과 두 번째와 세 번째 그룹의 실험 참가자들이 기부한 상품권은 첫 번째와 네 번째 그룹보다 훨씬 많았다. 아이들은 연구원의 말보다 행동에 더 큰 영향을 받은 것이었다.

이 실험을 통해 심리학자들은 말로 하는 권유보다 실제 행동의 영향력이 더 크다는 결론을 내렸다.

적극적인 행동이 상대를 움직인다

반두라의 '볼링 실험'은 말보다 행동이 더욱 중요하다는 사실을 잘 보여준다. 우리가 사람을 대할 때 염두에 두어야 할 것은 '무엇을 말하는가'가 아니라 '무엇을 하는가'인 셈이다. 그렇기에 말에 부합하는 적극적인 행동을 보여준다면 당신의 영향력은 더욱 커질 것이다. 이를 위해 다음의 몇 가지를 기억하자.

첫째, 자신과 상대 모두에게 긍정적인 행동을 찾아라.

상대가 당신을 받아들이도록 하려면 그와 당신의 차이를 이해하는 것이 중요하다. 상대가 긍정적으로 생각하는 부분을 더욱 부각하고 공개된 장소에서 당신의 긍정적인 모습을 드러낸다면 영향력은 더욱 커질 것이다.

둘째, 영향력 있는 행동을 하라.

자신의 권리를 지키는 모습이나 당당하게 자신의 요구와 의견을 전하는 등 진심 어린 말투로 감동과 신념을 표현하는 것이다. 이러한 행동들 모두 상대의 긍정적인 반응을 불러올 것이 분명하다.

셋째, 불안해도 물러서지 마라.

타인이 당신을 거부할까 봐 혹은 더 이상 당신을 좋아하지 않을까 봐 걱정되어 일부러 자세를 낮추거나 권리를 포기하는 경우가 있다. 또는 자신이 다른 사람에 비해 부족하다고 생각해서 의기소침해질 수도 있다. 이런 태도로는 절대로 상대에게 영향력을 발휘할 수 없다. 당신이 정확하다고 여기는 일이라면 당당히 그것을 밀고 나가야만 상대를 감동시키고 그에게 영향력을 미칠 수 있다. 그러면 그들은 자연스럽게 당신을 지지할 것이다.

상대의 신뢰를 얻고 영향력을 발휘하기 위해 적극적으로 행동하는 것은 중요하다. 그러나 여기에는 꼭 지켜야 할 원칙이 있다. 책임이다. 적극적인 행동에는 반드시 어느 정도의 자제력이 필요하며 절대 충동적이어서는 안 된다. 적극적으로 긍정적인 환경을 만들고 더 나은 자신을 만들어 영향력을 키워야 한다.

3

모방은 설득의 어머니다

• 매덕스의 모방 실험 •

공원에서 나이 든 노부부를 보면 두 사람의 얼굴이 닮아 깜짝 놀라는 경우가 종종 있다. 부부나 커플의 경우 나이 들면서 외모가 서로 닮아가는 경우가 많다. 이는 함께 지낸 오랜 세월 동안 상대의 표정을 흉내 낸 결과다. 상대의 표정을 따라 하다 보면 똑같은 얼굴 근육을 반복적으로 사용하게 되어 시간이 지날수록 두 사람의 얼굴이 비슷해 보인다.

두 사람 중 한 사람이 특정한 모양의 미소를 지으면 그의 파트너도 그 표정을 따라 할 가능성이 커 같은 패턴의 근육 형태가 형성되고 나중에는 주름마저 비슷해지는 것이다. 재미있는 사실은 외모가 닮은 부부일수록 행복한 결혼 생활을 했다는 것이다. 상대의 표정을 흉내 내는 것은 두 사람이 공감을 형성했을 때 이루어지는 행위이기 때문이다. 오랜 기간 결혼 생활을 한 배우자의 외모가 많이 닮았다면 상대의 표정과 버릇을 계속해서 흉내 낸 것이며, 이는 두 사람이 공감을 형성하는 행복한 결혼 생활을 했음을 의미하는 것이다.

결국 모방은 상대에 대한 호감의 표시라고 할 수 있다.

모방하면 설득력이 생긴다

다음의 두 가지는 일상생활에서 흔히 볼 수 있는 행동이다.

한 사람이 하품을 하자 다른 사람들도 하품을 한다.

책을 읽거나 영화를 볼 때 마치 자신이 주인공인 것처럼 말한다.

여러 종류의 모방 중에서도 대화 중 상대의 말투와 어휘를 따라 하는 것은 신뢰와 인정을 얻고 두 사람 사이의 심리적 거리를 좁히는 데 큰 도움이 된다. 심리학에서는 이를 '언어 구사 유사성Language Style Matching'이라고 부른다.

이 이론을 정리한 미국 텍사스 대학의 심리학자 제임스 페니베이커James Pennebaker 교수는 "사람들은 대화를 시작한 지 단 몇 초 만에 서로의 언어 방식을 사용하기 시작한다"고 말했다. 또 페니베이커의 동료인 몰리 아일랜드Molly Ireland 교수는 이렇게 말했다.

"언어 구사 유사성은 매우 자연스러운 현상으로 소통하면서 서로 더욱 친밀해질 수 있는 창구를 찾으면서 발생하는 현상이다."

두 심리학자는 언어 방식이 유사할수록 서로 더욱 강한 영향력을 미치고 관계가 친밀해지며, 친밀감의 유지 시간도 길어진다는 사실을 밝혀냈다. 이들 외에도 미국 텍사스 대학 오스틴 캠퍼스의 심리학자 역시 사람들이 대화 중 서로의 언어 형식을 모방한다는 사실을 증명한 바 있다.

실제로도 다른 사람과 이야기를 나누다가 자신도 모르게 상대와 비슷한 말투로 말해 본 경험이 있을 것이다. 말하는 도중에 순간적으로 상대가 자주 쓰는 어휘가 튀어나온다든지 그가 자주 사용하는 보디랭귀지를 하는 것 등이 이런 경우다. 이처럼 일부러 하려고 하지 않았는데 자연스럽게 다른 사람을 모방하는 현상을 심리학에서는 '모방심리 효과'라고 부른다.

매덕스의 모방 실험

프랑스의 심리학자 윌리엄 매덕스William Maddux는 학생 166명을 실험 참가자로 선정하고 다음과 같은 실험을 했다.

연구자들은 실험 참가자들이 각각 영업사원과 고객의 역할을 맡아 이야기를 나누도록 했다. 이때 고객의 말투를 모방한 영업사원의 67%가 상품을 판매하는 데 성공했으며, 모방하지 않은 영업사원 중에서 상품을 판매한 사람은 단 12.5%에 불과했다. 이것은 다른 사람과 이야기를 나눌 때 상대의 말투를 모방한다면 그를 더 쉽게 설득할 수 있다는 것을 의미한다.

이 결과는 또 다른 실험으로도 증명되었다.

미국의 심리학자들은 실험 참가자인 학생들에게 음료 회사의 마케팅 팀장 여러 명을 소개했다. 그들은 학생들에게 각자의 회사에서 새로 출시할 음료를 소개하고 이에 관해 이야기를 나누었다. 물론 이런 상황은 모두 실험을 위해 치밀하게 설계된 것이었다. 마케팅 팀장 역할을 맡은 조수들 중 몇몇은 토론하는 동안 학생들의 특정한 말투와 동작을 모방했다. 토론이 모두 끝난 후 학생들은 각 음료에 대해 평가했다. 실험 결과, 실험 참가자들은 자신의 동작과 말투를 모방한 마케팅 팀장이 가져온 음료를 더 높이 평가했으며 구매 의사를 밝히기도 했다.

이 실험 결과는 모방을 통해 타인의 호감을 얻을 수 있으며 그를 설득하는 데도 매우 효과적이라는 사실을 알 수 있다. 그렇다면 언제, 어떤 방식으로 모방해야 가장 큰 효과를 얻을 수 있을까?

다음은 이와 관련된 실험이다.

연구자들은 실험 참가자인 학생들을 무작위로 두 그룹으로 나눈 뒤 각각의 학생들과 함께 '학생이 항상 신분증을 휴대해야 하는가에 관한 문제'에 대해 이야기했다. 이때 첫 번째 그룹의 학생들과는 평범한 방식으로 토론했으며, 두 번째 그룹의 학생들과는 토론 중 컴퓨터로 학생의 동작을 포착한 다음 정확히 4초 후에 그것을 모방하는 방식을 사용했다. 그 결과 두 번째 그룹의 실험 참가자들이 이 문제에 대해 더욱 관심을 보이고 지지한다는 의사를 적극적으로 표현했다.

또한 연구자들은 학생이 어떤 동작을 한 뒤 2~4초가 지나고 모방했을 때 가장 영향력이 크다는 사실을 밝혀냈다. 그리고 모방이 은밀하게 진행되지 않으면 오히려 역효과를 일으킬 수도 있다는 사실도 확인했다. 실제로 상대가 자신을 모방하고 있다는 것을 알아차린다면 두 사람 사이의 분위기를 매우 어색해질 것이 틀림없다.

다양한 실험을 통해 심리학자들은 모방에 관해 다음과 같은 결론을 내렸다.

첫째, 모방은 잠재의식 속의 영향력이며 모방을 통해 서로에 대한 호감을 키울 수 있다.

둘째, 상대의 언어와 동작을 모방하는 것은 신뢰를 얻는 데 큰 도움이 되며 두 사람 사이의 교류를 순조롭게 만든다.

셋째, 모방은 자연스러워야 하며 정도에 맞고 노골적이지 않아야 한다. 또한 상대가 알아차리지 못했을 때 가장 좋은 효과를 얻을 수 있다.

모방의 중요 포인트

모방의 대상으로는 상대의 손짓, 작은 동작, 자세, 말 습관 등이 있다. 또한 상대의 웃음, 손을 들거나 발을 내딛는 동작 하나까지도 모방의 중요 포인트가 될 수 있다.

상대의 행동을 모방할 때는 먼저 고개를 끄덕여서 동의하는 것이 좋다. 대화 중 상대의 눈이 당신을 주시하고 있다면 이것은 그가 당신의 반응을 기다리고 있다는 의미다. 그러므로 이럴 때는 반드시 진심을 담은 반응을 보이는 동시에 고개를 끄덕여 동의의 뜻을 표한다. 고개는 두세 번 정도 천천히 끄덕여야 하며 너무 빠른 속도로 자주 끄덕이지 않아야 한다.

상대의 말하는 방식을 관찰하는 동시에 그의 호흡에도 주의를 기울여보자. 호흡의 리듬을 잘 맞추기만 한다면 대화의 흐름을 장악할 수 있을 뿐만 아니라 두 사람 사이의 친밀도 역시 높일 수 있다.

일반적으로 빠른 속도로 쉬지 않고 말하는 사람은 어느 정도 말을 한 후 잠시 호흡을 고르는 시간이 필요하다. 이때 함께 심호흡을 하거나 "그렇지", "맞아!", "아!"처럼 간단한 반응을 보이는 것도 좋다. 이렇게 해서 대화의 리듬이 끊어지지 않고 잘 어우러지도록 하는 것이 중요하다. 반대로 느린 속도로 말하는 사람과 이야기 할 때도 역시 그의 리듬에 잘 맞추어야 한다. 만약 당신이 상대방보다 빠른 속도로 말한다면 당신이 수다스럽다고 생각하거나, 자신의 이야기를 지루해한다고 오해할 수도 있다.

4

방관자는 절대 알 수 없다
● 레빈의 내장요리 실험 ●

18세기 프랑스의 철학자 드니 디드로Denis Diderot는 친구로부터 멋진 선물을 받았다. 그것은 고급스러운 와인색 원단에 뛰어난 솜씨로 멋진 자수를 놓은 잠옷용 가운이었다. 그는 이 화려한 가운을 무척 마음에 들어 했다. 집에 있을 때면 언제나 이것을 입고 기분이 좋아져서 집안을 천천히 걸어 다니곤 했다.

그러던 어느 날 그는 거실의 물건들이 자신의 아름다운 가운과 격이 맞지 않는다고 생각했다. 가구들은 서로 색이 맞지 않아 제각각이었고 양탄자 가장자리의 바느질은 끔찍할 정도로 거칠었다. 결국 디드로는 집 안에 있는 낡은 물건들을 자신의 아름다운 잠옷 가운의 수준에 맞춰 모두 바꾸었으며 서재의 가구까지 모두 새것으로 사들였다.

디드로 효과

디드로의 이야기는 우리의 일상생활에서 흔히 볼 수 있는 일이다. 많은 사람들이 새로운 환경에 발을 들였을 때 그것과 조화를 이루기 위해 옷과 장신구, 심지어 말하거나 일하는 방식까지 바꾸는 것처럼 말이다. 일반적으로 사람들은 어떠한 관점이 있기 때문에 그에 따른 행동을 한다고 생각한다. 그러나 심리학자들은 오히려 반대로 생각하기도 한다.

미국 하버드 대학의 경제학자인 줄리엣 쇼어Juliet Schor 교수는 이러한 현상을 '디드로 효과'라고 불렀다. 그녀는 이것이 태도가 행위에 영향을 줄 뿐 아니라 행위가 태도를 결정할 수도 있기 때문에 발생한다고 보았다. 또한 어떠한 태도가 사람을 행동하게 만들고, 그 작은 행동들이 다시 그 사람의 인생에 대한 태도와 성격, 습관까지 바꾸는 거대한 변화를 일으킨다고 주장했다.

레빈의 내장요리 실험

개인의 태도와 행위가 서로 영향을 주고받는 현상은 집단 안에서도 발생한다. 독일의 사회심리학자 커트 레빈Kurt Lewin은 집단 안에서 활동하는 방식이 그 사람의 태도를 결정하거나 변화시킨다고 보았다. 그는 이와 관련해서 다음과 같은 실험을 했다.

미국은 제2차 세계대전 기간에 식료품 부족 현상이 발생하자 이를 해결하기 위해 동물의 내장으로 요리해 먹는 방법을 홍보했다. 당시 대부분 미국인은 동물 내장요리를 먹지 않았기 때문에 이것은 무척 받아들이기 어려운 일이었다. 이에 레빈은 가정에서 직접 요리하는 주부들을 설득하기 위해 여러 가지 실험을 계획했다.

그는 실험 참가자인 주부들을 '강연'과 '시범' 그룹으로 나누었다. 연구자들은 '강연 그룹'의 실험 참가자들에게 소와 돼지의 내장에 얼마나 풍부한 영양분이 있는지 설명하고 그 조리 방법과 요리의 맛에 대해 설명했다. 그들은 이 강연이 주부들의 내장요리에 대한 선입견을 없애기를 희망하며 열정적으로 설명했다. 또 강연이 모두 끝난 후에는 주부들에게 내장요리의 다양한 요리법이 담긴 책을 선물했다.

반면 '시범 그룹'의 주부들은 강연을 듣지 않았다. 대신 그들은 식재료로서 동물 내장의 영양적 가치, 조리 방법 및 맛에 관해 토론했다. 또 내장을 식재료로 사용했을 때 일어날 수 있는 문제점을 찾았다. 예를 들어 가족의 거부, 신체의 이상 반응 등을 생각해 보고 함께 대처 방안을 논의한 것이다. 토론이 마무리된 후 영양학자들은 주부들 앞에서 직접 내장요리 시범을 보였다.

실험 결과 '강연 그룹'과 '시범 그룹'에서 내장을 식재료로 선택하겠다는 주부는 각각 3%와 32%로 현저한 차이를 보였다. 레빈의 실험에서 '시범 그룹'의 주부들은 집단 활동에 능동적으로 참여했다. 그들은 토론에 직접 참여하면서 자신의 생각을 말했고 일어날 수 있는 문제를 생각해 보았으며, 그것을 해결하려고 노력했다. 이러한 행위를 통해 태도가 빠른 속도로 크게 변화한 것이다.

반면 '강연 그룹'의 주부들은 매우 피동적으로 집단 활동에 참여했다. 그런 탓에 강연 내용을 자신의 생활과 연계시키지 못했으며 기존의 태도를 바꾸지 않았다. 레빈은 이 실험 결과를 바탕으로 '참여와 변화 이론'을 발표해서 집단에 참여하거나 활동하는 방식에 따라 개인의 태도가 변화한다고 주장했다.

이 실험을 통해 심리학자들은 다음과 같은 결론을 내렸다.

첫째, 적극적인 참여는 태도를 변화시킨다.

둘째, 피동적으로 다른 사람의 생각을 받아들이기만 한다면 집단의 활동에 적극적으로 참여하기 어렵다. 설령 참여한다고 하더라도 진정성이 부족할 것이다.

상대의 참여를 유도하라

레빈의 실험 결과에서 알 수 있듯이 만약 어떤 사람을 설득하거나 그의 태도를 변화시키고 싶다면 반복적으로 권해서 참여를 유도하는 것이 가장 좋은 방법이다. 심지어 그것을 꺼리던 사람이라도 일단 참여하면 태도가 변화해서 이를 받아들이고 인정하며 더욱 유사한 행동을 하려고 하기 때문이다. 다시 말해 행동이 변화하면 태도와 신념까지 따라서 변화한다.

한 인터넷 사이트는 이용자들이 '씨앗'을 충전해서 그것으로 자신의 '매력 지수'를 높일 수 있도록 했다. 그들은 더 많은 이용자가 '씨앗'을 충전하게 하려고 '매력 지수'를 공개하고 매일 '최고 인기 멤버'를 뽑아 발표했다. 이용자들이 충전한 씨앗을 선물하거나 선물 받는 행동만으로도 '매력 지수'를 높이는 것이 가능했다. 이러한 활동은 이용자들의 태도에 다음과 같은 변화를 발생시켰다.

'재미있겠네. 내 친구들도 많이 하니까 해보는 것도 괜찮겠다.'

'재미있는 것 같군. 해볼 만하다는 건 확실해. 그렇지 않으면 시간이나 에너지를 낭비할 필요는 없겠지!'

'와, 정말 재밌어! 다른 친구들을 초청해서 같이 하자고 해야겠다. 이 사이트에 재미있는 이벤트는 또 없는지 찾아봐야겠네!'

'아하! 아이템을 더 사면 매력지수를 단번에 올릴 수 있겠구나! 저번에 충전했지만 한 번 더 충전하는 것도 나쁘지 않겠지. 이렇게 해서 매력순위가 몇 단계 더 올라간다면 결코 나쁘지 않은 선택이야!'

이렇게 해서 수많은 이용자가 '씨앗' 충전 대열에 합류했다. 이 사이트는 이용자들이 스스로 참여하도록 유도해서 그들의 태도에 변화를 주었으며 엄청난 성공을 거두었다.

5

순간의 선택이 영향력을 좌우한다

● 녹스와 잉스터의 자기 선택 효과 ●

각각 3년 형을 받은 범죄자 세 명이 감옥으로 이송되었을 때 소장은 그들에게 원하는 것을 한 가지씩 들어주겠다고 말했다.

첫 번째 범죄자는 자신이 매우 좋아하는 시가 세 상자를 달라고 했다.

두 번째 범죄자는 자신은 매우 낭만적인 사람이니 3년 동안 아름다운 여성과 함께 지낼 수 있도록 해달라고 요구했다.

세 번째 범죄자는 감옥 밖의 사람들과 자유롭게 통화할 수 있는 전화기를 달라고 말했다.

어느덧 3년이 흘러 출소하는 날이 되었다. 감옥 문이 열리자 첫 번째 범죄자는 입과 코에 시가를 틀어넣은 채 "불을 줘요, 불을 달라고!"라고 소리쳤다. 그는 3년 전에 시가만 요구했을 뿐 불을 달라고 하는 것을 잊은 탓에 수감 생활 내내 시가 냄새만 맡으며 시간을 보냈던 것이다.

두 번째 범죄자는 어린아이를 한 명 안고 나왔다. 그의 옆에 서 있는 아름다운 여성 역시 아이를 한 명 데리고 있었으며, 그녀의 뱃속에는 얼마 후 태어날 아이가 자라고 있었다.

세 번째 범죄자는 감옥에서 나오자마자 소장을 찾아가 손을 잡고 이렇게 말했다.

"3년 동안 외부와 소통할 수 있게 해주셔서 정말 감사합니다. 덕분에 제 사업이 무너지지 않았어요. 오히려 더욱 승승장구해서 200%나 성장했답니다. 감사의 뜻으로 롤스로이스 한 대를 선물하겠습니다!"

선택의 영향력

사람들은 일단 '선택'을 하면 그것을 좋아하도록 자신을 설득해 말과 행동까지 자신의 선택과 일치시키려고 한다. 이것이 바로 '선택의 영향력'이다.

위의 이야기는 선택에 관한 것으로 순간의 선택이 이후의 삶을 결정한다는 것을 보여준다. 세 범죄자의 서로 다른 삶은 3년 전에 내린 선택의 결과였다. 마찬가지로 지금 당신의 모습 역시 이전에 내린 선택으로 말미암은 결과이며, 또 지금 내리는 선택이 3년 후의 삶을 결정할 것이다. 심리학에서는 이것을 '자기 선택 효과'라고 한다.

다시 말해 일단 어떠한 길을 걷기 시작했으면 끝까지 이 길을 따라 걸어 내려가야 한다고 자신을 설득하고 그렇게 한다는 심리다. 설령 그 길이 잘못되었다고 하더라도 말이다. '자기 선택 효과'는 여러 심리학자들이 다양한 실험으로 검증했다.

녹스와 잉스터의 자기 선택 효과

1960년대 중반 로버트 녹스Robert Knox와 제임스 잉스터James Inkster는 '자기 선택 효과'에 관한 연구를 했다. 그들은 캐나다 밴쿠버의 한 경마장에서 도박사 141명을 인터뷰했다. 그중 72명은 인터뷰 30초 전까지 선택한 경주마에 돈을 걸었고, 나머지 69명은 아직 돈을 걸지는 않았지만 경주마는 선택해 둔 상황이었다. 그들은 인터뷰가 끝난 후 30초 안에 즉시 돈을 걸기로 했다. 도박사들의 베팅 금액은 모두 같은 2달러였다.

녹스와 잉스터는 141명의 도박사들에게 각자 돈을 건, 혹은 돈을 걸 예정인 경주마의 승률을 7점 척도로 평가해 달라고 했다. 1점은 가장 낮은 승률이고 7점은 가장 높은 승률을 의미했다.

그 결과 아직 돈을 걸지 않은 도박사들은 자신이 선택한 경주마의 우승 확률을 평균 3.48점으로 예측했다. 성공과 실패의 확률을 각각 절반으로 본 것이다. 반면 이미 돈을 건 도박사들은 자신이 선택한 경주마에 비교적 큰 자신감을 보이며 우승 확률을 평균 4.81점으로 예측했다.

사실 이들은 돈을 걸기 직전까지도 경주마의 우승 확률을 의심하며 쉽게 결정하지 못했다. 하지만 일단 돈을 건 후에는 금세 낙관적으로 변해서 자신이 선택한 경주마에 대해 큰 자신감을 보이기 시작했다. 이들의 태도가 이렇게 빠르게 변화한 중요한 요인은 바로 그들의 '선택'이었다.

도박사 실험에서 다른 조건, 예를 들어 경주마의 실력 같은 것은 전혀 변한 것이 없었다. 그런데도 돈을 걸기 직전까지 망설이던 도박사들은 돈을 걸고 난 후 즉시 태도가 변화했다. 실제로는 그렇지 않지만 그들 마음속에 있는 경주마의 속도가 갑자기 빨라져서 승리를 거머쥘 확률이 크게 증가했다고 생각한 것이다. 이것이 바로 행위에 대한 선택의 영향력이다. 이것은 우리의 일상생활 속에서도 광범위하게 영향을 미치고 있으며 '선택 효과'라고도 불린다. 사람들은 일단 어떤 결정을 하거나 입장을 확립하면 자신의 언행을 이 결정이나 입장과 일치시켜야 한다는 심리적 압박을 받는다. 그래서 최대한 이것과 일치하는 말과 행동을 통해 자신의 선택이 정확했다는 것을 증명하려 드는 것이다.

이 실험을 통해 심리학자들은 다음과 같은 결론을 내렸다.

첫째, 선택의 정당성을 위해 행위와 태도가 변화한다.

둘째, 사람들은 일단 선택을 내리면 그것과 일치하는 말과 행동을 한다.

상대의 선택을 유도하라

일단 선택을 내리면 말과 행동을 그것과 일치시키고자 하는 심리를 잘 활용한다면 상대가 당신을 인정하고 신뢰할 수 있게 만들 수 있다.

어떠한 문제가 발생했을 때 상대에게 선택사항 몇 가지를 제시하고 그들이 직접 선택하도록 만들어라. 그들이 "이것이 좋아!"라고 말하도록 하는 것은 단순히 긍정인지 부정인지를 묻는 것보다 훨씬 효과적이다. 예를 들어 친구와 약속을 정할 때도 그가 직접 선택하도록 할 수 있다.

"오늘 오후에 만나는 게 좋을까? 아니면 내일 오전? 내일 오후? 언제가 좋을 것 같니?"

 이런 식으로 몇 가지 '가능한 답변'을 제시하고 직접 선택하도록 한다면 그의 기분을 더욱 편하게 만들 것이다. 그저 언제 어디로 나오라고 한다면 "그래, 좋아!"라는 대답밖에 들을 수 없다. 물론 "싫어!"라는 대답이 돌아올 수도 있다. 이것은 결코 효과적인 소통 방법이라고 할 수 없다.

 물론 상대에게 선택사항을 제시하는 방법이 언제 어디서나 적용 가능한 '만능열쇠'는 아니지만 그저 "네", "아니오" 식의 대답을 유도하는 것보다는 훨씬 영향력이 크다.

Chapter 07

당신이 버려야 할 것들

인간관계의 리모델링을 위하여

(우리를 방해하는 장해물 또한
우리 자신 속에 있다)

1

예스맨 버리기

● 프리드먼의 문간에 발 들여놓기 실험 ●

한 부부가 오랜만에 함께 휴일을 보내게 되었다. 두 사람은 함께 만두를 빚어서 먹고, 저녁에는 음악회에 가기로 계획했다. 즐거운 마음으로 맛있게 만두를 만들어 막 먹으려고 하는 순간 이웃이 갑자기 집으로 들어왔다. 그는 식탁 위에 방금 쪄서 김이 모락모락 나는 만두가 놓여 있는 것을 보더니 크게 웃으면서 큰 소리로 말했다.

"아이고! 뭘 이렇게 준비를 했어요! 내가 올 줄 어떻게 알고!"

부부는 멍하니 서로의 얼굴만 바라보다가 하는 수 없이 만두를 대접했다. 이웃은 사양하지 않고 정말 맛있다고 말하면서 게걸스럽게 먹기 시작했다. 그는 먹으면서 계속 호들갑스럽게 떠들었으며 식초는 없느냐는 둥, 생강즙에 찍어 먹어야 맛있으니 가져오라는 둥 이런저런 요구를 했다. 부부는 당황스러웠지만 거절하지 못하고 이웃이 원하는 대로 해주었다.

함께 만든 만두가 눈앞에서 빠른 속도로 사라지는 것을 본 부부는 어색한 표정으로 서로를 바라보다가 저녁에 음악회에 갈 예정이라고 조심스럽게 말했다. 하지만 이웃은 그들의 말을 듣지 못한 것인지, 듣고도 모른 척하는 것인지 만두를 다 먹고 난 후에도 전혀 돌아갈 생각이 없어 보였다. 이웃을 내쫓을 수 없었던 남편은 연극을 하기로 하고 아내에게 이렇게 말했다.

"미안한데 내가 일이 있어서 음악회에 못 가겠어. 나는 나가야 하니까 당신은 그냥 집에서 기다리는 것이 좋겠군."

그러면 이웃이 자신을 따라 나올 것이니 나중에 아내와 음악회에 갈 수 있을 거라고 생각했던 것이다. 하지만 이웃은 남편의 말을 듣자마자 그렇다면 자신이 남편 대신 음악회에 가겠다고 나섰다. 그러면서 비싼 음악회 표를 낭비할 필요 없다고 덧붙였다. 남편은 목구멍에 가시가 걸린 것처럼 아무 말도 못 한 채, 무언가에 홀린 것처럼 멍한 표정으로 표를 건넸다. 표를 받아든 이웃은 시간과 장소를 보더니

"흠, 시간이 빠듯하네요. 버스 타고 가면 시간 안에 도착하기 어려워요. 택시를 타야 할 것 같은데 아까 나올 때 돈을 가져오지 않았으니 어떻게 해야 할까요?"

결국 남편은 택시를 불러주고 차비까지 지불했다. 자신의 아내와 이웃이 탄 택시가 멀리 떠나는 것을 보고 그는 자신이 무슨 일을 저지른 건지 이해할 수 없었다. 너무 기가 찬 나머지 자신의 뺨을 한 대 때려보기까지 했다. 하지만 이제 와서 후회해 봤자 무슨 소용 있겠는가!

거절을 두려워하지 마라

부부의 행복한 휴일은 왜 이렇게 끝이 났을까? 그들이 거절하는 법을 몰랐기 때문이다. 물론 이 부부의 이야기는 다소 과장된 면이 있지만 실제로 일상생활에서 거절하지 못해서 당황스러운 상황에 처하는 일이 종종 발생한다. 사람들은 '나를 싫어하면 어쩌지?', '너무 나쁜 사람으로 보이지 않을까?'와 같은 각종 근심과 두려움 때문에 쉽게 거절하지 못한다. 하지만 거절하지 못하면 이 이야기 속의 남편처럼 식사도 못 하고, 음악회도 못 갈뿐더러 심지어 차비까지 내주어야 하는 억울한 상황이 발생할 수도 있다.

두려움은 당신의 일부분이 위협을 느끼고 있다는 것을 알려주는 아주 중요한 신호이다. 당신이 두려워하는 것을 할 때는 약해지기 십상이다. 그러니 거절이란 결코 쉬운 일이 아니다. 상대에게 체면을 잃을 수도 있고 바보처럼 보일지도 모른다. 상대의 제안을 거절하면 그로부터 미움받을지도 모른다는 생각도 든다.

하지만 거절 뒤에 오는 두려움은 그저 살아가면서 겪는 여러 경험 중 하나일 뿐이다. 우리가 성장하고 성숙해져 가는 진화적 과정의 일부이다. 그리고 성장해 가면서 우리는 두려움이 끝을 의미하는 것이 아니라 아주 중요한 일이 벌어질 것이라는 신호에 불과하다는 것을 배우게 될 것이다. 게다가 대부분의 거절은 나를 위한 결단의 결과일 때가 많다.

혹시 살 것이 하나 있어 가게에 갔는데 직원의 말을 듣다 보니 예정에 없던 물건까지 구매한 경험이 있는가? 이런 경우 구매한 물건들은 대부분 반드시 필요한 것들이 아니다. 하지만 그 자리에서 거절하지 못해 구매해 버리고 만다. 그래서 집으로 돌아온 후 직원의 말에 쉽게 넘어간 자신이 바보 같아서 무척 화가 나고 우울해지기도 한다. 하지만 속상해할 필요는 없다. 이것은 당신뿐 아니라 누구나 겪는 일이기 때문이다.

미국 애리조나 주립대학의 심리학 교수 로버트 치알디니Robert Cialdini는 이에 관해 다음과 같이 해석했다.

"판매자는 각종 방법을 동원해서 당신이 모종의 결정 혹은 선택을 하도록 부추길 것이다. 일단 선택하면 그것과 일치하는 행위를 하려는 심리가 발생하기 때문에 자신도 모르게 판매자가 원하는 대로 행동하게 된다."

심리학에서는 판매자들이 사용하는 이러한 '기법'을 '문턱 효과'라고 부른다. 이것은 일단 작은 요구를 받아들이면 이어지는 요구를 거절하지 못해 더 큰 요구도 쉽게 받아들이는 심리를 가리킨다. 마치 문턱을 넘어 계단을 하나하나 오르듯이 상대의 요구 사항을 들어주는 것이다.

'문턱 효과'는 스탠퍼드 대학의 조너선 프리드먼Jonathan Freedman 과 스콧 프레이저Scott Fraser가 1966년에 진행한 '문간에 발 들여놓기' 실험으로 증명되었다.

프리드먼의 문간에 발 들여놓기 실험

프리드먼과 프레이저는 무작위로 선정된 가구들에 전화를 걸어서 이렇게 말했다.

"저희 기관에서 5~6명 정도의 조사원들이 방문할 예정입니다. 가정에서 사용하는 일용품의 종류 및 개수를 조사할 예정인데요. 시간은 두 시간을 넘기지 않을 것입니다. 조사 결과는 저희가 출판하는 학술 잡지에 실릴 예정입니다. 그럼 찬장이나 창고의 수납장 같은 것을 자유롭게 볼 수 있도록 허락해 주시겠습니까?"

조사 결과 전화를 받은 가구 중 22%가 조사에 참여하겠다고 밝혔다. 이것은 매우 정상적인 수치였다. 낯선 사람이 집안에 들어와 내부를 샅샅이 살핀다는 것은 무척 경계할 만한 일이기 때문이다.

이어진 실험에서 프리드먼과 프레이저는 역시 무작위로 선정된 또 다른 가구들에 전화를 걸어서 이렇게 말했다.

"집에서 사용하시는 일용품의 종류와 수량에 관한 조사인데요. 조사 내용은 저희가 출판하는 학술 잡지에 실릴 예정입니다. 전화 설문에 응해 주시겠습니까?"

그러자 전화를 받은 가구 대부분이 전화 설문에 응했다.

3일 후, 이번에는 전화 설문을 받아들인 가구에 다시 전화를 걸어 처음에 했던 것처럼 방문 조사를 해도 되겠냐고 물었다. 그러자 무려 53%의 가구가 방문 조사를 받아들였다. 처음의 전화 설문에 응했던 심리가 이어져 방문 설문을 거절하지 못한 것이다.

또 다른 심리학자의 실험 역시 문턱 효과를 입증했다. 이 실험에서 조수들은 무작위로 선정된 가구를 방문해서 안전 운행에 관한 작은 스티커를 창문에 붙여달라고 부탁했다. 그러자 거의 모든 주부가 이 부탁을 받아들였다. 2주 뒤 조수들은 다시 이 주부들을 방문해서 이번에는 안전 운행을 호소하는 커다랗고 볼품없는 간판을 마당에 세워달라고 부탁했다. 그 결과 55%의 주부가 이를 받아들였다.

이 실험과 동시에 조수들은 또 다른 가구를 방문해서 처음부터 커다랗고 볼품없는 간판을 마당에 세워달라고 부탁했는데 이것을 받아들인 주부는 겨우 17%에 불과했다.

이 실험을 통해 심리학자들은 다음과 같은 결론을 내렸다.

첫째, 처음부터 커다란 요구를 하면 거절당하기 쉽다. 그러므로 커다란 요구는 작은 요구로 나누어서 순차적으로 제안하면 상대가 받아들이기 쉬울 것이다.

둘째, 상대가 어떤 요구를 했을 때 그것을 원하지 않는다면 처음부터 거절해야 한다. 처음에는 받아들였다가 나중에 거부하기는 쉽지 않다.

두려움 없이 No라고 말하라

사실 거절하는 것은 말처럼 쉬운 일이 아니다. 앞에서 나온 이야기의 부부는 이웃의 눈에 비친 자신들의 모습을 과도하게 신경 쓴 나머지 거절하지 않는 편을 택했다. 하지만 이런 심리는 때때로 당신을 더 큰 어려움으로 이끌 수 있다.

언뜻 보면 별로 어렵지 않은 요구라도 나중에 커다란 영향을 미칠 수 있으니 언제나 경계할 필요가 있다. 일단 작은 요구에 동의하면 더 큰 요구를 받았을 때 거절하기가 쉽지 않기 때문이다. 처음에 제대로 '아니오'라고 말하지 않으면 이전의 작은 요구와 완전히 무관한 요구여도 거절하기 어렵다.

그렇다면 어떻게 해야 '거절'이라는 방어기제를 효과적으로 사용해서 자신의 권익을 보호할 수 있을까? 다음은 타인의 제안을 현명하게 거절하는 방법이다.

(1) 성급하게 동의하지 마라.

상대가 어떠한 제안을 했을 때 승낙이든 거절이든 한 번 생각해 보고 난 후에 대답하는 것이 좋다. 그 과정에서 당신은 더욱 합리적인 선택을 할 수 있을 것이다.

(2) 할 수 없는 일은 과감하게 거절하라.

자신이 못하는 일을 거절하는 것이 바로 책임감 있는 태도라고 할 수 있다. 하지도 못할 일을 끌어안고 있느니 차라리 하루빨리 해결할 수 있는 사람에게 넘겨주는 것이 나으며 이렇게 해야만 상대를 실망시키지 않을 수 있다.

(3) 거절할 수밖에 없는 이유를 정확히 말하라.

이때 주의해야 할 것은 반드시 부드러운 말투로 말해야 한다는 점이다. 그렇지 않으면 서로 어색한 상황이 될 수도 있으며 심한 경우 관계 자체가 무너질 수도 있다. 상대가 원하는 것을 만족시킬 수 없는 이유를 솔직하고 정확하게 이야기해야 하며 쓸데없이 마음이 약해지거나 피동적인 자세를 취해서는 안 된다.

(4) 거절하는 동시에 의견을 제시하라.

거절을 하더라도 참고할 만한 의견을 제시하는 것은 그만큼 상대를 존중한다는 의미다. 또 이를 통해 당신의 거절 탓에 조성된 긴장된 분위기를 부드럽게 할 수도 있다.

작가 프란츠 카프카Franz Kafka는 "'Yes'와 'No'를 확실히 말해야 한다. 그렇지 않으면 사람들은 진실을 꿈속에서조차 알아주지 않는다"고 말했다. 원래 'Yes'는 쉬워도 'No'는 어려운 법이다. 그래서 효과적으로 거절하는 방법을 배우는 것은 좋은 인간관계를 쌓고 유지하는 데 매우 중요한 요소다. 거절할 줄 모르는 사람은 성숙하지 못하며 모함이나 함정에 빠질 확률이 높다. 그러므로 용기를 내서 "아니오!"라고 말할 줄 알아야 한다.

2

뿌리 깊은 나무는 바람에 흔들리지 않는다

● 브래머의 크리스마스 실험 ●

2011년 일본에서 일어난 지진으로 원자력 발전소가 붕괴하면서 방사성 물질이 유출되었다. 이때 중국에는 방사성 물질이 주변 바닷물을 오염시켜서 앞으로 생산되는 소금은 모두 먹을 수 없다는 유언비어가 돌았다. 그리고 대신 암염巖鹽인 요오드 함유 소금을 먹으면 방사선 피폭 위험에서 벗어날 수 있다는 이야기도 유행했다. 이에 장쑤江蘇, 저장折江, 광둥廣東 지역에서 요오드 소금 사재기 열풍이 불기 시작했다. 대도시의 소금이 품절된 것은 물론이거니와 심지어 농촌의 작은 소매점에 있던 것까지 모두 비싼 값에 팔려 나갔다. 결국 중국 곳곳에서 소금 품절 대란이 발생했다.

사실 인터넷에서 간단하게 검색만 해보아도 요오드 소금은 방사선 피폭과 아무런 관계가 없다는 사실을 알 수 있다. 그런데도 사람들은 왜 소금 사재기 열풍에 뛰어든 것일까? 분위기에 휩쓸렸기 때문이다.

우리는 환경에 어떻게 적응하는가

앞의 사례처럼 분위기, 즉 환경의 영향을 받아 그것과 일치하는 행위를 하려는 현상은 일상생활에서 비일비재하다. 환경은 특정한 형식 없이 사람들의 감정과 심리에 영향을 미치며 그것과 어울리는 행위를 하도록 유도한다. 이때 사람들은 완전히 무의식적으로 환경의 영향을 받는다.

1970년대 러시아의 심리학자 알렉산더 루리아Alexander Luria 등은 모든 사회 상황 및 인간관계에는 합당한 행위 모델이 있는데 사람들이 되도록 여기에 어울리는 행위를 하려고 한다고 주장했다.

예를 들어 평소에 조용하고 내성적인 아이라도 핼러윈이나 크리스마스가 되면 신이 나서 평소와 달리 활달하게 행동하는 것 등이 이런 경우다. 아이들뿐 아니라 어른들도 특별한 날이 되면 괜히 들떠서 평소에 하지 않던 과감한 말과 행동을 하기도 한다.

영국의 심리학자들은 이러한 심리의 비밀을 풀기 위해 다음과 같은 실험을 했다.

브래머의 크리스마스 실험

연구자들은 실험 참가자 30명을 여러 그룹으로 나누어 각각 서로 다른 '크리스마스 분위기'의 방에 들어가도록 했다. 그리고 크리스마스와 가장 어울리는 조합은 어떤 것인지 10점 만점으로 평가해 달라고 했다.

결과는 다음과 같았다.

촛불, 캐럴, 와인의 조합: 7.3점

촛불, 캐럴, 오렌지의 조합: 6.2점

촛불, 클래식 음악, 크리스마스트리의 조합: 2.95점

이어진 실험에서 연구자들은 가장 높은 점수를 받은 조합과 가장 낮은 점수를 받은 조합으로 방을 꾸미고 성찬용 빵을 20개씩 가져다 두었다. 그리고 실험 참가자들을 두 그룹으로 나누어 각각 방에 들어가도록 했다.

첫 번째 방은 촛불이 켜져 있고, 캐럴이 나오며, 와인향이 났다.

두 번째 방은 촛불이 켜져 있고, 클래식 음악이 흐르며, 전나무 향이 났다.

10분 뒤 첫 번째 방에 들어간 실험 참가자들은 그 안에 있던 빵 20개를 모두 먹었지만, 두 번째 방에 들어간 실험 참가자들이 먹은 빵은 13개뿐이었다.

이 실험을 주도한 심리학자 마이클 브래머Michael Brammer는 "가장 좋은 조합과 가장 나쁜 조합에서 실험 참가자들이 먹어 치운 빵의 개수가 현저한 차이를 보인 것은 크리스마스의 분위기가 그들의 심리 및 식욕에까지 영향을 준 것이라고 할 수 있다"고 말했다.

심리학자들은 환경이 사람의 심리와 행위에 영향을 미치는 방식을 더 명확히 규명하고자 다음과 같은 실험을 했다.

실험 참가자인 아이들에게 주소를 적은 종이를 주고 "사탕 주세요!"를 외치도록 했다. 그러면 집안에서 기다리고 있던 연구자가 아이들에게 사탕이 가득 담긴 쟁반을 내밀며 한 명당 한 개씩 가져가라고 말한다. 이때 일부 아이들에게는 한 명씩 차례로 집어가라고 했으며, 다른 일부에게는 여러 명이 한꺼번에 와서 집어가라고 했다. 다른 연구자는 숨어서 아이들이 가져가는 사탕의 개수를 기록했다.

연구자들은 사전에 아이들을 세 그룹으로 나누고 서로 다른 자극을 주었다. 첫 번째 그룹의 아이들은 사탕을 얻으러 가기 전에 게임을 하면서 사방으로 뛰어다니고 박수를 쳤으며, 손을 잡고 빙빙 돌면서 재미있게 놀았다. 두 번째 그룹의 아이들은 사탕을 달라고 말할 때마다 집안에서 으스스한 귀신 소리가 나는 것을 들었다. 세 번째 그룹에는 아무런 자극도 주지 않았다.

실험 결과 아무런 자극을 받지 않은 세 번째 그룹의 아이들은 조수가 말한 대로 한 명당 한 개씩 사탕을 가져갔다. 그러나 자극을 받은 첫 번째와 두 번째 그룹의 아이들은 한 명씩 차례로 가져가야 했을 때는 평균 0.5개씩, 여러 명이 한꺼번에 집을 때는 평균 1.5개의 사탕을 더 가져갔다.

사람들은 자신이 알고 있는 것보다 외부 환경의 영향을 많이 받으며 심지어 어떤 환경에서는 사회의 약속이나 도덕규범조차 그 영향력이 현저히 낮아지기도 한다. 특히 사람들은 자신이 속한 집단 구성원들의 생각과 그 안의 분위기에 쉽게 영향을 받는다.

이 실험을 통해 심리학자들은 다음과 같은 결론을 내렸다.

첫째, 환경은 무의식중에 그에 어울리는 행위를 하도록 유도한다.

둘째, 환경 등 집단 내부의 분위기는 그 구성원의 행위에 영향을 미친다.

생각이 확고해야 환경에 휩쓸리지 않는다

외부 환경은 수시로 변화하기 때문에 사상이나 행위가 그것에 따라 좌지우지되는 것은 현명한 일이 아니다. 하지만 이것을 잘 아는 사람조차 어느 순간 주변 분위기에 휩쓸려 평소의 자신과 다른 행동을 하기도 한다. 그렇다면 어떻게 해야 환경의 부정적인 영향을 피할 수 있을까?

첫째, 강한 자기 효능감을 갖춰라.

자기 효능감Self Efficacy이란 스스로 어려운 상황을 극복할 수 있으며 자신에게 주어진 일을 성공적으로 해낼 수 있다는 신념이나 기대를 일컫는 말이다. 이것이 강한 사람은 일을 매우 쉽게 처리하며 항상 자신만만하다. 반면에 부족한 사람은 외부 환경의 영향을 받아서 진짜 모습을 잃고 심지어 자신이 정말 원하는 것이 무엇인지도 모르는 지경까지 이를 수 있다. 그러므로 분위기에 휩쓸리며 환경에 좌지우지되지 않으려면 강한 자기 효능감을 갖춰야 한다. 이런 사람만이 충분히 영향력을 발휘할 수 있다.

둘째, 나쁜 환경을 멀리하라.

외부 환경과 주변 분위기의 부정적인 영향 때문에 자신을 지킬 수 없다고 생각되면 그것으로부터 멀어지는 것이 가장 간단하고 효과적인 방법이다. 유명한 '맹모삼천孟母三遷' 역시 이것과 일맥상통하는 것이다. 맹자孟子의 어머니는 아들을 나쁜 환경의 영향으로부터 멀어지게 했으며 더 좋은 교육 환경을 제공하기 위해 세 번이나 이사했다.

옛말에 '근주자적 근묵자흑近朱者赤 近墨者黑'이라는 말이 있다. '붉은 인주를 가까이하면 붉게 되고 먹을 가까이하게 되면 검게 물든다'는 뜻이다. 이것은 사람들이 주변 환경에 쉽게 복종해서 그것을 따르는 것을 경계하는 말이다. 이런 일이 발생하지 않으려면 이성적으로 상황을 판단하고 깊이 사고해서 반드시 환경의 부정적인 영향에서 벗어나야 한다.

3

습관을 믿지 마라

• 웨이크의 꿀벌과 파리 실험 •

 인도나 태국에 가면 무게가 수 톤이 넘는 커다란 코끼리 한 마리가 얇은 쇠사슬로 이어진 족쇄를 차고 작은 기둥에 묶여 있는 장면을 쉽게 볼 수 있다. 조금만 힘을 주어도 쇠사슬을 끊거나 아예 기둥을 뽑아버릴 수도 있을 텐데 왜 코끼리는 그냥 묶인 채로 가만히 있는 것일까?

 이유는 간단하다. 이 코끼리들은 어렸을 때 굵은 쇠사슬로된 족쇄를 차고 단단한 기둥에 묶인 경험이 있는데 그때는 몸집이 크지 않았기 때문에 아무리 발버둥 쳐도 벗어날 수 없었다. 시간이 지날수록 어린 코끼리는 점점 묶여 있는 것에 익숙해지고 말았다. 그래서 탈출을 포기한 지금은 조금만 움직여도 쇠사슬에서 벗어날 수 있음에도 발버둥조차 치지 않는 것이다. 엄밀히 말하면 이 코끼리들은 쇠사슬에 묶여 있는 것이 아니라 '습관'에 묶여 있는 것이다.

습관의 역습

사람들은 자기 생각과 행동에 관해 설명할 때 '습관적'이라는 말을 자주 사용한다. 실제로 모든 사람들이 자신만의 습관 하나씩은 가지고 있다. 그러니까 좋은 습관이든 나쁜 습관이든 습관이 개인의 행위를 이끌어내는 중요한 요소 중 하나인 것만은 확실해 보인다. 안타까운 것은 사람들은 성공하지 못한 것을 한탄하면서도 정작 그것이 자신의 나쁜 습관들 때문인 것을 모른다는 사실이다.

〈뉴욕타임스〉의 기자 찰스 두히그Charles Duhigg는 저서 《습관의 힘》에서 하루 동안 사람들이 하는 행위의 90%가 습관에서 비롯된다고 단언했다. 그는 습관을 방치해 커다란 재앙을 맞이한 기업이나 조직의 이야기를 들려주며 작은 습관의 변화가 얼마나 큰 결과와 차이를 만드는지 확인시켜 주었다. 또한 습관은 성공과 실패를 가르는 열쇠와 같으며 습관을 다스릴 줄 알아야 원하는 것을 얻을 수 있다고 말한다. 그의 말처럼 습관은 당신의 생활을 지배하며 그 영향력은 생각한 것보다 훨씬 크다.

습관은 크게 좋은 습관과 나쁜 습관으로 나뉜다. 좋은 습관은 당신을 발전시켜서 마치 빠르게 달리는 열차처럼 더 나은 곳으로 이끌어 줄 수 있다. 반면 나쁜 습관은 발전을 방해하는 걸림돌이 되어 결국 당신을 무너뜨려서 깊고 어두운 곳으로 안내할 것이다. 그래서 습관은 운명의 방향을 결정하는 일종의 '나침반'이라고 할 수 있다. 문제는 뇌가 나쁜 습관과 좋은 습관을 구분하지 못해 나쁜 습관을 그대로 내버려두는 데 있다. 그렇다면 어떻게 해야 습관을 지배할 수 있을까?

웨이크의 꿀벌과 파리 실험

이미 수많은 심리학자들이 습관에 관한 실험을 거듭하며 좋은 습관은 유지하고 나쁜 습관은 변화하기 위한 방법을 꾀했다. 미국 인지심리학의 대가인 칼 웨이크Karl Weick 미시간 대학 경영대학원 교수는 습관과 관련된 유명한 실험을 한 사람이다. 그는 꿀벌과 파리를 각각 6마리씩 유리병 속에 넣었다. 그리고 뚜껑을 닫지 않은 채로 바닥이 창문을 향하도록 눕혀 놓고 이후의 상황을 관찰했다.

관찰 결과 꿀벌들은 쉬지 않고 유리병 바닥을 탐색하며 출구를 찾다가 결국 힘이 빠지거나 배가 고파 모두 죽었다. 반면 파리들은 2분도 채 되기 전에 열려 있는 쪽을 찾아 쉽게 유리병에서 탈출했다.

심리학자들은 이 결과에 대해 다음과 같이 해석했다.

밝은 빛을 좋아하는 꿀벌들은 이 감옥의 출구가 분명히 빛이 들어오는 쪽이라고 생각했다. 어두운 벌집 안에서는 빛이 들어오는 곳이 유일한 출구이므로 평소 집안과 밖을 들락날락하던 방식으로만 유리병을 탈출하려고 했던 것이다. 결국 습관에 기인한 자신들의 논리만 굳게 믿고 이에 합당한 행동을 했지만 안타깝게도 끝까지 출구를 찾지 못하고 죽었다.

반면에 꿀벌보다 훨씬 아둔해 보이는 파리는 밝은 빛이나 논리 따위는 개의치 않고 그저 사방으로 막 날아다니다가 운 좋게 출구를 찾은 것뿐이었다. 정리하자면 습관에 얽매이지 않고 보이는 대로 단순하게 생각한 쪽이 탈출에 성공해 목숨을 보전할 수 있었다.

꿀벌과 파리의 상반된 운명은 각각의 습관에서 비롯된 것이었다. '빛이 있는 곳이 곧 출구다'라고 굳게 믿고 의심하지 않았던 꿀벌이 결국 죽음에 이른 것처럼 사람도 고정된 사고방식에만 근거해서 일을 처리하다가는 자칫 파멸의 길에 접어들 수도 있다.

이 실험을 통해 심리학자들은 다음과 같은 결론을 내렸다.

첫째, 습관은 생각을 가두고 잘못된 행위를 이끈다.

둘째, 습관은 편리할 수도 있지만 무턱대고 따르다가는 그 반대의 결과가 발생할 수도 있다.

습관의 구속에서 벗어나기

일반적인 상황에서 일상적인 규칙이나 습관에 근거해서 문제를 생각하고 일을 처리하는 것은 크게 잘못될 것이 없다. 문제는 결코 도움이 되지 않는 나쁜 습관이 눈치채지 못하는 사이에 악순환을 만들어서 당신을 매우 부정적인 상황으로 몰고 갈 수도 있다는 것이다. 또한 이렇게 형성된 습관의 부정적인 영향은 나중에 알아차린다고 하더라도 쉽게 빠져나오기 어렵다.

그렇다면 어떻게 해야 습관의 부정적인 영향을 피할 수 있을까?

먼저 상황을 파악해야 한다. 지금 당신이 처한 상황을 정확히 파악해야만 어떠한 습관에 얽매여 있는지 알 수 있으며 잘못된 사고방식을 찾아낼 수 있다.

다음에는 사고방식을 분석하는 것이 좋다. 과거의 경험이나 특정한 사고방식을 근거로 문제를 처리할 생각이라면 먼저 그러한 경험과 사고방식이 어떠한 상황에서 비롯된 것인지 명확히 분석할 필요가 있다. 그리고 지금의 상황과 비교했을 때 다른 점이 있다면 반드시 그것에 맞게 조정해야 한다.

마지막으로 늘 새로워야 한다. 항상 외부 환경의 변화에 민감하게 반응하며 사고방식과 행동 원칙 역시 그에 맞게 변화해야 한다. 매일 같은 방향으로 똑같은 길을 산책하는 습관이 있는 사람이 어느 날 우연한 기회로 반대방향으로 그 길을 걷자 전혀 다른 길 같은 인상을 받았다고 한다. 창조성이란 가끔은 방향을 바꿔서 산책로를 걷는 일과 같다.

습관의 부정적인 영향을 피하려면 최대한 빨리 습관의 굴레에서 빠져나와야 한다. 이런 습관의 굴레는 고정된 사고방식이나 언론, 권위 있는 사람들의 영향력에서 시작된다. 습관에 얽매이지 않은 창의적인 사고방식으로 생각해야만 사람들을 놀라게 할 만한 생각과 행위를 할 수 있으며 불가능해 보이는 일들을 해결할 수 있다. 오래된 습관의 굴레를 벗어나면 당신의 눈앞에 펼쳐진 세상은 더 아름다운 빛으로 가득할 것이다.

4

감정의 노예가 되지 마라

● 아비센나의 감정의 영향 실험 ●

한 재판관이 죄수에게 사형 판결을 내린 뒤 물었다.

"마지막으로 가족들에게 전할 말은 없습니까?"

그러자 죄수는 크게 소리치며 대답했다.

"빨리 죽여라, 이 위선자야! 사형 판결을 내리다니 정말 불공평해."

그러자 매우 화가 난 재판관이 거친 말투로 10여 분 동안 죄수를 꾸짖었다. 재판관의 말이 끝나자 죄수는 웃으며 부드러운 말투로 이렇게 말했다.

"이보쇼, 재판관 나리. 당신은 만인의 존경을 받으시는 재판관이지. 수준 높은 교육을 받고 책도 많이 읽었겠군. 그런 사람을 아마 지식인이라고 한다지? 그런 분이 내 말 한마디에 이렇게 분노하고 평정심을 잃다니! 나는 초등학교도 졸업하지 못한 문맹이라오. 언제나 더럽고 비천한 일을 했지. 어느 날 아내를 희롱하는 사람을 충동적으로 죽여서 결국 사형수가 되었소. 당신과 나의 처지가 이렇게 다르지만 조금은 같은 것도 같군. 바로 당신이나 나나 감정의 노예라는 것이지."

재판관은 죄수의 이야기를 듣고 사형 판결을 번복했다.

당신은 감정의 주인인가?

사람은 감정의 주인이 되어야지, 감정의 노예가 되어서는 안 된다. 감정의 노예가 되는 것은 폭도의 주인이 되는 것보다 무섭고, 폭군의 노예가 되는 것보다 슬픈 일이다.

앞 이야기의 죄수가 말한 '감정의 노예'란 곧 '감정적인 사람'으로 바꾸어 말할 수 있다. 감정적인 사람이란 감정에 쉽게 휩쓸려서 기복이 심하고 충동적인 사람을 일컫는 말이다. 이런 사람들은 감정을 제대로 억제하지 않으면 어느 순간 폭발해 자신과 다른 사람에게 상처를 주기도 한다.

다음은 감정의 연쇄 반응에 관한 재미있는 이야기다.

한 남자가 직장에서 상사로부터 심한 질책을 받았다. 그는 화가 머리끝까지 차올라 집으로 돌아왔다. 저녁 식사 시간에 아내가 평소와 다름없이 접시에 음식을 놓아주자 그는 갑자기 화를 내며 큰 소리로 말했다.

"내가 손이 없는 줄 알아? 그리고 음식이 이게 뭐야. 내가 이거 맛없다고 하지 말라고 했잖아!"

그러자 아내는 화가 나서 괜히 옆에서 밥을 먹던 아들에게 화를 내며 소리쳤다.

"흘리지 말고 똑바로 먹어!"

아들은 아무 짓도 안 했는데 혼이 나자 무척 화가 났다. 그는 화풀이할 곳을 찾다가 평소에 귀여워하던 고양이가 옆에 엎드려 있는 것을 보고는 있는 힘껏 발로 걷어찼다. 깜짝 놀란 고양이는 황급히 도망쳐서 거리로 나갔다. 이때 맞은편에서 오던 자동차가 고양이를 보고 깜짝 놀라 핸들을 꺾었다. 이 자동차는 길가의 큰 나무를 들이받았고 운전자는 남자의 상사로 밝혀졌다.

이것은 '부정적인 감정'의 영향력을 잘 보여주는 이야기다. 부정적인 감정은 마치 감기처럼 그다지 심각한 병이 아닌 것 같아도 면역력이 약한 사람에게서 각종 합병증을 일으키고 일상생활과 일에 많은 문제를 발생시킬 수 있다. 또한 좋은 인간관계를 유지하고 발전시키는 데도 악영향을 미친다.

아비센나의 감정의 영향 실험

고대 이슬람의 철학자이자 의사인 아비센나Avicenna는 감정의 영향력에 관해 실험했다.

그는 같은 어미에게서 태어난 새끼 양 두 마리를 서로 다른 환경에서 키웠다. 한 마리는 다른 양들과 함께 넓은 초원에서 자유롭게 살도록 했지만 다른 한 마리는 우리 옆에 늑대 한 마리를 묶어 놓아서 항상 두려움에 떨도록 했다. 이 새끼 양은 언제 늑대가 공격할지 모른다는 공포에 휩싸여서 극도로 불안해하더니 결국 심리적 공황상태에 빠졌다. 두려움에 제대로 먹지도 못하던 새끼 양은 얼마 지나지 않아 죽었다.

현대의 심리학자 역시 부정적인 감정의 영향을 증명하기 위해서 다음과 같은 실험을 했다.

그는 굶주린 개 한 마리를 우리에 가두었다. 그리고 우리 밖에 또 다른 개 한 마리를 풀어놓은 다음 고깃덩어리를 던져 주었다. 우리 안의 개는 바깥에 있는 개가 고기를 맛있게 먹는 것을 보더니 매우 거칠어져서 우리를 할퀴고 물어뜯는 등 탈출하려고 했다. 하지만 아무리 몸부림쳐도 우리 밖으로 나갈 수 없었고, 단 한 점의 고기도 먹지 못했다. 얼마 후 우리 안의 개는 분노, 질투와 같은 부정적인 감정에 휩싸인 나머지 신경질적인 반응을 보이더니 정신이 나가고 말았다.

실제로 기분이 나쁠 때 제대로 먹지 못해서 몸이 상했던 경험이 있을 것이다. 이처럼 부정적인 감정은 몸과 마음에 모두 나쁜 영향을 미친다.

이에 관해 심리학자들은 다음과 같은 결론을 내렸다.

첫째, 부정적인 감정은 신체에 악영향을 일으킨다.

둘째, 부정적인 감정은 심리적 안정을 방해한다.

감정의 노예로부터 탈출하는 방법

살다 보면 부정적인 감정이 발생하는 것을 피할 수 없다. 하지만 주변을 살펴보면 항상 긍정적이고 즐거운 표정인 사람이 있다. 혹시 신께서 그들에게만 은총을 내리신 걸까? 그렇지 않다. 그들 역시 부정적인 감정을 느끼지만 그것을 합리적으로 조정하고 억제하는 것이다.

다음은 부정적인 감정을 억제하고 이것이 미치는 악영향을 피함으로써 감정의 노예로부터 탈출할 수 있는 방법이다.

첫째, 주의를 분산시켜라.

부정적인 감정이 발생할 것 같으면 즉시 그 원인으로부터 멀어져야 한다. 대화의 화제를 전환하거나 다른 흥미 있는 일에 주의를 기울이는 것이 좋다. 한 연구에 따르면 어떤 감정이 발생하면 대뇌의 특정 부분이 흥분하는데 이때 또 하나의 흥분이 발생하면 서로 충돌해서 흥분이 가라앉을 수 있다고 한다.

둘째, 감정을 분출하라.

적당한 경로와 합리적인 방법으로 감정을 분출해 보자. 자신만의 장소에서 한바탕 울거나 친한 친구와 수다를 떠는 것, 운동이나 노래를 하는 것 등이 방법이 될 수 있다.

셋째, 이성적으로 제어하라.

부정적인 감정이 발생하면 이성적으로 그것을 억제해서 분출되지 않도록 해야 한다. 중국 청나라의 애국자 임칙서林則徐는 광저우에서 아편 금지령을 내렸지만 부패한 관리들의 방해 공작 탓에 큰 어려움에 직면했다. 그는 이런 상황에 매우 화가 났지만 분노는 아무런 도움이 되지 않으며 오히려 상대에게 공격의 빌미를 제공할 수 있다고 생각했다. 그는 최대한 이성적으로 자신의 감정을 억제했으며 '화를 누른다'는 뜻인 '제노制怒'를 써서 벽에 걸고 항상 마음에 새겼다.

넷째, 잘못된 이해를 바꾸어라.

심리학자 앨리스 밀러Alice Miller는 잘못된 이해와 해석이 부정적인 감정을 키운다고 보았다. 그러므로 사물이나 사건에 대한 잘못 알고 있는 것이 있다면 즉시 바꾸어야 한다.

어떤 일이든 부정적으로 생각하면 살아갈 용기를 잃게 되고 생활에 활기가 사라지게 마련이다. 우울하게 살아도 즐겁게 살아도 어차피 한평생 사아야 하는 건 마찬가지다. 그렇다면 현실을 그대로 받아들이고 긍정적으로 살아가는 것이 좋지 않을까? 발을 동동 구르며 얼굴을 찡그리며 우울하게 있어 봐야 아무런 도움도 되지 않는다. 부정적인 감정이 생기는 것은 매우 정상적인 상황이다. 그러나 이것을 억제해서 밖으로 분출되지 않도록 해야 하며 동시에 근본적인 원인을 찾아 마주해서 제거해야 한다. 그래야만 감정의 주인이 될 수 있다.

5

실수하는 완벽주의자
• 애런슨의 실수 효과 •

　세계 최고의 첼리스트로 불린 거장 그레고르 파티고르스키는 재능 있는 학생들을 가르치며 말년을 보냈다. 그에게는 눈에 들어오는 한 학생이 있었다. 평소 실력이 높다며 칭찬이 자자한 학생이었는데 그의 제자가 된 뒤에는 아무리 열심히 지도해도 좀처럼 실력이 늘지 않았다. 그러던 어느 날 파티고르스키는 그 학생이 혼자 연습하는 모습을 보았다. 놀랍게도 학생은 자신이 가르칠 때보다 훨씬 훌륭한 솜씨로 연주했다.

그 광경을 지켜본 파티고르스키는 생각에 잠겼다.

'내가 가르쳤을 때는 제대로 하지 못하던 부분을 혼자 연습할 때는 저렇게 훌륭하게 연주하다니. 혹시 내가 가르치는 방식이 잘못된 것은 아닐까?'

하지만 그의 실력은 은퇴 후에도 변함없이 뛰어났고, 그를 만난 다른 학생들의 실력은 눈에 띄게 좋아졌다. 덕분에 연주가 안정적이라는 평가도 받고 있었다. 그렇다면 대체 무엇이 문제였을까? 그때 어떤 생각이 그의 뇌리를 스쳤다.

'혹시 내 연주에 주눅이 들어 자신의 실력을 제대로 발휘하지 못하는 것은 아닐까?'

그날 이후 파티고르스키는 그 학생을 가르칠 때면 일부러 몇 군데씩 틀리게 연주해 보았다. 학생이 치고 들어올 빈틈을 보인 것이다. 예상하지 못한 파티고르스키의 실수에 당황해하던 학생은 금세 용기를 내 틀린 곳을 찾아냈다. 그러고는 오히려 실수한 부분을 고쳐 자신만의 방식으로 연주하기 시작했다. 얼마 후 그는 누구보다 뛰어난 실력을 발휘하며 천재적 재능을 보였다. 누구의 앞에서도 주눅 들지 않고 자신만의 연주를 하는 법을 발견한 것이다.

때로는 완벽함이 상대에게는 거대한 장해물처럼 여겨지기도 한다. 너무 완벽한 사람은 다른 사람에게 열등감을 느끼게 만들기 때문이다. 자기에게 열등감을 느끼게 하는 사람을 좋아하며 따를 사람은 없다. 하지만 종종 실수하거나 허점을 보여주는 사람에게서는 친근감을 느끼기 쉽다. 실수하는 모습에서 진실성을 느끼고 자신 역시 허점을 드러내도 괜찮을 것 같다는 안도감이 생기기 때문이다.

완벽주의의 함정

사람들은 뛰어날수록 영향력 있다고 생각해서 자신의 부족한 점을 최대한 감추고 최선을 다해 좋은 면만 드러내고자 한다. 이렇게 해야만 더 완벽한 인간관계를 만들고 유지할 수 있다고 여기기 때문이다. 정말 그럴까?

완벽을 추구하는 것은 '양날의 검'과 같아서 쉬지 않고 앞으로 나아갈 수 있는 동력이 되는 동시에 무거운 부담이 되기도 한다. 실제로 주변의 수많은 '완벽주의자'가 현실의 벽에 부딪혀 무력감을 느끼고 초조, 불안, 자기 비하 등의 심리에 빠진다. 또 어떤 사람들은 수단과 방법을 가리지 않고 조급하게 성공하려고 하거나 눈앞의 이익에만 급급하기도 한다. 이런 상황은 완벽주의자 자신을 괴롭게 만들 뿐 아니라 동시에 주변 사람들에게까지 좋지 않은 영향을 미친다.

업무에서 완벽을 추구하는 사람들은 자신뿐 아니라 동료나 부하직원에게까지 똑같이 높은 수준을 요구한다. 그러면 그 부서에는 항상 긴장된 분위기가 감돌 수밖에 없다. 가정에서도 완벽을 추구하는 부모들은 아이에게 평범함을 넘어설 것을 요구한다. 이러한 환경에서 자라난 아이들은 성인이 되어서 심리적으로 자기 비하 혹은 자폐의 경향을 보인다.

미국의 유명한 신경정신학자 데이비드 번즈David Burns는 "과도하게 완벽을 추구하는 것은 성공의 걸림돌이며 스스로 무너지는 나쁜 습관이다"라고 말했다.

그는 영업사원 150명을 대상으로 한 조사에서 이들 중 40%가 과도하게 완벽을 추구하지만 오히려 성공의 기회는 다른 사람에 비해 적다는 결과를 얻었다. 번즈는 이에 대해 과도하게 완벽을 추구하는 사람들은 스트레스가 심한 탓에 창의력의 부족하고 좌절을 받아들일 줄 모르기 때문이라고 분석했다. 일반적인 수준의 완벽주의자들은 스트레스 역시 충분히 받아 넘길 정도며, 그보다 완벽주의 성향이 강한 사람도 상응하는 스트레스를 받지만 역시 스스로 해결 가능하다. 그러나 '결점 하나 없는 것'을 추구하는 '과도한 완벽주의자'들은 오히려 능력이 점점 줄어들고 인간관계가 악화하며 결국 왜곡된 심리에 갇혀 '완벽이 아니면 죄악'이라는 불합리한 사고방식에 빠지게 된다.

번즈는 또한 과도한 완벽주의자들의 문제점을 정리했다.

첫째, 너무 긴장한 나머지 주어진 일을 완성할 수 없다. 둘째, 자신이 제어할 수 없는 상황을 싫어하기 때문에 새로운 일을 꺼린다. 셋째, 늘 머리를 싸매고 완벽하게 준비하느라 생활의 소소한 행복을 느끼지 못한다. 넷째, 자신을 내버려 두지 않고 완벽하지 않은 부분을 찾으며 항상 초조와 불안에 휩싸여 있다. 다섯째, 다른 사람의 완벽하지 못한 모습을 참지 못해서 트집을 잡다 보니 안정된 인간관계를 유지할 수 없다.

애런슨의 실수 효과

심리학자인 캐시 애런슨Kathy Aaronson은 '완벽한 사람'에 관한 실험을 했다. 그녀는 모든 실험 참가자에게 4명의 인물이 연설하는 내용의 녹음을 들려주었다. 4명 중 두 명은 유능한 사람이었으며, 나머지 두 명은 평범한 수준이었다. 녹음에는 유능한 두 사람 중 한 명과 평범한 두 사람 중 한 명이 연설 도중 탁자 위에 놓인 커피잔을 엎는 상황이 등장했다.

애런슨은 녹음 내용을 들은 참가자들에게 4명을 호감도 순서대로 적어 달라고 했다. 유능하고 커피잔을 엎지 않은 사람, 유능하고 커피잔을 엎은 사람, 평범하고 커피잔을 엎지 않은 사람, 평범하고 커피잔을 엎은 사람 중 호감도가 높은 순서대로 선택하는 것이다.

실험 결과 참가자들이 가장 호감을 느낀 사람은 '유능하고 커피잔을 엎은 사람'이었다. '유능하고 커피잔을 엎지 않은 사람'은 두 번째였다. 이것은 완벽해 보이는 사람이 작은 실수를 저질렀을 때 사람들의 호감도가 더 높아졌음을 의미했다. 심리학에서는 이것을 '실수 효과Pratfall Effect'라고 부른다.

왜 작은 결점이 있는 사람이 완벽한 사람보다 더 인기 있을까?

심리학자들은 이에 관해 두 가지 해석을 내놓았다.

한 가지는 사람들은 능력이나 품성의 수준이 완벽에 가까울 정도로 높은 사람을 보면 자신과의 거리가 너무 크다고 생각한다는 것이다. 완벽하다는 이미지는 진실하다는 것과 거리가 멀다는 의미로 여겨진다. 그래서 그를 진정으로 좋아하거나 받아들이지 못하며 겉으로는 티를 내지 않아도 은근히 거리를 유지하는 것이다. 중국의 위대한 문학가 루쉰魯迅은 "무릇 신기하고 신비한 일은 모두 의심해 보아야 한다"고 말했다. 사람들이 지나치게 완벽한 사람에게 느끼는 감정 또한 이와 같다.

다음은 일반적으로 사람들은 유능한 사람을 좋아하기 때문에 능력과 호감도는 정비례하지만 그 사람이 지나치게 유능하면 오히려 역효과를 부른다는 것이다. 사람은 누구나 자기 보호 본능이 있으므로 상대가 자신을 무능하거나 초라하게 보일 정도로 유능하면 호감도가 하락한다. 이때 그가 작은 실수를 저지르면 이러한 심리가 누그러질 수 있다. 유능하고 완벽해 보이는 사람의 실수는 두 사람 사이의 심리적 거리를 좁히고 상대의 자존감을 지켜 주어서 관계를 더 좋게 만들 수 있다.

이 실험을 통해 심리학자들은 다음과 같은 결론을 내렸다.

첫째, 가장 인기 있는 사람은 유능한 동시에 작은 실수를 저지르는 사람이다.

둘째, 큰 문제가 되지 않은 작은 실수는 그 사람의 매력을 높일 수 있다.

상대에게 빈틈을 보여라

자신을 과하게 포장하지 않고 적당히 부족한 면을 보이며 '빈틈'을 드러낸다면 더 많은 사람의 환영을 받을 수 있다.

다음은 자신의 단점을 드러내고 자신을 낮추어 상대의 호감을 얻을 수 있는 방법이다.

첫째, 자신의 실수담을 폭로하라.

사람들과 이야기를 나눌 때 당신이 겪은 실수담이나 우스꽝스러운 일들을 직접 폭로해 보자. 혹시 상대가 당신을 무시하거나 나쁜 이미지가 생길까 봐 걱정할 필요는 없다. 오히려 더 많은 사람이 당신의 넓은 마음가짐과 호탕한 성격을 좋아할 것이다.

둘째, 부끄러움을 드러내라.

처음 만난 사람이나 여러 사람 앞에서 말하는 것이 두렵거나 어색할 때가 있다. 이때 자신의 심리 상태를 감추려고만 한다면 오히려 말과 행동이 더 부자연스러워져서 상대가 이상하게 생각할 수도 있다. 이런 경우 차라리 자신이 얼마나 쑥스럽고 부끄러운지 솔직히 말하는 것도 좋은 방법이다.

셋째, 자신을 비하하라.

특별한 실수담이나 우스꽝스러운 이야기들, 작은 결점 등이 생각나지 않는다면 상대의 장점을 크게 칭찬하는 것도 좋은 방법이다. 그런 후 당신은 그들보다 한참 못 미친다는 것을 넌지시 알리자. 항상 겸허한 자세로 어떠한 것도 받아들일 수 있다는 인격적 매력을 드러내는 것이 좋다.

'금무족적 인무완인 金無足赤 人無完人'이라는 말이 있다. 금도 완벽한 것은 없으며, 사람도 완벽한 사람은 없다는 뜻이다. 완벽주의에 빠져 자신을 학대하지 말고 적당하게 기준을 낮춘다면 마음이 편해지고 더 나은 인간관계를 쌓을 수 있다.

# 6

다수가 항상 옳은 것은 아니다

● 마이어스와 람의 집단 극화 실험 ●

    1960년 3월 미국의 드와이트 아이젠하워Dwight Eisenhower 대통령은 쿠바의 피델 카스트로 Fidel Castro 정권을 무너뜨리기 위해 CIA가 계획한 반혁명군 지원을 작전을 승인했다. 곧바로 쿠바 침공을 위한 준비에 들어갔다. 이듬해 새로운 대통령으로 취임한 존 F. 케네디가 작전의 실행을 승인했고 CIA는 미국에 망명한 쿠바인들을 모집해 침공을 위한 훈련을 시작했다.

    이들은 마침내 4월 17일 쿠바의 수도 아바나에서 145㎞ 떨어진 피그만을 침공했다. 동원된 병력은 1,500명뿐이었다. 피그만에 상륙하면 쿠바 혁명에 반대하는 민중들이 자신들의 편에 서서 침공을 도울 것이라 예상했기 때문이다.

하지만 이들은 크게 참패했다. 100명이 넘는 사람들이 목숨을 잃었고, 1,000여 명이 포로로 잡혔다. 미국은 포로들의 송환을 위해 5,000만 달러가 넘는 의약품과 식량을 제공해야 했다. 피그만 침공의 실패로 카스트로는 반미감정을 이용해 무려 49년 동안 장기집권한 뒤 동생에게 권력을 물려주었다.

사람이 많다고 반드시 좋은 것은 아니다

피그만 침공의 가장 큰 실패 원인은 집단 극화Group Polarization의 영향을 받은 것으로 집단이 함께 결정을 내릴 때 언제나 발생하는 현상이다.

'집단 극화 현상'은 1961년에 심리학자 제임스 스토너James Stoner가 집단 토론을 연구하면서 밝혀낸 것으로 '집단 극단화 현상'이라고도 부른다. 그는 많은 실험 참가자가 집단 토론에 참가한 뒤 '좀 더 위험을 감수해야 하는' 쪽으로 결정을 내린다는 것을 발견했다.

일반적으로 혼자 어떤 일을 결정하거나 처리할 때는 부담 없이 모험적인 행동을 하고, 집단이 결정을 내려야 할 때는 다른 사람들까지 생각해야 하므로 몸을 사리는 보수적인 행동을 할 것이라고 생각한다. 그러나 사람들은 혼자일 때 오히려 보수적인 방향으로 결정하고, 집단일 때는 훨씬 모험적인 방향으로 결정을 내릴 가능성이 크다고 한다. 이렇게 집단의 의사결정이 개인의 의사결정보다 더 극단적으로 나타나는 현상을 심리학에서는 '집단 극화현상'이라고 말한다.

알려진 바에 따르면 불량 청소년 집단 전체의 폭력성과 파괴력은 각각의 구성원이 개별적으로 일으킬 수 있는 문제를 모두 합한 것보다 훨씬 크다고 한다. 다시 말해 집단으로 뭉쳤을 때 그들의 폭력성과 파괴력이 훨씬 커진다는 의미다.

심리학자 클라크 맥콜리Clark McCauley는 세계 곳곳의 테러 조직을 분석했다. 그들은 이 조직들이 어느 날 갑자기 생겨난 것이 아니라 '불만'이라는 감정을 느낀 사람들이 모여서 자연스럽게 만들어졌다고 보았다. 그런데 이들이 집단화, 조직화하는 바람에 불만의 감정을 누그러뜨릴 기회를 잃었으며, 오히려 같은 감정을 지닌 사람들과 교류하면서 점점 더 극단적으로 변모했다고 지적했다. 그래서 혼자서는 절대 할 수 없는 잔악무도한 테러 행위를 집단의 힘으로 해내는 것이다.

사람들은 중요한 결정을 내릴 때 여러 사람의 지혜를 모으는 것이 혼자 판단하는 것보다 훨씬 정확할 것이라고 생각한다. 하지만 꼭 그렇지만은 않다. 여럿이 함께 결정 과정에 참여하면 아주 과감하거나 혹은 아주 안전 지향적인 결론을 내리는 탓에 오히려 최선의 선택에서 멀어지기도 한다. 집단 극화 현상이 일어난 것이다.

이후 여러 심리학자가 실험을 통해서 집단 극화 현상이 일상생활에서 얼마나 광범위하게 일어나고 있는지 증명했다.

마이어스와 람의 집단 극화 실험

심리학자 데이비드 마이어스David Myers와 헬무트 람Helmut Lamm은 미국 연방 지방 법원의 재판 결과를 분석해서 판결을 내리는 사람의 수가 최종 판결에 어떠한 영향을 주는지 연구했다.

그 결과 판사가 단독으로 판결한 1,500개 사건 중에서 극단적인 판결에 속하는 것은 30%에 불과했지만 판사 세 명이 함께 판결했을 때는 무려 65%까지 증가한 것으로 밝혀졌다. 이는 고도로 훈련받은 사람이라고 해도 역시 집단 극화 현상을 피할 수 없다는 의미다. 이 밖에도 전 세계의 수많은 심리학자가 다양한 방법으로 집단 극화 현상의 존재를 증명했다.

1967년 심리학자 네이선 코간Nathan Kogan의 연구팀은 투자자들이 혼자일 때는 성공률 70%의 기준을 두고 투자하는 반면, 여럿이 함께 결정할 때는 성공률의 기준이 50%인 쪽에 투자한다는 결과를 얻었다. 집단일 때는 성공률이 낮은 대신 이윤이 큰 쪽으로 과감하게 투자를 결정하는 것이다.

2년 뒤에는 러시아의 심리학자 세르주 모스코비치Serge Moscovici와 마리사 자발로니Marisa Zavalloni가 집단 극화 현상에 대해 더욱 발전된 연구를 했다. 그들은 이 현상이 주로 비공식적인 집단, 예를 들어 친구, 이웃, 동료 등의 집단이 자유롭게 토론하는 중에 발생한다는 사실을 밝혔다. 특히 태도, 가치, 개인적인 감정 등의 방면에서 더욱 과감하고 도전적인 쪽으로 편중되는 경향을 보였다. 또 그들은 미국, 캐나다, 독일, 영국, 이스라엘 등 다양한 국가의 실험 참가자들에게 모두 집단 극화 현상이 일어나는 것을 확인했다.

이외에 다양한 연구를 통해서 공적인 정책 결정 과정에서도 역시 집단 극화 현상이 발생하는 것이 증명되었다. 이 경우에는 과감하고 도전적이거나 보수적이고 안전 지향적인 양극단으로 편중되는 현상을 보였다. 또 로버트 녹스 등의 심리학자는 1976년의 실험에서 경마에 참여한 집단은 매우 안전 지향적인 경향을 보이며 개인의 결정 항목보다 훨씬 적은 항목에 배팅하는 것을 확인했다.

여러 실험을 통해 심리학자들은 다음과 같은 결론을 내렸다.

첫째, 집단 극화 현상은 사람들이 내리는 결정에 영향을 미친다.

둘째, 집단은 개인이 단독으로 결정할 때보다 더욱 과감하고 도전적이거나, 반대로 보수적이고 안전 지향적인 양극단으로 편중되는 결정을 내린다.

집단의 부정적인 영향을 피하라

여러 사람이 함께 결정하는 것은 현대 사회에서 이미 많은 사람이 채택하는 방식이다. 실제로 집단이 함께 결정하면 구성원 모두가 일의 원인과 과정을 명확히 파악할 수 있기 때문에 일의 진행이 더욱 순조롭다. 하지만 이때 집단 극화 현상이 발생하면 집단의 결정이 지나치게 과감하고 도전적이거나 아니면 너무 소심하고 안전한 쪽으로 편중된다. 이것은 오히려 일의 진행을 방해하거나 위험 요소로 발전할 수 있으므로 되도록 피하는 것이 좋다.

그렇다면 어떻게 해야 집단 극화 현상의 부정적인 영향을 피할 수 있을까?

첫째, 처음부터 끝까지 공평과 공정의 원칙을 유지해야 한다. 집단이 결정을 내릴 때는 모든 구성원에게 발언할 기회를 주어야 한다. 또 초반에는 그들의 의견이나 건의에 대해 어떠한 평가도 내려서는 안 된다.

둘째, 가능한 한 자주 브레인스토밍한다. 브레인스토밍은 집단 극화 현상의 부정적인 영향을 예방할 수 있는 매우 효과적인 방법이다.

이것의 가장 큰 장점은 참여한 사람의 의견을 충분히 들을 수 있다는 데 있다. 모든 사람이 서로 다른 각도에서 문제를 보고 내린 판단을 들은 다음 좋은 점만 취하고, 출현 가능한 각종 상황을 모두 고려한다면 최선의 결정을 할 수 있을 것이다.

셋째, 'No'라고 말하지 마라. 다수와 다른 의견을 말하는 소수에게 함부로 'No'라고 말해서는 안 된다. 그들에게 의견을 말할 수 있는 충분한 시간을 준 후, 다시 서로 다른 의견에 대해서 각자의 생각을 발표할 수 있도록 해야 한다. 이때 상대의 관점이나 의견의 빈틈을 지적해서 그를 설득하고, 의견이 일치될 때까지 충분히 이야기를 나누도록 하자. 그런 후에 다시 최종 결정을 내리고 행동을 취한다면 더 좋은 결과를 얻을 수 있다.

넷째, 큰 것을 작게 만들어라. 일과 집단을 모두 여러 개로 작게 나누어야 한다. 그리고 작게 쪼갠 일을 역시 작게 나누어진 집단이 하나씩 맡아 토론한 다음 다시 모여 전체의 일을 상의하는 것이 좋다. 특히 집단의 규모를 줄이는 것은 집단 극화 현상을 피할 수 있는 효과적인 방법 중의 하나다.

다섯째, 외부인의 의견을 들어라. 일의 당사자는 경황이 없어 모르는 일을 오히려 옆에서 구경하는 사람이 잘 아는 경우도 있다. 어쩌면 집단 외부의 사람이 더 명확하고 객관적인 의견을 가지고 있을지도 모른다.

  집단 극화 현상에도 구성원들의 의견을 일치시키고 내부의 응집력을 키우는 것 등의 긍정적인 효과가 있다. 하지만 대부분 경우 이러한 긍정적인 효과보다는 부정적인 영향이 더욱 크게 작용한다. 어쩌면 집단 극화 현상은 판단의 오류를 조장해서 매우 극단적인 결정을 내리게 만들어 무척 위험한 결과를 조성할 수도 있다. 그러므로 반드시 효과적인 방법으로 부정적인 영향을 피해서 최선의 결정을 내려야 한다.

7

소수가 세상을 바꾼다

● 애쉬의 소수의견 실험 ●

당신의 생각이 대다수 사람과 다를 때 어떤 선택을 하겠는가? 타협할 것인가? 아니면 끝까지 뜻을 굽히지 않고 밀고 나가서 다른 사람들의 생각마저 바꾸겠는가?

영화 〈12명의 성난 사람들〉은 피고가 무죄라고 생각하는 배심원한 명이 유죄라고 생각하는 나머지 11명의 배심원을 설득하는 이야기다. 이 영화는 2007년 미국의회도서관이 후세에 전달하기 위해 보존하는 국립영화등기부 National Film Registry에 이름을 올린 명작이다.

인류 역사를 살펴보면 소수가 다수의 생각을 바꾼 사례가 종종 있다. 예를 들어 갈릴레이, 다윈, 마르크스, 아인슈타인 등은 모두 '소수'의 입장이었다. 그들은 자신의 생각을 끝까지 굽히지 않고 행동으로 옮겼으며 마침내 주류가 되어 역사의 방향까지 바꾸었다.

소수의 힘

중국에는 "나무가 숲보다 높으면 바람이 그것을 꺾는다"는 속담이 있다. 이 속담처럼 집단 안에서 개인은 대다수 구성원과 다른 생각이나 행위를 할 때 고립되거나 엄한 징벌을 받는다. 그래서 집단의 구성원들은 서로 언어와 행위를 일치시키려고 하는데 이것이 바로 애쉬의 동조 실험으로 증명된 '다수의 뜻을 따르려는 심리'다.

이 심리는 다른 사람들이 모두 같은 의견을 말하면 설령 그것이 자신의 의견과 다르더라도 따르는 것을 의미한다. 그런데 애쉬는 후속 실험에서 의외의 결과를 얻었다.

애쉬의 소수의견 실험

애쉬는 후속 실험에서 잘못된 답을 말하는 사람의 수를 한 명에서부터 차례로 14명까지 증가시켰다. 실험 결과 앞서 말한 사람 중 단 한 명이라도 다른 의견을 말하면 동조하는 확률이 크게 떨어졌다.

더 재미있는 것은 앞서 말한 사람 중 아무런 말도 하지 않고 침묵을 지킨 사람이 동조 행위에 영향을 주었다는 사실이다. 또한 소수라도 끝까지 자신의 의견을 굽히지 않는다면 전체 의견에 충격을 주거나 심지어 무너뜨릴 수 있다는 점이 밝혀졌다. 이러한 결과는 이전의 동조 실험에서 증명된 다수를 따르며 그들과 같은 말을 하려는 심리와 상반되는 것으로 '한 사람의 힘'을 보여준다.

심리학자들은 '집단 내 소수'와 관련해 다음과 같은 결론을 내렸다.

첫째, 집단 내에서 다수는 소수의 영향을 받을 수 있다. 그들은 기존의 태도, 신념, 입장 등을 바꿔 소수와 일치하는 행위를 선택할 것이다.

둘째, 집단 내에서 다수와 다른 행위를 하는 사람이 단 한 사람뿐이라도 다른 사람의 행위에 영향을 줄 수 있다.

소수의 목소리를 지켜라

애쉬의 실험은 '소수의 힘'이 생각보다 크다는 것을 증명했다. 그러므로 자신이 어떤 집단에서 소수에 속한다고 해서 긴장하거나 걱정할 필요 없다. 이때 주의해야 할 것은 소수와 다수가 서로 주고받는 영향이 같아야 하며 어느 한쪽으로 치우쳐서는 안 된다는 점이다.

그렇다면 어떻게 해야 소수의 목소리가 다수에 효과적으로 전해지고 존중받을 수 있을까? 심리학자들은 소수의 의견이 존중받는 데 중요한 요소로 다음의 두 가지를 제시했다.

첫째, 내부의 일치성이다.

소수는 반드시 고도로 일치된 말과 행동을 바탕으로 다수를 설득해야 한다. 뉴욕에 거주하는 의사 빌은 뉴욕에 '미국 항암협회'의 분회를 만들고자 했지만 그의 제안은 모두 완곡하게 거절당했다. 사람들은 모두 "우리도 예전에 시도한 적이 있지만 큰 효과가 없었어요" 혹은 "제 생각에는 이 문제에 관심을 보이는 사람이 없을 것 같군요"라고 말했다.

그러나 빌은 낙담하지 않았으며 여전히 긍정적인 마음가짐으로 일을 추진했다. 전화를 걸어 동료들을 설득했고, 병원에서도 틈만 나면 열정적으로 자신의 주장과 그 근거를 설명했다. 빌은 큰 소리를 내거나 강한 어조로 이야기 하지 않았으며 그저 간절함과 열정을 내비쳤다. 얼마 후 그의 노력이 성과를 이루어 많은 사람이 분회를 만드는 일을 지지하기 시작했다.

당신이 생각하기에 옳고 확실한 일이라면 빌처럼 그것을 포기하지 말고 밀고 나가라. 자신감을 잃지 않고 열정적인 자세로 설득한다면 곧 다른 사람들의 인정과 지지를 얻게 될 것이다.

둘째, 융통성 있는 자세다.

빌이 처음에 만든 제안서를 본 사람들은 거의 불가능한 계획이라고 말했다. 이때 만약 빌이 고집스럽게 자신의 첫 번째 제안을 고수하고 다른 사람이 제기한 문제들을 감정적으로 반박했다면 결코 좋은 결과를 얻지 못했을 것이다.

소수의 입장일 때 자신의 의견을 정확히 말하고 그것을 밀고 나가는 것도 중요하지만 다른 사람의 의견과 제안도 받아들이고 객관적으로 문제를 바라보아야 한다. 또 합리적인 반대는 겸허히 받아들이는 동시에 그것을 바탕으로 더 나은 해결 방안을 도출해 낸다면 당신의 영향력은 더욱 커질 것이다.

8

게으름과 결별하라

● 페라리와 셰리프의 미루기에 관한 조사 ●

"한 명의 남자 하인은 한 명의 남자 하인, 두 명의 남자 하인은 반 명의 남자 하인, 세 명의 하인은 없는 것과 같다"는 폴란드 속담은 남자의 게으름을 감당할 수 없는 여자의 고충을 매우 유머러스하게 표현한 것이다.

게으른 남자는 어느 나라에도 많다. 하인이 자기 혼자밖에 없으면 자기 몫의 일을 하고 책임을 다한다. 그러나 둘이 되면 서로가 상대방에게 일을 미루고 게으름을 피운다. 셋이 되면 더 심각해진다. 누군가가 일을 할 거라고 생각하고 전혀 일을 하지 않는다. 그리고 야단을 맞게 되면 서로에게 책임을 전가하느라 바쁘다.

어느 주부의 말에 의하면 아내들의 남편에 대한 사랑이 하루아침에 식어버리는 것은 남자가 지저분하고 게으른 모습으로 일요일을 보는 모습을 보았을 때라고 한다. 일요일의 남자들은 훼방꾼이다.

행동하는 것에도 시기가 있다. 적당한 기회를 놓치지 말고 신속하게 움직이면 반드시 좋은 결과를 기대할 수 있다. 그러나 때가 아니면 아무리 열심히 노력해도 헛수고가 되는 경우가 있다.

좋은 기회는 잘 오지 않는다. 한 번 놓치면 다음 기회까지 오랜 시간을 기다려야 한다. 어쩌면 다시는 기회가 오지 않을 수도 있다. 따라서 절대로 놓치면 안 된다.

오늘이 아니면 내일이 있다고 마음 편하게 생각하는 사람이 많다. 이런 사람들은 나중에 반드시 후회한다. 그러나 아무리 후회해도 아무 소용이 없다. 다음 기회를 잡는다고 해도 그만큼 다른 사람보다 뒤처진 것이다.

게으름은 습관이다

검토해야 할 서류, 확인해야 할 수치, 정리해야 할 옷, 걸어야 하는 전화, 보내야 할 e메일……. 이렇게 많은 일이 쌓여 있지만 당신은 오늘도 인터넷 검색으로 시간을 보내고 있다. 마음을 다잡고 할 일을 시작하더라도 좀처럼 집중하지 못하고 멍하니 바라보면서 시간만 흘러간다. 결국 오전 시간이 모두 흐른 후에도 일은 어제보다 진척된 것이 없다. 오후에 열심히 보충하면 된다고 생각하지만 결국 똑같은 상황이 반복될 뿐이다. 산더미처럼 쌓인 일을 보면 점점 우울해지기만 하고 그럴수록 더 하기 싫다. 하루 또 하루…… 이렇게 일을 미루는 증상은 나날이 심각해지기만 한다.

학생, 과학자, 비서, 회장, 주부, 직장인 등 남녀노소를 가리지 않고 대부분 사람이 '미루기 병'의 증상을 보인다. 이런 사람들에게 할 일을 미루는 게으름은 일종의 생활 방식이 되었다. 이들은 게으름이 백해무익하다고 생각하면서도 도통 고치지 못한다.

대부분 사람을 자꾸만 일을 미루면서 일을 하기 직전까지 최대한 편안함을 누리고자 한다. 심지어 더 이상 미룰 수 없을 때도 이 편안함에서 벗어나지 않으며 계속 그 안에 파묻혀 있으려고만 한다. 그 결과 효율은 떨어지고 일은 실패로 끝이 난다.

심리학자들은 이러한 심리에 관해 연구하고 다음과 같이 결론을 내렸다.

"미루는 것은 나쁜 습관으로 초조함과 양심의 가책을 일으켜 스스로 자신을 학대하는 상황을 초래한다. 일을 미루는 사람들은 시간이

축박해서 중압감을 느낄 때 효율이 높아지고 결과물이 좋다고 생각하지만 이것은 그저 자신을 속이는 심리일 뿐이다."

천 리나 되는 긴 여행도 첫 발걸음을 떼어야 시작된다. 작은 일이 쌓이고 쌓여서 큰일을 이룰 수 있다. 아무리 하찮더라도 첫 걸음 소홀히 해서는 안 된다.

생각만 하고 있으면 아무것도 성취하지 못한다. 하루하루 아무리 작은 것이라도 목적달성을 위해서 행동해야 한다. '내일 두 배로 하면 되겠지!' 하는 생각으로 게으름을 피우지 말고 하나씩 쌓아가는 노력이 중요하다. 오늘 해야 할 일을 내일로 미루게 되면 반드시 후회하게 된다.

페라리와 셰리프의 미루기에 관한 조사

1973년 한 심리학자가 회사원들을 대상으로 일을 미루는 심리에 관한 조사한 결과 업무 시간의 약 20%가 늑장 부리는 데 허비되고 있음이 밝혀졌다. 또 조사 대상의 74%가 상심, 우울, 자기비하 등의 감정을 느낄 때 일을 미루고 싶다고 밝혔다.

1996년 미국 시카고 드폴 대학의 심리학 부교수 조지프 페라리 Joseph Ferrari와 사우디아라비아 킹사우드 대학의 후무드 알-셰리프 Humood Al-Sherif 박사는 얼마나 많은 사람이 '미루기 병'에 시달리고 있는지를 조사했다.

우선 중동 지역의 성인 남녀 1,000여 명을 대상으로 조사한 결과 약 20%가 만성 '미루기 병' 환자임이 밝혀졌다. 이후 미국, 영국, 오스트레일리아, 스페인, 페루, 베네수엘라, 터키 등에서 한 조사에서도 역시 비슷한 수치의 결과가 나왔다.

이와 동시에 페라리는 조사에 응한 대학생의 70%가 일상생활에서 학업을 최대한 뒤로 미루고 있다는 사실을 밝혀냈다. 우선 놀고 공부는 나중에 한다든지, 과제 제출을 미루거나, '벼락치기'로 시험공부를 하는 방식이었다. 또한 직장인들은 거의 매일 지각하거나, 어렵고 힘든 일은 끝까지 뒤로 미뤘다가 더 이상 미룰 수 없을 때 하는 경우가 많았다. 대학생이든 직장인이든 이러한 태도는 다른 사람에게 '믿을 만하지 못하다'는 인상을 줄 것이 분명하다.

이런 사람들은 언뜻 보면 바쁘게 움직이는 것 같지만 실제로는 구체적인 행동을 하지 않은 채 자꾸 일을 뒤로 미루는 것뿐이다. 그러고는 나중에 결국 이것을 후회하는 식의 악순환이 계속되는 것이다. 실제로 일을 뒤로 미룰수록 더 긴장하고 스트레스도 크며 이 때문에 사고가 느려지고 일의 효율도 낮아진다.

정도는 다르겠지만 사실 거의 모든 사람이 '미루기 병' 환자라고 할 수 있다. 그러나 이것이 심해지면 일상생활과 일에 영향을 미치며 자

첫 심각한 문제로 발전할 수도 있으니 조심해야 한다. 심리학자들은 미루기가 일으키는 부정적인 영향으로 다음의 몇 가지를 들었다.

(1) 학업과 일에서 성공할 수 없다.

2007년의 조사 결과에 따르면 대학생의 약 70%가 할 일을 미루었다가 곤란한 적이 있었다고 답했다. 그중 50%는 미루기가 이미 습관이 되었으며 이것이 학업에 영향을 주기 때문에 즉시 해결해야 한다고 생각하는 것으로 나타났다.

(2) 집단 활동이나 인간관계에 지장을 준다.

미루는 것이 습관이 된 사람들은 대부분 일을 기한 안에 완성하지 못하는 탓에 집단 활동에 지장을 준다. 또 초조, 긴장, 걱정 등의 부정적인 정서가 발생하기 때문에 원만한 인간관계를 유지할 수 없다.

(3) 몸과 마음에 질병을 부른다.

독일의 한 연구에 따르면 미루는 행위는 심리적으로 불안함을 조성할 뿐 아니라 생체 리듬을 교란시키는 것으로 나타났다. 미루는 사람들은 일을 몰아서 하므로 질병에 걸리기 쉽다. 뿐만 아니라 건강 검진 역시 미루는 탓에 질병을 조기에 발견해서 치료하는 것이

어렵다.

(4) 자율성과 자제력이 떨어진다.

일반적으로 일을 미루는 사람들은 최종 기한에 임박하지 않으면 몸과 마음을 집중하지 못한다. 이런 사람들은 자율성 및 자제력이 부족해서 금연, 운동, 다이어트 등을 시작하는 것조차 어렵다.

심리학자들은 미루기와 관련된 조사를 토대로 다음과 같은 결론을 내렸다.

첫째, '미루기 병'은 매우 광범위하게 퍼져 있다.

둘째, 일을 미룰수록 심리적 스트레스가 크며 생각과 일의 효율이 떨어진다.

셋째, 미루기가 습관이 되면 악순환이 발생하며 일상생활의 여러 방면에 부정적인 영향을 미친다.

굿바이 미루기

사실 굳이 연구나 조사를 하지 않아도 주변에서 '미루기 병'의 증상을 보이는 사람을 쉽게 찾을 수 있을 것이다. 문제는 이것이 걸리기는 쉬워도 빠져나오기가 쉽지 않다는 것이다. 하지만 건강하고 행복한 더 나은 삶을 영위하고 싶다면 반드시 최선을 다해 '미루기 병'에서 벗어나야 한다!

다음의 몇 가지 방법이 도움이 될 수 있다.

(1) 스트레스를 해소하라.

대부분 사람의 '미루기 병'은 스트레스에서 비롯된다. 그러므로 가장 먼저 스트레스를 없애거나 줄이도록 하자.

(2) 합리적인 계획표를 만들어라.

계획표를 만들면 하루를 짜임새 있게 쓰고 목표 혹은 방향을 잃지 않을 수 있다. 계획표는 당신이 일을 미루지 않고 즉시 움직이는 데 큰 도움이 될 것이다. 여기서 합리적인 계획표란 '완성 가능한 목표'를 설정하는 것을 의미한다. 하루의 일정이 꽉 채워져 있으면 감히 일을 미룰 수 없을 것이다. 일정에 음악 듣기나 산책과 같은 쉬는 시간이 포함되어야 한다는 것을 절대 잊지 말아야 한다.

(3) 일을 잘게 쪼개라.

일이 너무 방대한 나머지 도대체 어디서부터 시작해야 할지 모를 때가 있다. 그러면 골치가 아프다는 핑계로 아예 뒤로 미뤄버리는 것이다. 이런 경우에는 커다란 일을 잘게 쪼개어서 하는 것이 좋다. 만일 집 전체를 정리해야 한다면 목표를 방 하나씩 정리하는 것으로 작게 재설정하는 것이다. 작은 목표를 하나씩 실천해 나가다 보면 어느새 거대한 목표가 차츰 완성되고 있는 것을 발견하게 될 것이다.

(4) 쉬는 것을 잊지 마라.

작은 목표를 하나씩 달성할 때마다 자신에게 보상을 주거나 쉬는 시간을 제공해야 한다. 너무 엄격하게 목표를 달성하다가는 금세 피로에 지쳐 기진맥진해져서 끝까지 밀고 나갈 수 있는 동력을 잃는다. 다만 쉬는 시간을 너무 길게 잡아서는 안 된다.

(5) 즉각 행동하라.

만성적인 '미루기 병' 환자라면 작은 일부터 즉각 행동하는 것을 실천해야 한다. 작은 일이 쌓이기 시작하면 커다란 스트레스가 될 수 있다. 예를 들어 식탁 위가 조금 더러울 때 바로 닦기 시작해야지 치울 것이 산더미처럼 쌓인 후에 정리하려고 해서는 안 된다.

(6) 최종 기한을 설정하라.

반드시 해야 할 일이 있다면 미루지 말고 명확한 기한을 정하자. 초반에 시간을 낭비하면 나중에 괴로워진다는 것을 명심해야 한다.

(7) 도움을 구하라.

　어려운 일이 있으면 무조건 미루지 말고 도와줄 사람을 찾아서 함께 시작하는 것이 좋다. 그러면 일은 반으로 줄고 성공 확률은 배로 높아질 것이다.

　'미루기 병'을 가볍게 여겨서는 안 된다. 이것은 습관이 되면 학업이나 일에 지장을 줄 뿐 아니라 부정적인 심리를 조성하며 집단 활동이나 인간관계에까지 나쁜 영향을 미친다. 또 신체적인 건강까지 위협할 수도 있다. 그러므로 자신이 만성 '미루기 병' 환자라고 생각된다면 지금 당장 그것을 떨쳐 내야 한다. 앞에서 소개한 것은 미루기와 싸우기 위한 몇 가지 방법일 뿐이다. 가장 중요한 것은 당신이 스스로 '미루기 병'에서 벗어나겠다고 결심하고 그것을 위해 최선을 다하는 것이다.

당신은 언제나 옳습니다. 그대의 삶을 응원합니다. - **라의눈 출판그룹**

영향력은 어떻게 만들어지는가

개정판 1쇄 | 2025년 8월 14일

지은이 | 구위안인　　옮긴이 | 송은진
펴낸이 | 설웅도　　　편집주간 | 안은주
편집장 | 심재진　　　디자인 | 박성진

펴낸곳 | 라의눈

출판등록 | 2014년 1월 13일(제 2019-000228호)
주소 | 서울시 강남구 테헤란로 78 길 14-12(대치동) 동영빌딩 4층
전화 | 02-466-1283　　팩스 | 02-466-1301

문의 (e-mail)
편집 | editor@eyeofra.co.kr
마케팅 | marketing@eyeofra.co.kr
경영지원 | management@eyeofra.co.kr

ISBN 979-11-94835-02-8　03320

이 책의 저작권은 저자와 출판사에 있습니다.
저작권법에 따라 보호를 받는 저작물이므로 무단전재와 복제를 금합니다.
이 책 내용의 일부 또는 전부를 이용하려면
반드시 저작권자와 출판사의 서면 허락을 받아야 합니다.
잘못 만들어진 책은 구입처에서 교환해드립니다.